KB180340

분노와 저항의 한 방식, 페멘

F E M E N

Copyright © 2013 by Calmann – Lévy
Korean Translation Copyright © 2014 by Dione Publishing Company

This Korean edition is published by arrangement with Calmann – Lévy through
EntersKorea Agency.

이 책의 한국어판 저작권은 엔터스코리아 에이전시를 통한 Calmann – Lévy와의 독점 계약으로
도서출판 디오네가 소유합니다. 신 저작권법에 의하여 한국 내에서 보호를 받는 저작물이므로 무
단전재와 무단복제를 금합니다.

분노와 저항의 한 방식,

페 멘
F E M E N

페멘 지음 | 갈리아 아케르망 엮음 | 김수진 옮김

디오네

페멘 선언문

태초에 몸이 있었으니, 여성은 자신의 몸에 여러 가지 감정을 느끼며, 그 몸이 가볍고 자유롭다는 기쁨을 누렸다. 그런데 살을 에는 듯 예리한 불의不義가 닥쳤다. 이런 불의 때문에 여성의 몸은 마비되어 움직이지 못하게 되었다. 어느새 당신은 몸의 포로가 되어 불의와의 싸움에 몸을 던진다. 가부장적이고 굴욕적인 세계에 맞서기 위해 온몸의 세포 하나하나를 모두 동원해서 전쟁을 벌이는 것이다.

우리가 믿는 신은 여성이다!

우리가 수행할 임무는 저항이다!

우리가 가진 무기는 벌거벗은 가슴이다!

이것이 바로 페멘의 탄생이자, 성극단주의의 시작이다.

페멘은 용감하게 반라[topless]의 몸 위에 구호를 적고 머리에 화관을 쓴 채 여성운동을 벌이는 국제 페미니즘[feminism] 운동 단체다. 페멘 소속 운동가들은 아무리 도발적이고 복잡한 임무라도 인본주의에 입각해 수행하도록 특별 교육을 받아 육체적으로나 정신적으로 철저히 준비되어 있는 여성들이다. 그들은 순수하게 이데올로기를 위해 시위를 벌이며 탄압받을 각오가 되어 있다. 요컨대 페멘은 페미니즘 특공대이자 여성운동의 전위부대이며, 용감무쌍하고 자유로운 현대판 아마존 여전사라고 할 수 있다.

오늘날 우리는 경제, 문화, 이데올로기적으로 남성이 지배하는 세상에서 살고 있다. 이러한 세상에서 여성은 소유권을 잃은, 특히 자신의 신체에 대한 소유권이 박탈된 노예와도 같다. 여성의 신체적 기능 전부가 가부장적으로 엄격히 통제되고 규제되고 있기 때문이다.

여성에게서 분리된 육체는 가부장제 아래서 끔찍한 착취의 대상이 되었다. 이렇듯 여성의 몸을 철저히 통제하는 것이 여성을 억압하는 주요 방편이었다는 점을 감안하면 여성의 성[性] 운동은 여성 해방의 열쇠가 될 수 있다. 여성이 자신의 몸에 대한 권리를 주장하는 것이야말로 여성 해방으로 나아가는 첫걸음이다. 가부장적 체제에서 해방된 여성의 나체는 바로 그 체제를 파괴한다. 즉 여성의 나체는 그 자체로 전쟁 선포이며, 여성 해방의 성스러운 상징이다.

그런 의미에서 페멘이 벌거벗은 몸으로 공격하는 것은 '여성'과 '체제' 사이의 역사적 갈등에 불을 지펴 그 본질을 가장 정확하고 분명하게 보여 준다. 여성 운동가의 벌거벗은 몸은 가부장적 질서에 대한 증오를 드러내는 것이며, 페미니즘 혁명의 새로운 미학이다.

목표

가부장제에 완승하라

임무

- 용기 있는 행동과 개인적인 사례를 활용하여 모든 여성이 가부장제를 일종의 노예제도로 인식하게 한다.
- 가부장제를 공개적인 갈등의 장으로 불러내어 그 반인간적이고 공격적인 본질을 만천하에 드러냄으로써 역사적으로 부정적인 평가를 받게 한다.
- 가부장적인 근본 제도들, 즉 독재체제, 섹스산업, 교회를 가짜 미끼trolling로 교란하여 사상적으로 무력화시키고 도덕적으로 완전히 항복하게 만든다.
- 가부장적 포르노그래피와 에로티시즘에 반대하는 혁명적인 여성의 성sexuality을 홍보한다.
- 현대 여성들에게 악에 적극적으로 저항하고 정의를 위해 투쟁하는 문화를 전파시킨다.
- 투쟁에 적합한 공동체를 창설하여 세계에서 가장 영향력 있는 단체로 만든다.

요구사항

- 여성이 감내할 수 없는 삶의 조건을 조성하는 독재체제라면 정

치적으로 즉각 전복시킨다. 여성에게 이슬람 율법을 강요하고 다른 형태의 가학 행위를 자행하며 교권정치를 펴는 이슬람 국가가 그 1차적 대상이다.

· 가장 잔혹한 형태의 여성 착취 행위인 성매매를 근절하기 위해, 이 노예무역의 고객과 투자자, 주동자를 처벌한다. 현대 여성의 생식과 성 등 세속적 생활에 종교가 개입하는 것을 전적으로 금함으로써 교회와 국가를 절대적, 보편적으로 분리시킨다.

전술 : 성극단주의

성극단주의sex extremism란 페멘에서 창안해 낸 새로운 페미니즘 운동 방식이다. 성극단주의는 여성의 성이 가부장제에 맞서서 직접 시위를 벌이는 극단적인 정치 행위로, 시위를 통해 성차별적인 면을 부각시키는 방식이다.

이것은 여성의 숙명에 대한 가부장적인 생각을 깨뜨리는 하나의 방편이 되어 위대한 혁명 임무를 달성하게 해 준다. 또한 성극단주의의 극단적인 성향은 페멘 운동가들이 가부장제의 맹견들(독재체제, 섹스산업, 종교를 강요하고 착취하는 사람들을 뜻한다. — 옮긴이)보다 우월하다는 사실을 보여 준다. 그리고 가부장적인 치안 당국과의 사전 조율 없이 불법적으로 성극단주의 시위를 벌임으로써 언제 어디서나 저항할 권리가 있는 여성의 역사적인 저항권을 보여 준다.

성극단주의는 역설적이게도 비폭력적인 동시에 매우 공격적인 시위 방식이다. 왜냐하면 이 방법이야말로 부패한 가부장 문화의 근간을 뒤흔들 수 있는 초강력 무기가 될 수 있기 때문이다.

화관은 여성성을 상징하며, 자랑스러운 불복종을 상징한다. 또한 영웅을 상징하는 왕관이기도 하다.

몸을 포스터로 삼는 것은 벌거벗은 몸과 그 위에 기호를 그려 넣어 진리를 표현하기 위함이다.

페멘의 로고는 (F에 해당하는) 키릴 문자 Φ로서, 여성운동단체 페멘의 주요 상징인 여성의 가슴 모양을 본뜬 것이다.

페멘의 좌우명은 '나의 몸이 곧 나의 무기!'이다.

페멘의 구조와 활동

국제 여성운동단체 페멘은 민주주의 국가의 영토에서 활동하는 동시에 독재체제가 통제하는 영토에서 행동할 권리도 가진다. 페멘은 국제단체로 등록되어 있으며, 현재 전 세계에서 국가 단위로 활동하고 있다. 창립 멤버와 최고 운동가들이 참여하는 조정 위원회가 이 단체를 이끈다. 페멘은 우크라이나, 프랑스, 독일, 브라질, 이집트에 국가별 지부가 있으며, 새로운 운동가들을 영입하여 그 활동 지평을 넓혀 가고 있다. 성극단주의 운동가들은 프랑스와 우크라이나에 창설된 훈련센터에서 준비 교육을 받는다.

재정 조달

페멘은 조직 활동을 보장하기 위해 우리와 사상과 투쟁 방식을 공유하는 사람들의 기부를 받는다. 또한 페멘 심벌이 새겨진 의류와 액세서리를 판매하며, 자체 제작한 예술품도 판매한다. 페멘은 어떤 투자도 받지 않으며 원칙적으로 정당, 종교 단체, 기타 로비 단체의 재정 지원을 거부한다.

소득이나 기부를 통해 얻어진 모든 재원은 단체가 설정한 목표를 달성하는 데 사용된다. 페멘에서 생산한 제품은 오로지 인터넷 사이트 http://femenshop.com에서만 유통된다.

페멘은 여성의 권리를 보호하는 혁명적 활동을 언론에서 최대한 으로 다룰 수 있도록 미디어에 대해 개방 원칙을 편다.
페멘은 적극적인 인터넷 선전 및 홍보활동을 통해 단체의 사상을 널리 알리고 있다. 또한 주요 인터넷 커뮤니티와 SNS에서도 만 날 수 있다.
여성운동단체 페멘의 활동에 관한 정보는 공식적으로 인터넷 사 이트 http://femen.org와 페이스북 http://www.facebook.com/ Femen.UA에서 얻을 수 있다.

페멘,
키예프Kiev, 2013년 1월.

목차

어느 자유여성단체 이야기

갈리아 아케르망

열넷, 열다섯 살의, 이 어린 소녀들에게 삶은 무료할 따름이었다. 또래 친구들은 거리에서 맥주를 마시고 수다를 떨거나 심한 경우 마약을 하면서 시간을 보냈다.

하지만 가난한 외딴 시골 도시에 살던 이 네 명의 우크라이나 소녀 안나 훗솔Anna Houtsol, 인나 셰브첸코Inna Chevtchenko, 옥산나 샤츠코Oksana Chatchko, 사샤 셰브첸코Sacha Chevtchenko는 그런 쪽으로는 눈길도 주지 않고 자기 인생의 의미를 찾아 나섰다.

이들은 소비에트연방에 관한 책 몇 권을 읽고 나서, 조국을 건설한 선구자들과 소비에트 공산당 청년 당원들이 활약하던 시대에 대해 환상을 품게 되었다. 사실, 이들은 그 시대를 경험하지 못했다. 단, 다른 세 사람보다 나이가 위인 안나만이 행복했던 유년기의 밀감과 초콜릿 맛으로 소련 시절을 기억하고 있었다.

물론 스탈린Iosif Vissarionovich Stalin이 저지른 범죄에 대해 들어 본 적은 있지만, 이들에게는 그저 먼 옛날이야기일 뿐이었다. 소련이 해체되기 몇 해 전까지만 해도 이들의 부모는 사회에 기여하며 존경받는

평온한 삶을 살았으니 그건 당연한 일이었다. 그러나 현실은 심한 불평등으로 말미암아 매우 복잡한 상황이어서 장밋빛과는 거리가 멀었다.

하지만 아무리 그렇더라도 1990년대나 2000년대와는 비교도 되지 않았다. 이 암울한 시대를 겪는 동안 이들의 마음속에는 야만스러운 자본주의에 대한 증오만이 자라났다. 자본주의는 신속하고 파렴치하게 '행복한 소수 특권자'의 배만 채워 주고 이들 가정과 같은 서민들의 삶을 파괴했기 때문이다.

소련 붕괴 이후 몰아닥친 자본주의에 대한 혐오로 똘똘 뭉친 사샤와 옥산나, 안나는 고향인 우크라이나 서부의 소도시 크멜니츠키Khmelnitski에서 마르크스주의 성향의 동아리에 가입하게 된다.

이 동아리는 청년들이 정기적으로 모여 다락방에 보관되어 있던 오래된 소비에트 철학 매뉴얼과 마르크스Karl Heinrich Marx, 엥겔스Friedrich Engels, 그리고 19세기 독일 사회주의자 아우구스트 베벨August Bebel(독일 사회민주당 창립자의 한 사람으로, 마르크스주의의 뛰어난 선전가이자 이론가였다. — 옮긴이)의 저서를 공부하는 모임이었다. 이 동아리 소속 청년들은 당시의 정치적, 도덕적 합의에 역행하는 입장이었다.

페레스트로이카perestroïka 시절이 지나고 소련이 붕괴한 후 몇 년 동안, 우크라이나의 일부 러시아어 사용 지역에서는 러시아 측의 선전과 보조를 맞춰 가며 소비에트연방과 러시아 제국주의에 대한 향수를 드러냈었다. 그러나 러시아에서건 우크라이나에서건 대부분은 소비에트연방 시절을 비방하는 것이 일반적인 관례였다.

이러한 담론이 일면서 우크라이나에서는 국민적 불만이 중첩되어,

소련의 정치, 문화적 제국주의와 소련이 우크라이나에 자행한 범죄를 비난하는 목소리가 고조되었다. 이에 따라 유셴코^{Vikor louchtchenko} 대통령은 1932~1933년의 대기근으로 우크라이나인 600만 명이 희생된 사건을 대학살로 인정해 달라고 유엔에 요구했다(스탈린 정권의 강제 식량 징발로 우크라이나인 500~1,000만 명이 굶어 죽는 대참사 '홀로도모르'가 빚어졌다. 당시 대기근에 대해 우크라이나 법원은 2010년 '학살 범죄'라는 판결을 내렸다. ─ 옮긴이). 경제적인 측면에서만 본다면, 러시아나 우크라이나나 공식적으로는 하버드학파^{Harvard School}(시장의 비효율성과 시장 실패에 대비해 정부가 간섭해야 한다는 하버드대학 주도의 논리로, 시장과 시장의 자원배분 기능이 효율적이므로 정부의 시장 간섭을 반대하는 시카고학파에 반대되는 입장이다. ─ 옮긴이)에서 주장하는 자유주의 ─ 즉 권력의 측근으로 있는 소수 지배자가 국가의 부를 차지하는 것 ─ 를 암울한 공산주의의 유일한 대안으로 선전했다.

그러나 현실을 들여다보면 이것은 지나치게 불평등한 체제에 잘못된 정당성을 부여하는 행위였다. 그럼에도 대국민 선전의 위력이 얼마나 강력했던지, 시대를 역행하는 과거의 유물로 치부된 공산당을 제외하고는 사회정의를 외치는 목소리가 거의 없었다.

자유주의를 강요하는 이 같은 분위기 속에서 ─ 현재 세르게이 우달트소프^{Serguei Oudaltsov}가 이끄는 러시아 좌파 전선과 같은 급진파처럼 ─ 마르크스주의를 표방하려면 상당한 지적 용기가 필요했다. 그럼에도 크멜니츠키 동아리는 뜻을 굽히지 않았고, 훗날 페멘을 이끌게 될 세 사람을 포함해서 몇몇 멤버들은 그동안 습득한 가르침을 실행에 옮기고자 학생 지원 협회^{Association of Student Aid}를 설립했다.

이와 동시에 페멘 창립자 3인방은 꼬박 1년 동안 베벨의 『여성과 사회주의Die Frau und der Sozialismus』(아우구스트 베벨의 주저이자 마르크스주의 여성론의 고전이다. 4편으로 이루어진 이 책에서는 태고부터 18세기까지의 과거 여성, 자본주의 사회에서의 현재 여성, 자본주의 사회의 위기, 미래의 사회주의 사회와 해방된 여성을 다루고 있다. — 옮긴이)를 애독서 삼아 끝없이 파고들었다.

이 책을 통해 진정한 깨달음을 얻은 페멘 3인방은 여성의 자유를 위한 투쟁에 뛰어들기로 결심한다. 베벨의 사상 속에서 남성 우월주의와 자본주의, 그리고 언제 어디서건 여성을 억압하는 종교에 대한 혐오감을 뒷받침해 주는 '과학적 토대'를 발견했던 것이다. 이 책을 독파한 안나와 사샤, 옥산나는 학생 지원 협회에서 함께 활동하던 남성 친구들과 결별하고 신윤리New Ethics라는 이름의 새로운 단체를 결성한다.

2008년 봄에 시작한 이들의 활동은 처음에는 순수하고 유치한 감이 없지 않았으나, 점차 화려하고 눈길을 끄는 모습으로 변모되었다. 이들은 무엇에 저항할 것이며, 목표물은 어떻게 정할 것인지에 대해 열심히 해답을 찾았다. 그리고 그렇게 브레인스토밍brain storming하는 과정에서 '우크라이나는 매음굴이 아니다'라는 첫 번째 대주제를 발견했다. 그리고 이렇게 해서 우크라이나 국내에서 권력의 비호 아래 성업 중이던 섹스산업에 반기를 들고 일어났다. 이와 동시에 우크라이나 여성이라고 하면 빵 한 조각이나 '외국에서의 안락한 삶dolce vita'의 대가로 '매력적인 왕자님'에게 기꺼이 몸을 바친다고 생각하는 서방세계의 인식에 맞서고자 팔을 걷어붙이고 나섰다.

이렇게 십여 차례 시위를 벌이며 투쟁하는 동안 이 단체는 제대로 된 모습을 갖추게 되고 페멘^{FEMEN}이라는 명칭도 얻었다. 2009년에는 우크라니아의 케르손^{Kherson}이라는 소도시 출신으로 키예프에서 공부하던 인나가 크멜니츠키 3인방에 합류함으로써 이 모임의 골격을 이루는 4인방이 모두 모이게 된다.

그 후, 머리에 화관을 쓴 반라의 젊은 여성의 모습이 이 단체의 정체성을 드러내는 트레이드마크로 자리 잡았다. 이 책에서 페멘 4인방은 세계 어느 곳에서건 알아볼 수 있게 이런 '기이한 행색'을 하는 의미가 무엇인지 소상히 밝힌다.

2009년에도 오렌지 혁명^{Orange Revolution}(2004년 우크라이나에서 시민들이 대대적인 부정선거 규탄 시위를 통해 평화적 정권 교체를 이뤄 낸 시민혁명이다. 당시 여당이 부정선거를 통해 대통령선거를 승리해 재집권하자 우크라이나 전역에서 시위가 벌어졌는데, 이때 시위대는 야당을 상징하는 오렌지색 옷을 입거나 오렌지색 깃발을 들고 시위에 나섰다. 결국 재선거가 치러졌고 야당의 빅토르 유셴코 후보가 승리했다. ― 옮긴이)의 결과로 구성된 연정이 여전히 우크라이나 정권을 장악하고 있었다. 그런데 ― 세계 경제 위기라는 악재까지 작용한 탓에 ― 우크라이나 정부가 국가 경제 개선과 부패 척결에 실패했기 때문에, 오렌지 혁명은 많은 우크라니아인들에게 실망을 안겨 주었다.

이런 가운데 2009년 말 대통령 선거를 앞둔 우크라이나는 양분되고 말았다. 2005년에 승리했던 야누코비치^{Viktor Ianoukovitch} 후보는 임기를 마치는 유셴코 대통령뿐만 아니라, 과거 오렌지 혁명의 주역이었고 그동안 유셴코 대통령의 대항마이자 라이벌로 성장한 율리야 티모셴코Ioulia Timochenko와도 맞서게 되었다. 예전과 마찬가지로 야누코비치 후보는 러시아 정권의 지지를 등에 업고 있었다.

마침 페멘은 전통적인 '페미니즘' 영역을 넘어서 그 이상으로 활동 영역을 넓히려던 참이어서 대선을 계기로 정치 싸움에 뛰어들기로 결심하게 된다. 이들은 야누코비치를 우크라이나 동부지방 소수 거대 자본의 꼭두각시로 간주하고 그가 이끄는 '블루' 진영에 반대하는 입장을 밝혔다. 그렇다고 정치, 경제적 실패를 야기한 (유셴코나 티모셴코를 추종하는) '오렌지' 캠프를 지지하지도 않았다.

이 같은 양비론적 입장을 취하자 우크라이나 일부 여론으로부터 큰 질타가 쏟아지기도 했다. 이들은 특히 2007년 12월부터 2010년 3월까지 총리로 재임했던 우아하고 카리스마 넘치는 티모셴코 전 총리를 혐오했다. 섹스산업을 퇴치하고 여성들이 처한 여건을 개선하기 위한 노력은 아무것도 하지 않았다는 것이 그 이유였다.

결국 야누코비치 대통령이 집권하게 되었고, 그러면서 명백한 사실이 드러나게 된다. 즉 오렌지 혁명이 비록 결점은 있었지만 그래도 자유를 가져왔다는 점이었다. 반면, 그 뒤를 계승한 야누코비치 정권은 점차 억압의 강도를 높였다.

바로 이 시기를 기점으로 페멘은 정치적으로 급진화되었다. 독재를 새로운 적으로 규정하고 공격 대상으로 삼기 시작한 것이다. 그러면서 경찰과 사법당국, (소련 시대의 KGB에서 유래한) 우크라이나 안보국SBU에게 쫓기는 처지가 되었다. 그리고 첫 재판을 받고, 첫 투옥

생활을 하고, SBU 요원으로부터 첫 심문을 받게 된다.

마침내 이들은 이런 우크라이나에서는 여성의 권리를 위해 싸우기보다는 우선 공안국가에 항거해야 한다는 사실을 깨닫게 된다. 또한 러시아가 '푸틴 체제' 하에 있는 한 우크라이나는 결코 자유를 얻지 못할 것으로 보고, 도의적 의무감에서 2011년 러시아 의회선거에서 자행된 대규모 불법선거를 규탄하는 러시아 야당을 지지한다. 이렇듯 페멘은 키예프에서는 야누코비치 정권에 대항하고, 모스크바에서는 푸틴 정권에 맞서는 시위를 벌여 세계의 이목을 집중시켰다.

페멘은 외부 세계에 개방적이라는 특성 때문에 소련 붕괴 이후 구소련 지역에서 매우 특별한 위치를 차지하고 있다. 그들은 우크라이나 안에서 여성들이 처한 불평등한 여건이나 독재정치에 맞서기도 하지만, 이와 함께 다른 나라의 민주화 투쟁에도 기꺼이 연대를 아끼지 않는다. 이들은 푸틴 정권에 저항하는 시위를 벌인 후 — 그러나 이 시위는 좀처럼 러시아 야당의 구미에 맞지 않았다. '어린 우크라이나 여성들'의 대담한 행동이 폐쇄적 성향을 지닌 야당의 인정을 받지 못한 것이다. — 유럽의 마지막 독재자로 간주되는 벨라루스 Belarus의 알렉산더 루카셴코Alexandre Loukachenko 정권을 공격 목표로 삼았다.

2011년 12월 벨라루스에서 벌어진 일은 아마도 지금까지 이들이 겪은 상황 중에서 최악의 경우인 것 같다. 그곳에서 이들은 흉포한 현지 KGB가 치밀하게 준비해 둔 함정에 빠지고 결국 이 사건은 비극적으로 끝나게 된다. 그러나 벌거벗은 몸에 신랄한 내용의 슬로건을 적은 이 젊은 여성들은 불과 이삼 년이라는 짧은 기간 만에 경찰봉을 휘두르는 경찰과 맞서 싸우는 정예 투사가 되어 있었다.

그로부터 얼마 지나지 않아 페멘은 새로운 투쟁에 뛰어든다. 청소년 시절부터 무신론자였던 이들은 "종교는 민중의 아편"이라는 마르크스의 주장에 전적으로 동조했다. 이들이 보기에 종교란 가부장제가 여성을 지배하는 데 필요한 하나의 도구에 불과했다.

이에 따라 페멘은 이슬람교이건 기독교이건 모든 교권주의를 공격하기로 한다. 왜냐하면 모든 종교를 망라하고 그 안에서 피해를 보는 것은 늘 여성이기 때문이다.

2010년, 사키네 모하마디 아슈티아니Sakineh Mohammadi Ashtiani (간통죄를 저질렀다는 이유로 이란 사법당국으로부터 투석 처형 선고를 받은 여성으로, 2014년 현재까지 이란 교도소에 수감 중인 것으로 알려져 있다. — 옮긴이)를 돌로 쳐 죽이라는 이란 사법당국의 판결에 반대하는 시위를 벌인 후, 반교권주의 투쟁은 2011년부터 페멘의 시위활동 중에서 중요한 부분을 차지하고 있다. 지금도 바티칸, 키예프, 모스크바, 이스탄불, 파리, 런던에서 이들의 시위는 계속되고 있다.

그런데 페멘이 종교에 대해서 러시아와 우크라이나의 시류에 역행하는 입장을 보이는 이유가 무엇인지 파악해야 할 필요가 있다. 소련 시절 박해받던 그리스 정교는 소비에트연방 해체 이후 잿더미 속에서 다시 불꽃을 피우더니 사실상의 러시아 국교가 될 정도로 국가와 밀착 관계를 맺게 되었다.

이에 따라 페멘은 교회의 낡아 빠지고 반동적인 가르침과 부패한 정권과의 결탁을 규탄하고 나서게 된 것이다. 이들의 비난 강도는 그 유명한 푸시 라이엇^{Pussy Riot}(러시아의 반푸틴 운동을 벌이는 록그룹 — 옮긴이)보다 훨씬 더 높다. 이들은 기독교에 대항했던 것과 마찬가지로 이슬람 율법이 지배하는 나라에서 버젓이 자행되는 중세적 관행에 대해서도 단호히 공격을 가한다. 이들은 서방사회의 관용 정신을 건드리는 것을 두려워하지 않고, 맞으면 맞고 틀리면 틀리다고 거침없이 직설화법을 구사한다. 예를 들자면, 유럽에서는 니캅^{niqab}(전신을 가리고 눈 부분만 가리지 않은 이슬람교 여성의 의복 — 옮긴이)이나 부르카^{burqa}(여성의 신체 전 부위를 가리고 눈 부분까지 망사로 되어 있는 의복 — 옮긴이) 착용을 수용해서는 안 된다며, "이슬람 여성들은 옷을 벗어라!"라는 주장을 편다. 이 슬로건은 지구상에 있는 모든 이슬람 여성과 특히 서방세계에 살고 있는 이슬람 여성들에게 보내는 페멘의 호소다.

이렇듯 반교권주의 운동을 벌이면서 얻은 경험을 바탕으로 페멘의 이데올로기는 뚜렷한 윤곽을 드러내기 시작한다. 이들은 섹스산업과 독재, 교권주의를 가부장주의가 발현된 3대 악^惡으로 규정하고, 이에 반기를 들기 위해 이목을 집중시키는 시위의 위험 수위를 점차 높여 가고 있다. 이 밖에도 다보스 세계경제포럼^{World Economic Forum in Davos}(세계 여러 나라의 전현직 대통령들과 총리, 경제장관, 중앙은행 총재, 초국적기업의 총수들과 지식인, 언론인들이 스위스 동부 휴양지 다보스에 모여 세계 경제에 대해 토론하는 세계경제포럼 형식의 민간 회의이다. — 옮긴이)에서 시위한 것처럼 순전히 반자본주의적인 성격의 활동도 벌인다. 페멘은 세계 강대국들이 야기한 비참한 현실의 첫 번째 희생자가 바로 여성들이라고 주장한다.

현재 유럽의 미디어뿐만 아니라 수많은 나라의 언론매체에서 페멘의 활동을 앞다퉈 취재하고 있다. 그런데 내용만큼이나 이를 담고 있는 그릇도 언론의 관심을 불러일으킨다. 시위자들의 위험을 불사하는 공연 같은 장면을 보며 시청자들의 열기가 고조되는 모습은 매번 볼 수 있는 광경이다. 그러나 페멘을 다루는 보도 내용 중에 눈길을 사로잡는 사진은 넘쳐나지만, 정작 이들이 견지하는 입장을 소개해주는 경우는 극히 드물다. 당연히 다큐멘터리 감독들에게도 이 젊은 여성들은 다루기에 좋은 소재가 된다.

그렇다면 어떻게 해야 사정이 달라질 수 있을까? 이 여성들은 키예프 대성당 종탑에서 경종을 울리고, 다보스포럼 개최 장소의 지붕에 잠복하고 있는 저격수들 앞에서 성벽 위로 기어오른다. 또한 이스탄불 대사원 앞에서는 가슴을 드러낸 채 시위를 하고, '매우 도발적인' 모습의 수녀로 가장해서 가슴 위에 '우리는 게이를 지지한다'는 글귀를 써 놓고 시비타스civitas 등 가톨릭의 극단적 보수주의자들을 공격한다. 이들이 경찰이나 보안 당국과 대치하는 '장관'은 우리에겐 이미 익숙한 모습이 되었다.

그런데 한 가지 새로운 현상이 생겨났다. 페멘이 순전히 정치적인 목적으로 급진적인 예술적 시위 방식을 사용하기 시작한 것이다. 그러나 이들은 스스로 예술가가 아님을 분명히 밝히고 있다. 이는 이 용감한 여성들이 자신들이 표방하는 사상을 전파하기 위해 양심에 거리낌 없이 지불하는 대가다.

2012년 가을, 페멘은 키예프 사무소는 그대로 유지한 채 프랑스에

둥지를 틀었다. 필자가 이들을 알게 된 것이 바로 이 시기다. 이들이 파리에 들렀을 때 가장 먼저 인나를 만났고, 그 후 나머지 세 명의 창립 멤버들을 만났다. 이 책은 이들과 수십 시간 동안 인터뷰한 내용을 바탕으로 만들어진 것이다. 그래서 모든 내용이 그들의 입에서 나온 말이라고 보면 된다. 그렇다면 필자가 이들을 위해 책을 쓰고 싶어진 이유는 무엇일까?

필자는 러시아와 구소련 지역 전문 기자다. 그런데 이 지역에서는 급진적인 젊은이들이 과거 소련 시절의 비극에도 아랑곳하지 않고 마르크스주의와 사회주의를 전파하는 현상이 나타나고 있다. 이런 모습에 필자는 수년 전부터 관심을 갖게 되었다. 그리고 이 네 명의 여성들을 처음 만났을 때부터 바로 이런 생각 — 소수가 지배하는 냉혹한 자본주의에 반대하는 젊은 이상주의 여성들의 생각 — 을 확인할 수 있었다.

그런데 그뿐이 아니었다. 필자는 남다른 용기를 지닌 창의적이고 현대적인, 그리고 무엇보다도 세상 모든 곳에 있는 비참한 상황에 처한 여성들에게 공감과 연민을 느끼는 네 명의 젊은 여성들을 발견할 수 있었다. 그리고 그들의 공감이 진실되기에, 고통을 야기하는 자들을 그토록 심하게 증오할 수 있다는 사실을 알게 되었다. 이런 면에서 이들은 위대한 혁명가의 기질을 가지고 있다.

필자가 보기에 페멘은 베라 자술리치 Véra Zassoulitch (마르크스주의적 노동 해방단을 창립하고 레닌과는 이론적으로 반대 입장을 취하였다. 2월 혁명 후에는 극우 멘셰비키 그룹에 들어가 지도자로 활동했다. — 옮긴이), 베라 피그네르 Véra Figner (차르 알렉산드르 2세의 암살을 주도했으며, 테러리즘

을 지향하는 인민 의지당의 지도자가 되었다. — 옮긴이), 예카테리나 브레
코 브레코브스카이아Ekaterina Brechko Brechkovskaïa, 알렉산드라 콜론타이
Alexandra Kollontaï(혁명주체로서 여성의 역할과 중요성을 강조하고 이론화시켰
으며 여성해방을 혁명 완성과 함께 이루고자 했다. — 옮긴이) 등과 같은 차
르 시대의 위대한 여성 혁명가들의 계보를 잇는 것 같다. 다만, 인터
넷과 쇼 비즈니스show business의 시대인 지금, 그들의 맹렬한 기세는
과거와는 크게 다른 양상으로 드러난다.

페멘 운동가들은 급진적 성향의 소유자들이지만 테러라는 방법
에 기대는 대신 유희적인 동시에 고도로 상징적인 방식으로 그들의
적을 공격하는 법을 터득했다. 총이나 폭탄 대신 바로 나체를 무기
로 삼는 것이다.

그렇다면 필자가 이들이 자신들의 이야기를 들려주는 일을 도와주
기로 한 이유는 무엇일까? 그것은 필자와는 이데올로기적 측면에서
상당히 이견이 있는 것이 사실이었지만(필자는 마르크스주의자도 아니
고, 무신론자라기보다는 불가지론자다), 그럼에도 이들의 투쟁이 멀게 느
껴지지 않았기 때문이다. 가증스러운 악행 그 자체인 섹스산업에 대
한 이들의 분노를 공감하지 않을 수 없었던 것이다.

하지만 무엇보다도 가장 큰 공감을 불러일으킨 부분은 독재에 맞
서 싸우는 페멘의 모습이었다. 필자는 일관되게 소련 시절에는 정
권에 반기를 드는 사람들을 지지했고, 오늘날에 와서는 푸틴Vladimir
Vladimirovich Putin 정권과 구소련 지역의 독재체제에 반대하는 사람들
편에 있다.

필자는 러시아 야권과 반정부 세력의 몇몇 주요 인사들, 예를 들면 안나 폴리코브스카야Anna Politkovskaïa (러시아의 저널리스트로, 반민주적 푸틴 정권에 반대하였고 체첸사태 이후 러시아가 저지른 만행을 세상에 알린 러시아의 양심이었다. 하지만 전직 모스크바 경찰관에 의해 살해당하였다. — 옮긴이), 엘레나 보네르Elena Bonner (시민운동가이자 구소련 반체제 인사로, 노벨 평화상을 수상한 안드레이 사하로프 박사의 부인이다. 꾸준히 러시아 정부의 문제점을 지적하는 활동을 벌여 왔다. — 옮긴이), 알렉산더 긴즈부르그Alexander Ginzburg (러시아 저널리스트 겸 시인으로 반체제 인사이자 인권운동가로 활동했다. — 옮긴이), 블라디미르 부코프스키Vladimir Boukovski (러시아 작가이자 반체제 인사로, 옛 소련 시절 12년간 감옥에서 복역하였다. — 옮긴이), 세르게이 코발레프Sergueï Kovalev (러시아 반체제 인사이자 인권운동가로 활동했다. — 옮긴이) 등과 가까운 사이였으며 안타깝게도 이 세상을 떠난 몇몇을 제외하고는 현재까지 친밀한 관계를 유지하고 있다. 우크라이나의 위대한 반정부 인사로서 현재 프랑스에 거주하고 있는 레오니드 플리우츠크Leonid Pliouchtch와도 우정 어린 관계를 돈독히 하고 있다.

이제 이 글을 끝맺으면서 페멘의 반교권주의에 대한 필자의 입장을 정리하겠다. 페멘은 모든 종교가 여성을 억압한다는 확실한 신조를 지닌 무신론자들이다. 이는 역사적으로 봤을 때 틀리지 않은 주장이긴 하지만, 수많은 다양한 종교들이 모두 같은 방식으로 변화하지는 않았다. 예전부터 프로테스탄트와 자유주의 유대교도들은 여성에게도 남성과 동등한 위치를 부여하기 위해 노력해 왔다. 과거 십자군과 종교재판, 화형대로 얼룩졌던 가톨릭교회도 지금은 변화의 길을 가고 있다. 비록 그 속도가 더디긴 하지만 변화 일로에 있다는 점은 확실하다.

그러나 이와는 달리, 비잔틴과 차르 시대의 전통에 충실한 러시아 정교는 푸틴 정권을 떠받치는 기둥이 되었다. 수 년 전부터 야당과 자유 언론을 탄압하고 있는 푸틴 정권은 결정적으로 지난 총선에서 대규모 불법선거를 저지름으로써 정권의 정당성을 상실했다.

그러더니 전에 없이 교회에 대한 지원을 아끼지 않았고, 이를 등에 업은 교회는 이것을 세력 확장의 기회로 삼고 있으며 우크라이나도 넘보고 있다. 과연 우리는 KGB 출신이 일부 고위직을 장악하고 있는 푸틴 정권과 가부장주의가 결탁하는 것을 가만히 손 놓고 보고 있어야만 할까? 그래서는 안 된다는 것이 필자의 답이다. 페멘이 전개하고 있는 전투적인 무신론주의나 일부 시위 활동에 동조하지 않는다 하더라도, 그리스 정교회의 입장을 규탄하는 이들의 활동은 존경할 만하고 정당한 것이다.

이 네 명의 젊은 우크라이나 여성들이 펼치는 모험은 이들이 벌이는 요란한 소동 이상의 가치로 알려지고 이해되어야 한다.

비록 우리가 모든 면에서 이들의 사상이나 활동 방식을 공감하지는 않는다 하더라도, 전적으로 유럽적인 가치를 추구하는 이 열정적인 젊은 여성들은 유럽이라는 오래된 대륙에 희망의 상징이 될 수 있다. 활기차고 용감한 이 전위부대가 존재감 없던 동유럽에 상륙했던 것처럼 말이다.

자, 그렇다면 앞으로 페멘의 미래는 어떠한 모습이 될 것인가? 파리에 있는 페멘 교육 센터는 전 세계의 모든 운동가에게 문을 열어 두고 있다. 이곳은 여성을 억압하는 자들을 공격하고 여성들이 자유롭고 자아를 실현하는 행복한 삶을 살 수 있도록 페미니즘 '전사'를 양성한다는 사명을 가지고 운영된다. 그렇다면 이것이 바로 페멘이 소망하는 세계 여성 혁명의 첫걸음이 아닐까? 부디 그렇게 되기를 기대할 뿐이다.

1 4인방

사람들은 흔히 우리를 두고 '4인방'이라 부른다. 우리는 안나 셰브첸코, 사샤 셰브첸코(우크라이나에서는 워낙 흔한 성(姓)이라 우연히 이렇게 만나게 된 것이지 친인척 사이는 아니다), 옥산나 샤츠코, 안나 훗술을 말한다. 하지만 페멘을 결성한 다음부터 우리는 실제로 떼려야 뗄 수 없는 사이가 되었다. 우리 중 셋, 즉 안나와 옥산나, 사샤는 모두 우크라니아 서부에 있는 크멜니츠키라는 도시 출신이다. 바로 그곳에서 철학을 공부하고 투쟁을 벌이기 시작한 그들은 나중에 키예프로 옮겨 왔다. 안나는 오데사Odessa 근처에 있는 케르손이라는 도시에서 키예프로 왔다. 그리고 이곳에서 나머지 세 명의 페멘 창립멤버를 만나 이 단체를 떠받드는 네 번째 '기둥'이 되었다.

그렇다면 페멘 탄생 이전에 우리 각자는 어떤 삶을 살아왔을까? 어떤 가정에서 자랐으며, 여성의 권리를 위해 투쟁해야겠다는 생각은 어떻게 갖게 되었을까? 공산주의 붕괴 이후 점차 종교가 중요한 위치를 장악해 가는 우크라이나에서 우리가 무신론자가 된 배경은 무엇일까?

Ι

평화를 사랑하는 훌리건, 인나

"나는 급진적인 운동가이며, 또한 시민으로서 저항합니다."

나는 우크라이나 남쪽의 '외딴 벽 촌', 다시 말해 케르손이라고 하는 작은 시골 도시에서 태어났다. 멀지 않은 곳에 있는 오데사와 마찬가지 로 그곳 사람들도 러시아어를 사용 한다. 과거 소비에트연방 시절의 분 위기가 여전한 이 도시에서는 마치 소비에트가 건재해 있고 아무 변화 도 없는 것처럼 보인다. 어린 시절 부터 나를 자극하던 이 도시를 아주 일찍부터 벗어나 살리라 다짐하 였다.

어린 시절의 나는 친구라고는 남자아이들뿐이었고 나무에 기어 올 라가 노는 것을 좋아했다. 반바지와 운동화 차림을 즐겼고 드레스라 면 질색을 했다. 바로 이 점이 우리 엄마를 화나게 했다. 엄마는 내가 전형적인 여자아이답지 않다는 사실을 잘 받아들이지 못하셨다. 원 피스를 입지 않겠다고 하는 것도 모자라, 억지로 입혀 놓으면 떡갈나무에 오르거나 공사장에서 돌을 가지고 놀다가 금세 더럽혀지고 찢어지게 할 것을 잘 알고 계셨다.

우리가 살던 아파트 근처에는 큰 공사장이 있었다. 우리 개구쟁이 패거리들은 저녁때 근로자들이 퇴근하고 나면 거기로 몰래 숨어들어 가서 벽돌로 성을 쌓고 놀았다. 나는 자유가 필요했다. 인형놀이를 하거나 모래놀이터에서 노는 것보다는 남자아이들의 진기한 모험을 따라나서는 것이 더 좋았다. 남자아이처럼 되고 싶었던 것이 아니라, 남자아이들과 어울리는 것이 좋았다. 말하자면, 절대로 소란을 피우지 않는 일종의 '평화를 사랑하는 훌리건peaceful hooligane'이었던 셈이다. 가끔 나와 다투었던 유일한 사람은 바로 우리 언니였다.

이런 점을 제외한다면 나는 퍽 지각 있는 아이였다. 부모님은 한 번도 매를 들지 않으셨다. 사실, 운 좋게도 나는 아주 훌륭한 가족을 두었다. 우리 엄마로 말하자면 우크라이나에서는 그야말로 '이상적인 여성상'에 해당된다. 엄마는 음식점의 주방장으로 일하다가 대학교 구내식당 주방장이 되었다. 엄마는 풀타임으로 일하면서도 집안일, 요리, 남편과 자녀 뒷바라지까지 완벽하게 소화해 내는 전형적인 우크라이나 여성이었다. 그러면서도 인상 한 번 찡그리지 않았다. 좀 더 정확히 말하자면 한 번도 자신의 감정을 드러내지 않으셨다. 조용하고 착하고 긍정적이고 무척 호감 가는 여성이었던 것이다.

하지만 불평불만은 없었지만 밝고 명랑한 여성의 모습은 아니었다. 엄마는 다르게 살 수도 있었다는 생각은 추호도 하지 않은 채, 마치 당나귀가 등에 짐을 짊어지듯 자신에게 주어진 몫을 그저 감내하며 살았다. 그런 엄마의 모습에 내 마음이 아팠다. 당시 나는 '페미니즘'이라는 말은 알지도 못했지만, 그런 삶은 부당하다고 생각했다. 그리고 그런 삶이 바로 전형적인 모습이라는 사실도 전혀 위안이 되지 못했다. 아주 어린 나이에 나는 절대 엄마처럼 살지 않으리라 다짐했다.

반면, 나보다 다섯 살 위의 언니는 이런 전형적인 여성상에 따라 현모양처가 되었다. 실제로 언니는 열아홉 살에 결혼해서 스물한 살에 엄마가 되었고 현재 케르손에서 일하며 살고 있다. 우리는 이렇게 서로 달랐지만, 매우 친하게 지냈고, 언니는 언제나 나를 지지해 주었다.

우리 아빠는 아주 다정다감하다. 가끔 욱하는 기질도 있지만, 마음 좋은 분이다. 우리 가족은 한 번도 싸움다운 싸움을 했던 적이 없다. 어떤 갈등이 생기더라도 아빠의 뛰어난 유머 감각 덕분에 언제나 단순한 장난으로 끝이 났다. 부모님은 우리 자매와 논쟁을 벌이더라도 절대로 어떤 형태의 폭력도 행사하지 않았다.

우리 아빠는 내무부 소속 부대의 대대장을 지낸 퇴역 장교다. 아빠를 생각하면 군복을 입은 모습을 떠올리지 않을 수 없다. 어렸을 적에 부모님이 외출하시면 언니와 나는 번갈아 가며 아빠의 군복을 입어 보았다. 하지만 엄마의 드레스를 입거나 하이힐을 신어 보고 싶어 했던 적은 한 번도 없었다. 아빠가 진급해서 새 계급장을 받게 될 때면 아빠의 견장에 구멍을 뚫는 일은 우리 자매의 몫이었다. 이것은 우리에게는 마치 성스러운 의식과도 같았다!

내가 학교에 다니면서 좋은 성적을 받고 공부를 진지하게 열심히

하게 된 것 또한 아버지 덕분이다. 아버지는 대화를 나눌 때 나를 다 큰 어른처럼 늘 대해 주셨고, 내가 공부하는 것은 나 자신과 내 미래를 위해서라고 누누이 말씀하셨다.

내가 초등학교에 입학하자 아버지는 성인으로서의 삶이 이제 시작된 것이라고 설명해 주셨다. 나는 학교에 위계질서가 있다는 것을 금세 알아차렸다. 어떤 아이들은 선생님이 특별히 예뻐해서 결국 도움도 받고 자극도 받는다는 사실 말이다. 이것은 선순환이라서, 공부를 잘하면 선생님들의 칭찬을 받게 되고, 선생님들은 그런 학생의 능력을 더 개발시켜서 더욱더 잘하도록 밀어준다.

학교에 입학한 첫해부터 나는 학급 대표가 되고 싶었다. 그래서 내 인생 최초의 선거 운동을 벌였고, 거수투표 결과 대표로 선출되었다. 실제로, 출석부를 챙기고 하교 때 학생들 줄을 세우는 등의 임무를 맡으면서 책임의식을 배울 수 있었다. 그 이후 나는 고등학교 때까지 내내 학급 대표를 맡았다.

그런데 열두 살 때쯤 작은 위기가 찾아왔다. 예쁜 드레스와 구두를 신는 여자아이들이 남자아이들한테 인기가 많다는 사실을 어느 날 갑자기 알게 된 것이다.

매사에 일등이 되고 싶은 욕심이 많았던 나로서는 어떻게든 여성적인 차림새를 하기 시작했다. 머리도 허리까지 닿도록 길렀다. 효과는 금방 나타났다. 예전부터 친했던 남자아이들을 비롯해서 많은 남자아이들이 나를 좋아하기 시작했다. 학급 리더였던 나와 친해지고 싶어 하는 여자아이들이 많았지만, 이런 아이들의 수다를 쓸데없는 것으로 생각했던 나는 이들과 일정한 거리를 두고 지냈다.

여자 친구는 딱 한 명뿐이었는데, 그 친구도 뛰어난 모범생이었다. 점심시간에는 우리 둘이 단짝이 되어 앉았고, 그 친구와 함께 있으면 내 마음이 편했다. 그때 우리 반 학생들 스물두 명 가운데 남자아이는 단 일곱 명뿐이었다. 그래서 나와 단짝 친구, 일곱 명의 남학생은 나머지 여학생들과 동떨어져서 우리끼리 그룹을 이루었다.

그런데 열네 살이 되자 새로운 야심이 생겼다. 전교 학생회장이 되겠다고 마음먹은 것이다. 우리 같은 학생들에게 전교 회장은 학급 대표와는 비교도 되지 않을 만큼 중요한 직책이었다. 전교 회장은 교육위원회에 참석해서 학생들의 희망 사항과 불만을 전달한다. 또한 각종 학교 축제와 경연대회를 조직하고 준비하는 역할도 한다. 한마디로 높은 자리에 있는 사람이라는 말이다. 게다가 회장이라는 타이틀 자체만 봐도 얼마나 그럴싸한가!

회장 선거는 본래 규칙상으로는 1학년부터 입후보할 수 있지만, 3학년이 당선되는 경우가 대부분이다. 따라서 1학년인 나로서는 당선 확률이 거의 0%에 가까웠다. 그래도 나는 다른 아홉 명의 후보와 함께 선거전에 뛰어들었다. 선거 운동 기간은 3주였다. 우리는 전단도 돌리고 각자 두 차례씩 공약을 발표하며 선거 유세를 했다. 대회의실에서 열린 선거 유세 자리에서 후보들은 무대에 올라가서 지지를 호소해야 했다.

선거에는 거의 모든 학생이 참여했다. 모두 민주주의라 불리는 어른들의 놀이에 참여하고 싶어 했다. 각 교실에는 투표용지와 투표함이 마련되었다. 개표는 몇몇 선생님과 미리 제비뽑기로 선출된 학생 대표가 함께했다.

마침 선거 다음 날은 우리 학급이 선도부 활동을 하는 날이었다. 학급 대표였던 나는 우리 반 학생들이 식당과 운동장에서 제 위치에 서서 선도 활동을 하도록 관리하는 임무를 맡고 있었다. 바로 그때 교장선생님이 달려오시더니 내 귀에 대고 당선 소식을 전해 주셨다. 알고 보니 학교 전체 열다섯 개 학급 중 열세 학급에서 과반수 득표를 해서 완전히 압승한 것이다!

이것을 시작으로 내 이력에는 회장이라는 경력이 쌓이기 시작했다. 2학년 때도, 3학년 때도 다시 뽑혀서 두 번이나 재선에 성공했다. 절대로 잊을 수 없는 내 인생의 첫 번째 '정치' 경험이었다. 그런데 그 시작은 우연히도 2004년 우크라이나 대통령 선거 운동 기간과 일치했다.

2004년 우크라이나 대선은 빅토르 유셴코 후보와 전임 대통령 레오니드 쿠츠마Leonid Koutchma (제2대 우크라이나 대통령으로 1994년 7월~2005년 1월까지 재임했다. — 옮긴이)의 지지를 받는 빅토르 야누코비치 후보로 양분되었다.

내가 살던 케르손에서는 우리 가족과 학교 선생님들을 포함해 너나 할 것 없이 야누코비치 후보를 지지했다. 물론 여기에는 외압이 작용했다. 우리 엄마의 직장에서는 지방 공무원들이 유셴코 후보에게 투표하는 사람들은 당장 해고라며 엄포를 놓고 다닌다고 했다. 그런 말 따위는 허풍에 불과하다고 잘 설명해 드렸지만 엄마는 여전히 마음을 놓지 못했다. 우크라이나 동부지방에 사는 사람들 대부분은 야누코비치가 훌륭한 후보가 아니라는 사실을 잘 알고 있었으나, 보복당할지도 모른다는 두려움과 정치에 대한 무관심 때문에 야누코비치를 뽑으려 했다.

야누코비치의 선거 기반인 돈바스^{Donbass}(우크라이나 동부에 있는 지역으로, 도네츠분지라고도 불리며 그 중심도시는 도네츠크^{Donetsk}다. — 옮긴이)에서 온 선거운동원들이 외치던 말이 생각난다.

"야누코비치 후보는 우리와 같은 보통 사람입니다. 다른 사람들처럼 모자를 슬쩍한 죄로 감옥에 가기도 했지요.*"

하지만 사람들이 쓴 모자를 빼앗고서는 돈 몇 푼 뜯어낸 다음 돌려주는 이런 행동은 깡패들이나 하던 짓이었다. 그러니까 이 말은 대다수의 우크라이나인이 비참한 현실에서 살아남으려고 좀도둑질을 하고 있다는 의미다.

반면, 미국인 아내를 둔 유셴코 후보는 우크라이나어를 사용하는 엘리트층의 지지를 받고 있었다. 이에 맞서서 야누코비치 후보를 지식인 계층의 후보에 맞서는 대중적 후보로 부각시킨 것은 일종의 지능적인 선전 기술이었다. 이들 부부는 집에서 우크라이나어를 사용했고, 자녀들은 자수가 놓인 전통복장을 입었다.

그런데 이런 행동은 사실 우크라이나 동부와 남부지방 사람들에게 놀랍고도 참을 수 없는 일이었다. 그동안 야누코비치 지지자들은 우크라이나 민족주의를 일종의 후진성이라고 선전해 왔던 것이다. 그래서 직업 경력을 쌓으려면 의무적으로 러시아어를 배워야만 했다.

—
* 실제로 야누코비치는 1960년대 후반과 1970년대 초 두 차례에 걸쳐 수감 생활을 했는데, 죄목은 강도와 폭행치상죄였다(모든 주석은 갈리아 아케르망이 달았다).

사람들은 변화를 원했으나, 야누코비치는 부패한 쿠츠마 체제를 계승하겠다는 제안만 했을 뿐이었다. 새로운 사람, 새로운 경력, 새로운 얼굴이었으나 주장하는 말은 달라지지 않았다. 이에 비하면 유셴코 후보는 마치 딴 세상에서 온 '외계인'처럼 참신한 인물이라 사람들의 관심을 받았다. 러시아의 굴레에서 벗어나 유럽과 서방세계와 손을 잡아야 한다는 그의 주장은 강한 호소력을 발휘했다.

그러자 선거 운동 기간에 누군가가 유셴코 후보를 다이옥신으로 독살하려 한 사건이 발생했다. 현재까지도 그 배후 인물이 누구였는지는 밝혀지지 않았지만, 이 일로 유셴코 후보에게 우호적인 분위기가 조성되었다. 선거 유세 기간을 전반적으로 살펴보면 내내 말도 많고 탈도 많았다. 당시 나는 아직 투표권이 있는 나이가 아니었지만, 야누코비치가 우크라이나의 이익이나 나의 이익을 대변해 주지 못하리라는 사실을 잘 알고 있었다. 그는 예전에 '모자 치기'나 하는 좀도둑이었던 데다, 우크라이나어는 물론이고 모국어인 러시아어도 제대로 구사할 줄 모르는 수치스러운 존재일 뿐이었다.

그런데 나는 전교 회장 자격으로 학교의 교육위원회에 참석하면서 평소에 나를 존중해 주고 좋게 봐주시던 교장선생님이 선생님들에게 공개적으로 야누코비치 후보에게 투표할 것을 종용하는 장면을 목격했다. 위원회가 진행되는 동안에는 반발할 권리가 없었기에 나는 다음 날 내 나름의 작전을 개시했다.

나는 유셴코 후보와 가장 가까운 정치 파트너인 율리아 티모셴코 전前 총리처럼 머리카락을 땋아서 머리 둘레에 둘렀다. 이런 머리 모양을 하고 책가방에는 오렌지색 리본을 달고 학교에 갔다. 그런데 우리 담임선생님은 나를 보자마자 밖으로 데리고 나간 다음 당장 머리 많은 것을 다시 풀라고 하셨다. 선생님은 가방에 달아 두었던 오렌지색 리본도 빼앗으면서 학교는 정치하는 곳이 아니라고 하셨다.

나는 그렇다면 왜 교장선생님은 공개적으로 정치적 행동을 하신 거냐고 되물었다. 하지만 평소에 나를 많이 아껴 주시던 선생님은 그저 조용히 지나가자는 부탁만 하셨다. 나는 정말이지 놀랄 수밖에 없었다.

더욱 충격적이었던 것은 공식 발표된 선거 결과였다. 야누코비치가 당선자로 발표되었던 것이다. 선거 결과가 발표되자 키예프뿐만 아니라 전국 각지에서 그 유명한 '오렌지 혁명'이 발발했다. 이는 독립 이후 우크라이나 역사에서 가장 이상주의적인 시기로 기록된다. 바로 이때 나는 정치적 행동이 무엇인지 알게 되었다. 텔레비전에서나 거리에서나 누구든 민주주의 이야기를 했다. 우리 고향을 비롯한 우크라이나 전역에서 민주주의는 최신 유행어가 되었다.

수십만 명의 시위대는 2004년 12월의 혹한을 꿋꿋이 버텨 냈다. 그들은 키예프 중앙광장인 그 유명한 마이단^{Maidan} 독립광장(키예프 중심가에 있는 광장으로 우크라이나어로 '광장'을 뜻한다. ― 옮긴이)에서 두 달여 동안 노숙하며 시위를 벌였다.

케르손처럼 정치와는 거리가 먼 소도시에서조차 정치에는 전혀 무관심했던 사람들도 시위대를 지지하는 '오렌지' 지지자와 야누코비치를 따르는 '블루' 지지자로 나뉘었다. 이것이야말로 가장 큰 변화였다. 불과 몇 달 만에 사람들이 정치에 대한 무관심에서 벗어난 것이다. 마침내 시위대의 압력으로 세 번째 투표에서 유셴코 후보가 승리하게 되었지만, 오렌지 혁명은 결국 실망스러운 결과를 낳고 마무리되었다. 이 점은 무척 아쉬운 일이다.

이렇게 몇 달간 온 나라가 들끓은 다음, 나는 다시 학업에 전념했다. 우리 학교의 교육 수준은 전반적으로 끔찍할 정도였지만 그래도 우크라이나 학교 평균보다는 영어를 잘 가르쳤다. 이제 나의 다음 목표는 졸업 때 금메달을 받는 것이었다. 너무나도 받고 싶은 메달이었으나 결국 그 꿈은 실현되지 못했다.

지방의 경우, 졸업 금메달을 받을 수 있는 쿼터가 극히 소수로 한정되어 있었다. 키예프 같은 경우 3학년 졸업반 때에만 '매우 잘함'을 받으면 되었지만, 지방 학교에서는 1학년부터 3년 내내 '매우 잘함'을 받아야만 간신히 메달을 받을 수 있었다. 아쉽게도 1학년 때 '잘함'을 하나 받았기 때문에 나는 메달을 받을 자격을 갖추지 못했다. 그때 얼마나 울었던지!

물론 이 메달만 받았으면 대학교 진학이 훨씬 수월했을 것이다. 그래도 나는 위대한 우크라이나의 시인 타라스 셰브첸코^{Taras} ^{Chevtchenko}(지주, 차르, 교회에 대한 반항을 민중의 언어를 통해 직설적으로 호소한 시를 주로 발표했다. 막심 고리키는 그를 가리켜 러시아 최초의 민주적이고 인민적인 시인이라고 평가했다. — 옮긴이)의 이름을 딴 곳이자 우크라이나에서 가장 좋은 대학교인 키예프 국립대학교의 언론학과 입학시험에 도전하기로 결심했다.

우리 엄마는 나를 설득해서 그냥 케르손에 있는 유일한 대학교에 진학시키고 싶어 했다. 엄마의 눈에는 부모와 집이 있는 케르손을 떠나 키예프로 공부하러 가는 것이 말도 안 되는 일처럼 보였기 때문이었다. 하지만 나로서는 이런 엄마의 논리를 도통 이해할 수 없었다. 부모로서 어떻게 자식에게 최선의 길을 권하지 않을 수 있단 말인가?

나는 아빠와 함께 키예프로 갔다. 그리고 한 달 동안 무려 일곱 차례에 걸쳐 시험을 치렀다. 매번 시험을 본 다음 날 아침 7시가 되면 나는 대학 건물로 달려가서 시험 통과자 명단에 내 이름이 빠졌는지 아니면 계속 남아 있는지 확인했다. 얼마나 피 말리는 나날이었는지 모른다. 나는 엄청나게 높은 5대 1이라는 경쟁률을 뚫고 마침내 최종 합격했다. 그러나 장학금 혜택을 받지는 못했다. 우크라이나에서는 고등 교육에 수여하는 장학금 기회가 극히 적을 뿐만 아니라, 그나마 있는 것도 실질적으로는 국회의원이나 정치인 자녀들에게 혜택이 돌아간다. 따라서 이름 모를 아무개 학생이 대학교 장학금을 받는다는 것은 거의 불가능한 일이다. 아무리 당신이 가난한 가정 출신의 천재라 하더라도 말이다.

대학 첫날, 내 모습은 마치 갓 상경한 시골뜨기 같은 느낌이었다. 나를 제외한 학생들은 대부분 부유한 가정 출신의 키예프 토박이였다. 그 친구들은 이미 지구의 반을 여행해 본 경험이 있었지만, 나는 이제 겨우 우크라이나의 수도에 첫발을 디뎠을 뿐이었다.

나는 그 친구들이 하는 이야기를 내가 알아듣지 못한다는 게 너무나 창피했다. 어찌나 스트레스를 받았는지 애초에 특권층이 모이는 이곳에 온 것 자체가 실수는 아니었을까 하는 두려운 생각마저 했다.

하지만 나는 본래 어디를 가든 대장 노릇을 하지 않으면 못 배기는 성격이었기에 이내 마음을 추스르고 리더십을 발휘할 계획을 세웠다. 물론 간단한 문제는 아니었지만, 한 달이 지나자 내가 속한 스터디 그룹 대표가 되었고, 그해에 대학교 학생회 회장으로 선출되었다.

셰브첸코 대학교에서는 먼저 모든 과의 학생들로 구성된 학생회를 꾸리고 여기서 회장을 뽑았다. 따라서 회장으로서의 내 역할은 총장님과 교수님들 앞에서 학생들을 대표해서 요구 사항을 전달하고, 학교 측에 학생들이 겪는 문제점들을 알려 주는 것이었다. 이 일은 내가 정치 투쟁에 대해 배울 훌륭한 기회였다. 사실, 학생회에 모인 젊은 학생들은 대개가 국회의원 자녀들이었다. 말하자면 장차 정치 생활을 하려고 하는 젊은 세대들의 모임이었던 셈이다. 이들 중에는 호감이 가는 사람들도 있었으며, 그중 몇몇은 친한 친구가 되기도 했다.

그런데 실제 내 생활은 그리 호락호락하지 않았다. 나는 기숙사에서 지냈는데, 기숙사는 대학 본관 건물과는 아주 멀리 떨어져 있었다. 학생회의는 매주 수요일 저녁 8시에서 11시 사이에 열려서, 끝나고 기숙사에 들어가면 거의 새벽 1시가 다 되었다. 특히 해가 일찍 지는 데다 기온이 영하로 뚝 떨어지는 겨울에는 무척이나 고역스러웠다. 그래서 엄마는 전화 통화를 할 때마다 "왜 그렇게 사서 고생을 하는 거니?"라며 한탄하셨다.

나는 키예프에서 가족 없이 혈혈단신으로 지냈지만 금세 이 활기 넘치는 대도시를 좋아하게 되어서 외로움에 힘들어하는 일은 없었다. 그런데 2학년이 되자 키예프 시청에서 면접을 받아 보지 않겠느냐는 연락이 왔다. 시청에 근무하는 누군가가 학생회의에서 나를 보고 좋은 인상을 받았던 모양이었다.

시청에 가서 인터뷰하니, "학생은 전도유망한 저널리스트 감입니다. 우리 시에 와서 일하십시오"라는 제안을 받았다. 나는 무척 기뻐서 어쩔 줄을 몰랐다. 그렇게 멋지고 명망 있는 일을 할 수 있다니, 나 같은 미래의 언론인에게는 꿈만 같은 일이었다.

이렇게 해서 나는 키예프 시청 소속 공보실에서 일하기 시작했다. 그러나 이런 '기쁨'은 얼마 지나지 않아 날아가 버리고 말았다. 당시 나는 저널리즘에 대해 지나치게 낭만적으로만 생각했던 것이다. 이를 깨닫고는 밤마다 울면서 지냈다.

시청 공보실에서는 매일 아침이 되면 그날 내가 해야 하는 하루 업무가 주어졌다. 그 업무란, 시장이나 부시장이 시민들을 위해 이런저런 어려운 문제를 해결할 것이라는 내용의 보도 자료를 매일 알 낳듯 만들어 내는 것이었다.

문제는, 그 모든 것이 다 거짓말이라는 사실을 분명히 알고 있으면서도 그대로 임무를 수행해야만 한다는 데 있었다. 이렇게 내가 작성한 자료는 키예프의 여러 신문에 다양한 이름으로 실렸다. 물론 이런 신문 발간 비용은 키예프 시청에서 지불했다.

이 모든 것이 유셴코 대통령 집권기인 2009년에 일어난 일이다. 그렇기에 내가 오렌지 혁명이 금세 변질되어 실패로 끝났다고 단정하는 것이다. 실제로 그 시절에도 엘리트 지도자들과 그들 배후에 있는 거대 자본 세력은 하나도 달라지지 않았다.

1991년 우크라이나가 독립할 당시, 권력을 장악하고 나라 전체를 쥐락펴락했던 바로 그 인물들이 그대로 자리를 지키고 있었던 것이다. 다만 겉모습이 살짝 바뀌어서, 예전에는 붉은색 조끼를 입고 있었지만, 이제는 소련 해체 초기의 마피아처럼 브리오니Brioni (이탈리아 로마에서 런칭한 세계적인 명품 정장 브랜드 — 옮긴이) 정장을 차려입고 있을 뿐이었다.

그러나 이들의 본질은 변함이 없었다. 사고방식 또한 예전과 마찬가지여서 정직하지 않은 것도 똑같고, 심지어 멍청한 것도 그대로였다. 이들의 강점이라고는 자기들끼리 패거리를 이루고 강한 결속력을 보인다는 것뿐이다. 물론 유셴코 대통령은 민주적이라고 자칭하는 그의 측근 가운데서도 찾아보기 어려운 이상주의자였다. 아니, 그러기를 바란다. 나는 여전히 그에 대한 환상을 버리지 못했으니까. 어찌 됐든 그는 청렴결백한 사람이어서 2010년에 품위를 유지하면서 권좌에서 물러났다. 그러나 절대 좋은 정치인은 아니어서 결국 체제를 개혁하는 데 실패했다.

이제 와서 생각해 보면, 나는 어릴 때부터 나의 존재 이유가 무엇인지 끊임없이 찾아왔다. 초등, 중등, 고등학교에 다닐 때나, 대학 초년생 시절에도 나는 커서 정치인이 되어 학생회가 아닌 진짜 의회에 내 의석을 갖고 싶었다.

그러던 중 페멘 3인방, 그러니까 안나, 옥산나, 사샤를 만나면서 내 인생이 달라졌다. 때는 2008년 말과 2009년 초 사이의 겨울이었다. 나는 페이스북으로 사샤 셰브첸코와 별 뜻 없이 "안녕! 너도 성姓이

---

* 방카는 러시아어로 '목욕'을 뜻하는 별칭이다.

셰브첸코구나? 나도 그런데" 같은 말을 주고받는 사이였다.

그러던 어느 날 맥도날드에서 만나기로 한 후, 사샤는 다른 자세한 설명 없이 '친구들'을 만나보겠느냐고 했다. 그들은 소련 시절에 지어진 터키식 목욕탕 안에 있는 방카Ban'ka*라는 카페에서 모임을 갖는 중이었다. 소련 시절에 흔히 볼 수 있던 것처럼 바닥은 바둑판무늬로 되어 있고 조금 지저분한 곳이었다.

나는 마치 케르손에 돌아와 있는 듯한 느낌이 들었다. 카페 안에는 긴 테이블에 서른 명 정도 되는 젊은 여성들이 둘러앉아 있었다. 그들은 매춘에 반대하는 시위를 계획하던 중이었다. 바로 거기서 나는 페멘이라는 이름을 처음으로 들었다. 사실 그때 나는 그게 무슨 말인지 전혀 알아듣지 못했다.

페미니즘이 무엇인지도, 그들을 인정할 수도 없었다. 당시 나는 페미니스트라고 하면 남자가 되고 싶어서 머리를 삭발하고 남성복을 입고 다니는 여성들, 그러니까 추하고 성생활에도 문제가 있는 여성들이라는 근거 없는 생각을 하고 있었다. 하지만 나는 첫 만남부터 그들이 지닌 에너지를 좋아하게 되었다. 행동하는 것을 좋아하는 이들의 성향이야말로 내가 찾아왔던 것이었기 때문이다.

‖
열혈 선동가, 안나
"나는 6시에 퇴근해서 집으로 가도 여전히 페미니스트다."

우리 가족은 우크라이나 출신이다. 내 이름의 성姓 홋술Houtsol을 보면 알 수 있듯이 우리 아버지는 홋술houtsoule족 출신이다.

산골에 사는 이 작은 종족은 카르파티아Carpates 산맥(동부유럽에 위치한 산맥으로 '카르파트'라고도 불리며, 슬로바키아, 폴란드, 우크라이나, 루마니아에 걸쳐 있다. ― 옮긴이)에 거주하면서 특정한 우크라이나 방언을 사용한다. 이들은 세르게이 파라자노프Serguei Paradjanov 감독(아르메니아인 부모에게서 태어난 조지아 출신의 러시아 영화감독으로, 직관에 의존한 독창적인 영화를 만든 천재 영화인으로 평가받는다. ― 옮긴이)의 영화「잊혀진 조상들의 그림자TINI ZABUTYKH PREDKIV」에 등장하면서 후세에 영원히 기록으로 남게 되었다.

하지만 우리 아버지의 가족은 이런 유산을 하나도 보존하지 않았다. 이미 오래전에 우크라이나 서부에 있는 크멜니츠키 지방에 정착했기 때문이다.

우리 부모님은 어느 결혼식에서 서로 처음 만났는데, 그 후로 얼마 지나지 않아 아버지가 생계를 위해 북극권에 있는 무르만스크 Mourmansk 지방(러시아 북서부 최북단 콜라반도에 있는 주州로, 중심도시는 북극권 최대 도시인 무르만스크 시市다. ─옮긴이)으로 떠나게 되었다. 그러자 어머니는 아버지를 안 지 얼마 되지 않았음에도 곧장 따라나서기로 했다. 참으로 쉽게 내린 결정이 아닐 수 없다.

이렇게 해서 우리 부모님은 무르만스크에서 결혼했고 1984년에 내가 태어났다. 그다음에는 여동생도 태어났다. 우리 아버지는 광산에서 일하는 트럭운전사였다. 나는 아버지가 운전하던 덤프트럭 옆에 서서 찍은 사진을 좋아했다. 사진 속 아버지는 트럭 바퀴에 비해 너무도 작아 보였다! 그래서 당시 나는 이렇게 거대한 차를 운전할 수 있으니 아버지는 분명히 비범할 사람일 거라고 믿었다. 1991년 말, 소련이 붕괴하자 우리 부모님은 우크라이나로 돌아왔다.

결론부터 말하자면 지금 우리 부모님은 이혼하셨다. 때때로 엄마는 "네 아버지는 바보 멍청이야!"라고 한다. 그런데 왜 결혼한 거냐고 묻자, 엄마는 "스무 살이 되니까 얼른 결혼을 해야 했었고, 그때 그 사람이 춤 솜씨가 좋았거든"이라고 대답했다. 나는 이 말도 안 되는 논리에 기가 막혔다. 그러니까 이 두 사람은 진정으로 서로 사랑한 것도 아닌데 우연히 결혼하게 되어 자식도 둘이나 생긴 것이다.

나는 가족이 중요한 의미가 있다고 생각한다. 그리고 나는 내 아이들에게 아버지가 바보 멍청이라는 말은 하고 싶지 않다. 다행히 우리 엄마가 내 사고방식을 이해하게 되어서, 당장 결혼하라고 독촉하는 일은 이제 없다.

소련 시절에 보낸 내 유년기는 행복했다. 호두 아이스크림과 생토마토 주스, 밀감, 초콜릿, 눈이 기억난다. 하지만 독립된 우크라이나로 돌아오자 상황이 어려워졌다. 구소련의 집단농장인 콜호스 kolkhoz (소련의 농업 집단화에서 생겨난 여러 집단농장을 총칭하는 것으로, 소비에트연방 해체 이후 폐지되었다. — 옮긴이)가 자연히 사라지던 터라, 국가에서 조금이라도 농업을 지원하기 위해 젊은 가족들에게 버려진 집을 배분해 주었다.

우리 부모님도 농촌에 집을 하나 얻었는데 당시 상황을 감안하면 꽤 시설이 갖춰진 집이었다. 물도 나오고 제대로 된 화장실도 있었으니 이만하면 호화로운 축에 들었다. 하지만 그 외에 나머지는 형편없었다. 1990년대에는 일자리가 없어서 아버지는 월급도 받지 못했다. 자연히 우리 부모님은 채소밭을 가꾸는 데 전념할 수밖에 없었다. 온종일 감자를 심고 캐는 일만 한다고 생각해 보라. 얼마나 끔찍하겠는가! 내 머릿속에는 단 한 가지 생각뿐이었다. '학교에서 공부를 잘해서 대학교에 진학해야 한다. 어떤 대학이든 상관없다. 중요한 것은 이 시골을 벗어나는 것이니까!'

가능한 한 빨리 이곳을 벗어나야 한다고 생각하게 된 것은 무엇보다도 시골 사람들이 여성을 대하는 태도 때문이었다. 여자들은 마치 옥살이하는 죄수처럼 일했다. 그들이 밭을 일구고, 채소밭을 가꾸고, 가축을 치고, 빨래를 하고, 식사 준비를 하고, 아이를 키우고, 집안일을 하는 동안, 남자들이 하는 일이란 술 마시는 것이 전부였다.

당시엔 집마다 증류주를 만들 수 있어서, 이들은 서로 돌아가며 집에 모여 술을 마셨다. 그리고 술이 거나하게 취하면 주정을 부리고 아내를 구타했다. 술에 취해 집으로 돌아가면 주인 노릇을 톡톡히 했다. 우리 아버지도 트럭운전사 일을 잃고 어쩔 수 없이 무위도식하게 되면서 이 같은 생활을 하기 시작했다.

엄마와 나와 여동생이 모든 일을 다 했지만, 아버지는 우리를 학대하면서 자신이 집의 가장이라고 큰소리쳤다. 내 나이 열네 살 때, 나는 엄마에게 아버지와 이혼하라는 이야기를 꺼냈지만 엄마는 우리 자매에게는 아버지가 필요하다며 이혼하려고 하지 않았다.

그래서 나는 짐을 꾸려 우리 집보다 더 외딴곳에 있는 할머니 댁으로 갔다. 그리고 그곳에서 집에서 7km 떨어진 학교로 매일 걸어 다녔다. 그러는 동안 아버지는 계속해서 술을 마시고 엄마를 때렸다. 결국 엄마는 아버지와 이혼했다.

그 후 아버지는 모스크바로 가서 로브니아Lobnia 도자기 공장 노동자로 취직했다. 그 일자리는 육체적으로 많이 힘들고 거친 일이어서, 아버지는 술을 끊게 되었다. 그러지 않고는 버틸 수가 없었을 것이다. 아버지는 그곳에서 재혼했고, 엄마도 엄마대로 새살림을 차렸다.

엄마는 내 앞으로 우리 집과 10ha의 땅을 물려주었지만, 내가 그 덕을 보는 날은 오지 않을 것 같다. 우리 집은 읍내에서 150km나 떨어진 곳에 있고, 도로도 없고 기차나 버스도 다니지 않는다. 마을 사람들은 지금도 여전히 채소밭을 일구고 소를 키우며 국가에 우유를 헐값으로 팔아서 생계를 잇고 있다. 이들에게는 더 나은 삶에 대한 희망이 조금도 없다.

한편, 그동안 집에서 악몽 같은 시간을 보냈던 탓에 나는 정신적 고갈에 시달렸지만 할머니 댁에서 지내게 되면서 점차 회복되었다. 그리고 학교를 졸업할 때 최고 우등 금메달을 받고 크멜니츠키 대학교에 입학하여 회계학을 전공하게 되었다. 당시에는 경제전문가나 법조인, 회계사가 되는 것이 각광받던 시기여서, 나도 그 시류에 따라 전공을 선택했던 것이다. 그때는 그 길이 나의 길이 아니라는 사실을 몰랐다. 당연히 장학금 혜택은 받지 못해서 처음 두 학년 동안에는 엄마의 도움을 받았다. 그 후에는 통신 수업을 받으면서 일을 해서 스스로 학비를 마련하기 시작했다.

1학년 때 나는 인문과학, 철학, 문화사, 종교사를 좋아했지만, 정치경제학과 경제학 기초이론에도 관심이 많았다. 대학 생활에서 내 성에 차지 않았던 부분은 사회적 활동이 부족한 점이었다.

고등학교 때까지만 해도 나는 학생회의 일원으로서 갖은 창의력을 발휘해 콘서트와 행사를 조직하는 데 활발히 참여했다. 그런데 대학교에 들어오니 학생회는 딱 하나만 있고, 하는 일도 1년에 단 한 차례 학생의 날을 주관하는 것뿐이었다. 대학교에서의 학생회 활동은 마치 황량한 사막과 같았다! 그래서 이 부족한 부분을 보완하려고 철학 교수님께 사상思想 동아리를 결성하자는 제안을 했다. 그러나 학교 전체를 통틀어 단 10명만 가입하면서 이 동아리는 석 달을 넘기지 못하고 해체되었다.

2학년에 올라가고부터 전공인 회계학을 공부하기 시작했는데 그제야 이 직업이 나와 맞지 않는다는 사실을 깨닫게 되었다. 대차貸借니 뭐니 하는 것을 보면 구역질이 나올 지경이었다. 자연히 수업을 빼먹는 일이 잦아졌고 결국 무단결석으로 낙제하고 말았다.

이 사실을 안 엄마는 졸업장은 반드시 받으라고 종용하셨고 결국 나는 성화에 못 이겨 학교에 정중히 부탁해서 복학 허가를 받았다. 수업료를 지불해야 하는 과정이라 복학하기가 그리 어렵지는 않았다. 그 후에도 나는 낙제하고 구제받기를 무려 열 번이나 반복했다. 한 번은 일주일 동안 시험을 열 번이나 보고 보강을 열두 번이나 들었던 적도 있다!

3학년이 되자, 통신 수업으로 학업을 계속하면서 사탕과 과자를 파는 시장에서 일했다. 매일 아침 6시에 가판대 문을 열고 무거운 상자를 나르고 사탕을 정리하는 일을 했다. 편한 일은 아니었지만, 그 덕분에 지금은 과자와 사탕에 대해서 잘 알게 되었다.

이 고달픈 일을 마치고 저녁이 되면 철학 동아리를 자주 찾았다. 이 동아리는 두보프Doubov 거리에 있는 어느 건물의 안마당에서 열렸는데, 처음 그곳에 가게 된 것은 내 친구 레나Lena와 이라Ira를 따라서였다. 당시 나는 항상 피곤했던지라 토론을 벌이는 동안 잠드는 경우가 많았다. 그래서 좀 힘이 덜 드는 일을 해서 아낀 에너지를 내 소양을 쌓는 데 쓰겠노라 마음먹었다. 마침 대학에서 배운 컴퓨터 활용 능력 덕분에 한 자선단체에서 비서로 일할 기회가 생겼다.

이 철학 동아리는 나에게 큰 영향을 주었다. 동아리는 14세에서 15세 되는 고등학생과 18세에서 19세의 대학생, 그리고 35세 어른인 막심Maxime으로 구성되었다. 이렇듯 너무도 다른 사람들이 모였지만, 이들을 하나로 묶어 주는 연결고리가 있었다. 훗날 나의 가장 친한 친구 중 한 사람이 된 마르크스주의자 빅토르Viktor가 우리 동아리의 멘토로 이 모임을 이끌었던 것이다.

건물 안마당에는 커다란 나무 테이블이 있었는데, 본래 이웃사람들이 모여 앉아서 맥주를 마시는 곳이었다. 그런 곳에 우리가 둘러앉아서 큰 소리로 철학 서적을 읽고 비평을 했으니, 주민들이 보기에는 재미있었던 것 같다.

겨울이 되면 우리는 소그룹으로 이 집 저 집 돌아가며 모였다. 심한 추위도 우리들의 활동을 방해하진 못했다. 이 소중한 경험이 우리 각자에게 너무도 유익했기 때문이다.

우리는 이 동아리에 가입하기 전까지는 아무런 목표도 없이 살고 있었으며, 부모님들은 우리에게 아무런 권위도 없는 존재였다. 소련 붕괴 이후 새롭게 닥친 세상에서 생존을 위해 싸워야 했던 그들은 우리에게 물려줄 만한 것이 없었다. 반면 이 동아리는 우리에게 마르크스주의와 진정한 친구를 얻게 해 주었다.

그런데 왜 하필 마르크스주의에 빠지게 된 것일까? 그 이유는 우리가 사람은 모두 평등하게 태어나고 언제나 평등해야 한다는 사상에 매료되었기 때문이다. 자본주의 사회가 정해 준 운명을 따르는 대신, 모두가 자신의 능력과 창의성을 계발할 수 있다는 생각은 더없이 매력적으로 다가왔다.

우리가 소련 시절에 대한 막연한 향수를 느꼈던 것도 한 이유였다. 우리에게 스탈린의 탄압을 받던 시절은 너무 먼 옛날이야기였지만, 소련 붕괴 이전의 마지막 시기는 상대적으로 행복했던 시절로 기억되었다. 물론 이것은 우리의 환상에 불과하다. 보통 유년기는 행복했던 시절로 기억되기 마련이고, 우연히 그 시기가 소련 체제 말기와 맞아떨어졌을 뿐이었다.

어쨌든 당시 나를 포함한 우리 동아리 사람들은 냉혹한 자본주의를 혹독하게 겪고 있었다. 아버지는 직장을 잃고, 어머니는 가난한 농촌 아낙이 되고, 나는 시장에서 힘들게 일을 해야 학업을 계속할 수 있었지만, 신흥부유층 출신의 일부 학생들은 부모들이 사 준 자동차를 타고 대학교에 다녔다. 그렇다고 우리 부모님이 무능력했기 때문에 그랬던 것은 아니었다. 누구는 부자가 되고 누구는 소외계층으로 전락하는 세상이 불공평한 것이다!

하지만 좌파 철학 동아리에 가입하라는 권유를 처음 받았을 때 내 첫 반응은 "당신들 모두 정신 나간 빨갱이로군!"이었다. 그러자 동아리 사람들은 소비에트 체제와 마르크스주의 이론은 아무 상관이 없다는 사실을 즉시 보여 주었다.

우리는 보통 철학 개론서를 읽었지만, 원전으로 돌아가서 마르크스와 엥겔스, 헤겔Georg Wilhelm Friedrich Hegel을 공부하기도 했다. 당연히 『자본론Das Kapital』도 읽었는데 이 덕분에 나는 대학 학과 공부에도 상당한 도움을 받았다. 그뿐만 아니라 이탈리아 마르크스주의에 완전히 빠지기도 했고, 붉은 여단Red Brigades(1970년에 결성된 이탈리아의 극좌파 테러조직으로, 이탈리아 정부 전복과 공산주의 혁명을 목적으로 설립되어 테러 활동을 자행하고 있다. — 옮긴이)에 광적으로 열광하기도 했다. 한없이 낭만적인 시기였다!

이런 이론서들의 영향으로 나는 무신론자가 되었다. 원래 나는 어렸을 때부터 쭉 잠자리에 들기 전에 기도하는 습관이 있었다. 나에게 기도하는 법을 가르쳐 준 사람은 할머니였는데, 그래서 그런지 기도를 하지 않으면 당장에라도 날벼락을 맞을 것처럼 죄책감이 들었다. 그러다가 세계사와 인류사, 그리고 종교의 진짜 기능이 무엇인지 제대로 알게 되면서 신이 존재하지 않는다는 사실도 알게 되었다. 변화는 그렇게 찾아왔다.

어느 날, 평상시처럼 무릎을 꿇고 저녁 기도를 시작하려던 찰나 나는 갑자기 벌떡 일어나 그냥 잠자리에 들고 말았다. 그날 이후 나는 더 이상 기도를 하지도, 성호를 긋지도 않았다.

마르크스주의를 공부할 당시, 우리가 항상 고민한 문제는 바로 우리 삶을 변화시키기 위해 우리 스스로 할 수 있는 일이 무엇인가 하는 것이었다. 이런 맥락에서 우리는 학생 지원 협회라는 단체를 창립하게 되었다. 이 단체의 역할은 다양한 고등교육기관 소속 학생들의 요구와 학교 행정실을 연결해 주는 것이었다. 그러니까 한마디로 학생의 권리를 위해 투쟁하고 학생들의 지적 성취를 이루는 데 기여하고자 한 것이다.

당시 나는 회계 감사 회사를 소유한 올가 이바노브나 우그라크^{Olga} $^{Ivanovna\ Ougrak}$라고 하는 부유한 여성의 비서로 일했다. 이 여성은 여타 신흥 부자들과는 다른 독특한 인물이었는데, 여가 시간이 생기면 고아와 대가족을 위한 사회 활동에 열과 성을 다했다. 우리 단체에 활동 장소를 제공하고 공식 등록이 가능하도록 도와준 것도 바로 그녀였다.

그러나 내가 이런 활동만으로는 만족하지 못했기에 동아리 사람들은 내 존재를 불안하게 생각했다. 그래서 나는 내가 가야 할 길을 찾기 위해 철학과 정치경제학, 역사에 차례로 빠져들었다. 한 분야에 철저하게 몰입한 다음 이를 버리고 다른 분야로 옮아가는 식이었다. 그러다가 페미니즘을 알게 되면서 비로소 지속적인 목표를 설정할 수 있게 되었다.

사실, 미처 몰랐을 뿐 나는 이미 근본적으로 페미니스트였다. 우리 부모님을 보면서 깊은 상처를 받았기 때문이다. 단지 춤을 잘 춘다는 이유로 한 남자와 결혼했던 우리 엄마를 내가 어떻게 이해할 수 있었겠는가?

그런데 더욱 충격적인 일이 있었다. 내 고등학교 친구 중 대부분이 수학능력시험 직후에 결혼해 버린 것이다. 이들의 부모는 딸에게 고등교육을 받게 하거나 안정적인 직업을 가지게 해야겠다는 생각은 전혀 하지 않은 것 같다. 우리 고향에서 이렇게 일찍 결혼한 아가씨들은 모두 이혼했는데, 그땐 이미 자녀가 두세 명씩 딸려 있었다. 이는 엄밀히 말해 아이가 아이를 낳은 것이나 마찬가지였다! 게다가 이런 젊은 여성들은 금세 자녀에 대한 관심을 잃었는데 특히 재혼을 한 경우, 이러한 경향은 더욱 심화되었다.

그 결과, 아이들은 거리에 내몰려서 자라게 되었다. 이런 아이들은 세 살만 되어도 상스러운 말을 서슴지 않지만, 취객들은 이를 보고 좋다고 웃기만 한다. 누구도 원하지 않는 아이들, 누구도 돌보지 않는 아이들이라니, 이 얼마나 끔찍한 일인가!

도시에서도 사정은 마찬가지다. 언젠가 토요일에 막 결혼한 신혼부부가 크멜니츠키 시청에서 나오는 모습을 본 적이 있다. 신부는 겨우 열여섯이나 열일곱 살 정도 되어 보였다.

나는 속으로 그들을 '불쌍한 사람들!'이라고 생각했다. 이런 여성들의 인생은 이제 끝난 것이나 다름없다. 이들은 대학에도 가지 못하고 아이를 낳게 될 테니 일을 할 수 없을 것이다. 그러다가 3~4년이 지나면 사랑이 예전 같지 않을 것이고, 그러면 이들은 아마 어린 자녀를 데리고 거리로 나앉는 처지가 될 것이다.

조혼은 여성의 삶을 파괴하지만, 반면 남성의 사회적 지위는 오히려 향상시킨다. 남성들은 결혼 후에도 변함없이 친구들과 놀러 나가고 일과 공부를 계속하지만, 약지에 결혼반지를 끼고 있다는 이유로 안정적인 남자로 대접받는다. 바로 이것이 사회적 지위 면에서 여성과 남성의 차이다!

이렇듯 실제로 사회 내에서 모든 보호 장치를 잃게 되는 것은 바로 여성이다! 나는 이런 내 생각을 친구들에게 말했지만 아무도 내 말을 심각하게 받아들이지 않았다. 그래서 나는 스스로 찾아서 공부하기 시작했고, 얼마 지나지 않아 내가 가장 관심이 가고 마음이 쓰이는 부분이 무엇인지 알게 되었다. 바로 우리 사회 안에서의 여성의 지위에 관심을 가지게 된 것이다.

이렇게 되자 학생 지원 협회에서 벌이는 투쟁들, 가령 대학생의 장학금 축소 반대운동과 같은 사안은 여성 문제와 비교하면 그다지 중요하지 않은 것처럼 보였다. 더군다나 성차별은 우리 협회 안에서도 발생하고 있었다. 인상 한 번 찌푸리지 않고 열심히 일하는 사람은 바로 여성 회원들이건만, 이 협회의 상급자들은 남성들뿐이었던 것이다.

마침내 나는 우리 협회 안에서 내 고민을 공감하는 몇몇 여성 회원을 찾아냈다. 그리고 순전히 여성들로만 구성된 비공개 모임을 만들자고 제안했다. 그리고 '남자는 모두 쓰레기다All men are manure'라는 슬로건을 내걸었다. 이것은 억눌렸던 울분을 풀기에 참으로 좋은 해결 방법이었다.

일단, 적의 이미지를 제대로 파악할 필요가 있었다. 우리는 일상생활에서 발견한 사례들을 두고 토론을 벌였고, 그 맥락에서 우리 아버지, 남자친구, 남자 상사들의 행태를 분석했다. 이와 함께 아우구스트 베벨의 『여성과 사회』*를 읽으면서 우리가 관찰한 바를 이론적 틀 안에 통합시켰다.

내가 사샤를 알게 된 것은 바로 이 모임을 통해서였다. 사샤는 센터에서 일하던 열혈 투사 이리나 세르비나Irina Serbina가 데려온 동지였다. 가엾게도 사샤는 처음에 우리가 모두 미쳤다고 생각했다고 한다! 옥산나의 경우, 이때 이미 모임에 참석하고 있긴 했지만 자신이 진행하던 예술 프로젝트에 더 매여 있었다.

결국 우리는 남성적인 것은 통째로 부정하는 순수한 여성의 모임, '여성 이니셔티브Feminine Initiative'를 창립하자는 생각을 하기에 이르렀다. 이 결정으로 말미암아 학생 지원 협회는 갈라지게 되었고, 커다란 논쟁 끝에 우리가 만든 신생 모임이 분리되어 나갔다. 남성들과 분리되고 나서 우리는 이 모임을 '신윤리'라 명명했다. 이번에도 내 상사였던 올가 이바노브나의 도움으로 이 신생 단체를 등록할 수 있

—
* 독일 사회주의자 아우구스트 베벨의 대표 저서로 1883년에 출간되었다.

었다.

그렇지만 몇몇 남성 친구들과는 여전히 친구 사이로 지냈으며 그 중에서도 특히 빅토르와 각별하게 지냈다. 처음에는 그 역시 우리 모임을 부정적으로 바라보았으나, 우리의 설득으로 점차 여성의 권리를 위해 투쟁해야 한다는 생각을 하게 되었다. 여성을 부정하는 그의 논리는 단순했다.

"여성들에게는 미래가 없어! 제시간을 지키는 법이 없다니까!"

처음 시작은 힘겨웠다. 누구도 우리를 지지하려 들지 않았고, 내가 주장하는 사상 따위는 일시적인 새로운 열광거리쯤으로 치부되었다. 이렇게 두 달간의 시행착오를 거치자 많은 여성 회원들이 떠나버려 단체를 해산할 지경에 이르기도 했다.

그럼에도 나는 다섯 개 대학교에서 여성 차별에 관한 토론과 회의를 개최했다. 나로서는 이것이 내 지식을 연마할 수 있는 방편이자, 때때로 적대적인 대중, 즉 남성 대중과 논쟁을 벌이는 법을 배울 좋은 기회였다. 이 같은 회의를 통해 오늘날 여성의 지위를 참혹한 초상화를 보여 주듯 묘사하자 적지 않은 젊은 여성들이 공감하고 우리 대열에 합류하게 되었다.

그리하여 신윤리 안에서 우리의 토론은 계속되었다. 우리는 바이블로 삼았던 베벨의 저서 이외에도, 부르주아 페미니즘 Bourgeois Feminism (마르크스주의적 관점에서 혁명적 페미니즘에 대립되는 것으로, 중산 계급인 부르주아 여성의 열망을 반영하고 자본주의적 민주주의를 근본적으로 변혁하지 않고는 여성해방을 달성할 수 있다는 주장을 담고 있다. ― 옮긴 이)을 잘 설명해 준 젠더이론 Gender theory (생물학적 성과 사회적 성을 구분하여, 여성 중심적 연구에서 벗어나 여성과 남성 모두를 포함하는 젠더 관계에 대해 연구하는 분야 ─ 옮긴이) 선집도 면밀히 공부했다.

이와는 반대로 베벨의 저서에는 엄밀한 의미에서 이론이라는 것은 없었지만, 시대를 관통하는 여성의 특별한 역사가 담겨 있었다. 우리의 직관은 이 책을 읽음으로써 더욱 공고해질 수 있었다. 이 밖에도 우크라이나 출신 페미니스트 솔로미아 파블리츠코Solomiïa Pavlitchko*의 책도 읽었고, 그녀처럼 우리도 각자 자신의 소양을 쌓았다.

지금이야 비판적인 시각으로 책을 읽고 그중에서 우리에게 적합한 것을 걸러서 차용할 수 있게 되었지만, 당시만 해도 우리의 이데올로기는 아직 여물지 않은 상태였다. 여성의 권리, 특히 여성의 교육을 위해 투쟁해야 한다는 사실만 겨우 깨달은 참이었다.

우리는 여학생들을 '깨우치고' 이들에게 자신감을 불어넣고자, ─ 브레인 링brain ring ─ 이라는 일종의 지능 경연대회를 만들었다.

다양한 대학교 출신의 여학생을 뽑아 대여섯 팀을 구성하는 데만 두 달이나 걸렸다. 하지만 그들 대부분은 회의적인 태도를 보였다. "우리는 멍청해서 이런 일에는 절대 참여하지 못할 거예요!" 이런 말만 계속 반복했던 것이다. 그들에게 너희는 충분히 똑똑하며 대회에 나갈 만한 능력을 갖추고 있다고 설득하는 데는 큰 인내가 필요했다.

결국 우리는 이에 성공했으며 그 과정에서 남학생들까지 설득해 버려서 이들이 대회가 진행되는 동안 물과 종이를 준비하게 하는 쾌거를 이루었다!

─

* 페미니즘을 자유철학의 일부로 보고 페미니즘의 지적인 측면에 관해 많은 글을 남긴 문학 이론가. 1999년 41세를 일기로 타계했다.

이후에도 나는 올가 이바노브나 밑에서 일을 계속하며 여가 시간은 온전히 신윤리에 할애했다. 그런데 2006년이 되자 올가가 지자체 선거에 출마하기로 결정했다. 자연히 나 역시 선거운동에 뛰어들게 되었다. 이것은 내게 우크라이나 정치계의 혐오스러운 이면을 발견하게 해 준 귀중한 경험이었다.

올가 이바노브나는 선거를 위해 돈을 아끼지 않았다. 그녀는 모스크바와 상트페테르부르크Saint Petersburg에서 '선거 홍보' 전문가까지 영입했다. 당시는 경제 위기가 발발하기 전이라 후보자들은 전단과 피켓을 비롯한 선거 홍보에 아낌없이 지갑을 열었다. 그러나 러시아에서 온 거물도, 막대한 투자금도 아무 소용없었다. 올가 이바노브나는 선거에서 떨어졌고 그 때문에 심각한 우울증을 겪었다.

그 결과 나는 일자리를 잃었고, 회계사 자격증을 땄음에도 앞으로 무엇을 하며 살아야 할지 고민하는 처지에 놓였다. 내 숙제는 먹고 살 수 있게 돈을 벌면서 동시에 우리 단체를 발전시키는 것이었다. 나는 점차 크멜니츠키라는 틀 안에만 갇혀 있는 것이 너무 좁다는 생각을 하게 되었다. 그래서 지방의회의 청년가족부 책임자와 좋은 관계를 유지하면서 공동으로 콘서트와 미팅을 주최하고 우리 활동을 위해 지방의회 차원의 소규모 보조금까지 받았다.

하지만 상황은 그다지 달라지지 않았으며 오히려 우리 단체가 여전히 소련 시절의 자취가 남아 있는 지방정권의 부속물로 변질될 위험에 처하게 되었다. 진정한 삶은 저 멀리 다른 곳, 바로 키예프에 있었다. 여성영화를 상영하거나 여성단체를 창설하고 싶다면 그곳으로 가야 했다. 결국 나는 마음의 결정을 내렸다.

나는 키예프가 어떤 곳인지 이미 알고 있었지만, 그곳의 소음과 부산함 때문에 이 도시를 좋아하지는 않았다.

그럼에도 2007년 말 짐을 챙겨서 우크라이나의 수도 키예프로 향했다. 나는 쇼 비즈니스 업계에서 매니저 직책의 일자리를 얻었다. 이 경험을 통해 특히 언론 홍보와 관련해서 많은 것을 배울 수 있었다. 무無에서 유有를 창조하듯 쇼를 만들어 낼 수 있다는 사실에 나는 충격을 받았다. 또한 사람들이 스타가 입은 작은 반바지가 어떤 모델인지에 얼마나 큰 관심을 쏟는지 보고 너무나 놀랐다.

이에 반해 어떤 사람들은 이와는 비교도 할 수 없을 정도로 흥미로운 일에 몰두하고 있지만, 누구도 이에 대해서는 글 한 줄 써 주지 않았다. 정말이지 경악스러운 현실이었다.

예를 들어, 키예프에 있는 여성단체를 수소문해 보았더니 단 한 개의 단체만을 찾을 수 있었다. 이마저도 중년 아줌마 세 명이 꾸려 가면서 전혀 이름조차 알려지지 않은 상태였다.

나는 신윤리와 활동을 계속해 나갈 생각이었기 때문에 명성을 얻을 수만 있다면 물불 안 가리고 뛰어들 준비가 되어 있었다. 그러려면 미디어의 관심을 불러 모아야 했다. 그런데 문제는 우리가 우크라이나에서 '성性 연구'의 전망에 관한 회의를 개최한다고 하면 언론이 꿈쩍도 하지 않는다는 사실이다. 그래서 내가 생각해 낸 방법이 바로 시위에 쇼를 도입하는 것이었다. 이리하여 페멘이 탄생하기 위한 준비 작업이 시작되었다.

FEMEN

III
소심한 여전사, 사샤
"페멘의 전사들은 지구상에서 여성 혁명의 물꼬를 틀 것이다."

나는 1988년에 크멜니츠키에서 태어났다. 어린 시절은 직업 군인이었던 아버지를 따라 동독에서 보냈다. 소련이 붕괴되자 소비에트 연방군의 철수가 이루어졌고 이에 따라 우리 가족은 우크라이나로 귀국했다. 이 과정에서 계급을 강등당한 아버지는 끝내 이를 수용하지 못하고 군을 떠났다. 아버지는 본인 휘하의 장병들을 먹여 살릴 수 없는 상황에서 군 생활을 계속할 수는 없다며 대위로 전역했다. 그리고 1990년대에 사업에 뛰어들었다.

우리 가족은 외할머니, 외할아버지와 함께 살았다. 엄마와 할머니는 새벽마다 소고기 파이를 구웠고, 할머니는 이렇게 구운 파이를 시장에 내다 팔았다. 엄마는 엄마대로 청바지 장사를 했다. 아빠가 하는 사업은 정확히 무엇이었는지는 몰랐지만, 끊임없이 이동해야만

하는 일이었던 모양이다. 당시 우리 집에는 전화기도 없었고 아직 휴대전화가 나오지 않았던 시절이라 우리는 아빠가 어디에 있는지 전혀 알 길이 없었다. 그래서 엄마는 늘 아빠 걱정이었다.

외동딸이었던 나는 동생이 갖고 싶었다. 우리 부모님은 사이가 좋았고 아이를 더 원하셨지만 결국 뜻대로 되지는 않았다. 몇 년이 지나자 아버지가 어느 정도 돈을 모아 외갓집과 같은 건물에 아파트를 한 채 장만할 수 있었다. 현재 부모님, 엄마와 쌍둥이인 외삼촌, 외할머니와 외할아버지 등 우리 일가친척은 거의 다 여기에 모여 살며 서로 자주자주 드나들면서 대가족처럼 지내고 있다.

친할머니, 할아버지만 우크라이나 남부에 멀리 떨어져 살고 계신다. 아버지는 북극권에 있는 아나디르Anadyr에서 태어나셨는데 할아버지와 할머니가 더 높은 임금을 받으려고 그곳으로 갔다가 서로 만나 결혼하게 되셨다고 한다. 아빠는 아나디르를 떠나 우크라이나에 있는 군사학교에 갔지만, 할아버지와 할머니는 소련이 붕괴될 때까지 그곳을 떠나지 않으셨다. 그렇게 북극권에서 40년을 보내셔서 그런지 두 분 다 노년은 따뜻한 곳에서 지내고 싶어 하셨다.

나는 유년기에 특별히 상처를 받은 기억은 없다. 독립 이후 처음 몇 년간 생활에 어려움이 있긴 했으나 이는 우리 가족뿐만 아니라 모두가 감당해야 하는 몫이었다.

나는 초등학교 때만 해도 모범생으로 평탄하게 지냈다. 하지만 중학교에 들어가자 한 무리의 아이들이 내게 시비를 걸기 시작했다. 이들은 처음에는 다른 여자아이를 타깃으로 삼아 괴롭혔고 결국 그 아이가 자살 기도를 하는 상황으로까지 치달았다.

그 후 이들의 다음 목표는 내가 되었다. 나는 어쩔 수 없이 다른 반으로 옮겼다. 이 아이들이 무슨 이유로 나를 끈질기게 괴롭혔는지는 아직도 모르겠다. 그때 우리 반 담임선생님은 조금 이상한 젊은 여자 선생님이었는데, 학생들에게 전혀 신경을 쓰지 않았다.

그렇게 학급을 옮기자 전혀 다른 분위기가 펼쳐졌다. 새로운 반 아이들은 새로 온 친구가 낯설어하거나 두려워하지 않고 잘 적응할 수 있도록 마음을 써 주었다.

그러나 그동안 괴롭힘을 당했던 일은 내게 흉터로 남았다. 비록 공부는 여전히 잘했지만 소심한 아이가 되었던 것이다. 선생님이 던지는 질문의 답은 다 알고 있었지만, 막상 손을 드는 것은 겁이 났다. 특히 큰 소리로 시를 낭독하는 일은 고문과 같았다. 수업시간 내내 나는 수업이 끝날 때까지 칠판 앞으로 불려 나가지 않기만을 기다리며 가슴을 졸였다. 그러다가 고등학교 2학년이 되어서야 마음이 좀 편해지고 자유로워졌다. 마침내 내 인생에도 조금씩 볕이 들기 시작했다.

이처럼 자유로운 감정을 가지게 된 것은 아마 오렌지 혁명의 영향인 것 같다. 크멜니츠키는 우크라이나 서부 지역에 속했고, 선생님들 대부분이 유셴코 후보를 지지했기 때문에 우리는 수업을 빠지고 시위에 참가할 수 있었다. 오렌지색 리본을 하고 몇 시간이고 시내 중앙 광장에서 함께할 수 있어서 얼마나 행복했는지 모른다!

그전까지 러시아에서 살았던 탓에 우크라이나식의 사고방식을 별로 높게 평가하지 않던 우리 부모님들조차 오렌지 혁명 지지자들을 위한 기금과 의류 마련에 적극적으로 참여하셨다. 키예프의 독립광장 마이단 광장에 모인 사람들의 추위를 덜어 주기 위해 따뜻한 옷과 이불을 가득 실은 트럭이 크멜니츠키를 떠나 키예프로 갔다. 우리가 보기에 이 혁명은 너무도 순수하고 정직하고 정당해서 연대감을 느끼지 않을 수가 없었다.

이렇게 자유를 느끼고, 친구들과 함께한다는 기쁨을 누리는 것은 정말 특별한 경험이다. 혁명 기간에, 오렌지색 옷차림을 한 사람들은 서로 단결했으며 그 사실에 어깨를 쫙 펴고 자부심을 느꼈다. 모두가 미소 지으며 인사를 나눴고, 서로 형제애를 발휘했다. 그래서인지 얼굴에서 빛이 나서 무척 아름다워 보였다.

반면, '블루' 지지자들은 알코올 중독자들처럼 광채를 잃은 끔찍한 모습이었다. 그들이 반대 집회에 나섰던 것은 마음에서 우러나오는 열정 때문이 아니라 돈을 받고 하는 일이었기 때문이다!

그러나 불행하게도 이 같은 열정은 열매를 맺지 못하고 금세 깨지고 말았다. 나는 유셴코가 혁명을 타협의 대상으로 삼은 것을 비난할 생각이 없다. 이는 '오렌지 정권'뿐만 아니라 우크라이나 사람 모두의 탓이었다. 그때 국민은 정권의 통제를 요구하고 반드시 필요한 개혁을 이룰 수 있도록 투쟁했어야 했다. 스스로 움직이지 않았는데 어떻게 원하는 것을 한 번에 얻을 수 있겠는가?

나는 열입곱 살 때 대학수학능력시험을 봤지만, 장차 어떤 사람이 될 것인지는 전혀 생각해 보지 않았다. 어차피 크멜니츠키의 대학 시스템은 완전히 부패해서 양질의 대학 교육을 받기란 불가능하다는 사실을 잘 알고 있었기 때문이다. 이곳에선 교육자가 명망 높은 직업이 아니었기에 재능 있고 야심 있는 사람들은 교육자의 길을 가려 하지 않았다. 따라서 강의를 하는 교수들의 수준은 겨우 보통 정도이거나 엄격히 말하면 수준 이하였다. 특히 젊은 교수들의 경우가 그랬다.

부모님은 내가 인력개발 아카데미에 진학하기를 원했다. 학교 이름은 그럴싸하게 들리지만 실제로는 몇몇 교수를 제외하면 이 학교도 교육의 질이 떨어졌다.

하지만 부모님의 속내는 따로 있었다. 이 학교는 좋은 집안 자녀들이 많이 가니 여기서 적당한 신랑감을 찾으라는 것이었다. 나는 부모님의 말씀을 따라 이 학교로 진학했지만 결혼할 생각은 전혀 없었다. 달리 원하는 것이 있었지만, 그것이 무엇인지는 몰랐다. 그때까지만 해도 내가 원하는 것이 무엇인지 여전히 혼란스러운 상태였기 때문이었다.

당시 우리 집에는 소련 시절에 출판된 청소년 고전문고가 있었는데, 이 책들을 읽으니 내가 옛날에 태어나 콤소몰komsomol(1918년에 조직된 소련의 공산주의 청년조직으로, 정식 명칭은 공산주의 청년동맹이다. 사회주의 교육을 위해 공산당의 지도 아래 15~26세 남녀를 대상으로 조직했다. ─옮긴이) 당원이나 선구자로 활동하지 못한 것이 못내 안타까웠다.

내 또래 젊은이들이 뜰에 앉아 맥주를 마시고 담배를 피우며 무료하게 시간을 보내는 것과는 달리, 우리 부모님들은 젊었을 때 선구자 여름캠프와 콤소몰 모임에 갔을 거라고 생각하니 한없이 부러웠다.

현재 우크라이나에서는 청년층이 자유 시간을 보낼 만한 시설이나 공간이 거의 없어 심각한 문제가 되고 있다.

몇 년 후에 페멘 시위 때문에 체포되어 며칠간 구금되었을 때, 마약과 도둑질을 해서 들어온 젊은 여성들과 같은 방에 갇혀 있었던 적이 있다. 그 예쁜 아가씨들은 처음에는 코로 마약을 흡입했다가 나중에는 주사로 맞는 단계까지 갔다고 했다. 그런데 왜 마약을 하게 되었는지 물어보니 그저 따분해서 그랬다고 대답했다. 가정불화나 다른 문제가 있어서 마약으로 내몰린 것이 아니라 단순히 무료함을 달래려고 시작한 것이 이제는 그만두기 어려운 지경이 된 것이다.

다시 본론으로 돌아와서, 1990년대와 2000년대 초에 크멜니츠키에는 정당의 지부를 비롯해 온갖 협회가 있었지만 나는 이런 단체가 존재하는지도 몰랐다. 당시 나는 나보다 두 살 어린 이리나 세르비나와 단짝 친구가 되어 붙어 다녔다. 우리는 술 마시고 담배 피우고 마약을 하는 젊은 친구들 무리에 끼지 않고 몇 년 동안 둘이서만 다녔다.

나는 17세의 어린 나이에 대학교 1학년이 되었는데, 어느 날 이리나와 함께 사이비 종교 단체의 덫에 걸려들고 말았다. 우리는 학교 강사의 소개로 어느 교회 지하에서 모이는 연극 동아리에서 신입 단원을 모집한다는 이야기를 들었다. 그래서 이리나와 함께 이 동아리를 찾아갔더니 열성 신도가 우리를 맞아 주었다.

이 여성은 사람 심리를 꿰뚫어 보고 자기 의도대로 사람을 요리하는 능력이 있었다. 처음에는 도망치고 싶은 마음이 들었지만, 하룻저녁 만에 이 여성의 감언이설에 넘어가 우리가 하느님에게 선택받았다고 믿게 되었다.

6개월 동안 우리는 검은색 치마와 흰색 블라우스, 흰색 숄을 입고 다녔다. 처음 우리를 소개해 준 그 강사도 이 종교 단체에 자주 나왔다. 이런 나를 보고 우리 부모님은 만족스러워 하셨다. 딸이 주일마다 교회에 가고 축성된 빵을 받아 오고 기도하고 성호도 긋고 하니 전혀 불만이 없었던 것이다.

그러나 이 모든 것은 장차 우리가 수행해야 할 임무를 위한 사전 준비 작업에 불과했다. 얼마 지나지 않아 우리는 교도소에 가서 종교 서적을 낭독하고 죄수들의 편지를 받아 오라는 명령을 받았다. 내 친구 이리나는 금세 반기를 들고 이 단체에서 탈퇴했지만 나는 마음이 편치 않았다. 임무를 하달받았는데 어떻게 그냥 떠날 수 있다는 말인가? 다행히 우리 엄마가 이런 내 갈등에 종지부를 찍어 주셨다. 엄마는 내가 범죄 세계와 접촉하지 않기를 바라셨던 것이다.

그 후 내가 찾은 곳은 사이비 종교 단체보다 더 위험한 곳이었다. 이리나와 내가 새로운 소일거리를 찾고 있을 때 같은 과 친구 하나가 내가 키가 크니까 톱모델이 될 수 있겠다는 말을 했다. 오케이! 나는 한 번 도전해 보기로 했다.

우리는 크멜니츠키 지역방송국에서 제작한 쇼에 출연했고, 일주일 후에 한 남성으로부터 전화를 받고 '텔런트 미인 대회'가 열리는 나이트클럽으로 초대받았다. 당시 나는 안 될 게 뭐가 있겠느냐고 생각했지만 그야말로 끔찍한 일들이 우리를 기다리고 있었다!

그 미인 대회란 클럽 안에서 젊은 여성들이 밤새도록 테이블 사이로 걸어 다니며 남자들의 지저분한 평가를 받고, 그 대가로 50흐리브나hrivna(우크라이나 화폐 단위로, 1흐리브나는 약 240원 정도의 가치가 있다. ─옮긴이)를 받는 것이었다. 한 시간이 지났을 때 나는 다른 여성과 함께 그곳을 벗어났고, 모델로서의 내 짧은 경력도 끝이 났다.

그로부터 6개월이 지난 어느 날, 나는 같은 과 친구로부터 학생들을 도와주고 흥미 있는 일을 하는 학생 단체가 있다는 이야기를 들었다. 이 단체가 바로 학생 지원 협회였다.

이리나와 내가 이 단체를 찾아갔을 때 그곳에는 여학생들만 모여 있었다. 모두 원탁에 둘러앉아서 개인별 사례를 발표하고 토론하고 있었다. 그들은 각자 자기의 이야기를 들려줬다. 누구는 남자 친구한테서 어떻게 취급받았고, 누구는 아버지로부터 어떤 학대를 받았다는 등의 이야기가 이어졌다.

이 모임을 진행하던 안나는 이런 부정적인 감정들의 원인으로 남성을 지목하면서 이 같은 구체적인 사례를 보면 남성과 여성 사이의 불평등을 명백하게 확인할 수 있다고 설명했다. 당시만 해도 여학생들은 모두 결혼해서 정상적인 삶을 살고 싶어 했고, 페미니즘은 콧수염을 붙이고 광적인 행동을 하는 여자들의 오락거리 정도로 생각하여 반감을 느꼈다. 그래서 안나는 조심스럽게 '페미니즘'이라는 용어의 사용은 피했다.

당시 우리가 참석했던 모임은 협회 산하의 집회로는 마지막 회합이었다. 이 회합에서 신윤리라는 여성 단체를 창설하자는 결정이 내려졌다. 우리가 이 결의안에 찬성표를 던진 이유는 단순히 원래 단체가 그리 달갑지 않았기 때문이다. 사실 우리는 그때까지 '남자는 모두 쓰레기'라는 관점에 공감할 만한 경험을 한 적이 없었고 자연히 이 주제로 벌인 토론도 그다지 마음에 와 닿지 않았다.

그래서 모임에서 돌아오는 길에 이번에도 제정신이 아닌 사람들을 만났나 보다고 생각했다. 하지만 확실히 진상을 파악하려면 다시 나가 봐야 한다는 결론을 내렸다. 그런데 회합에 참석할수록 점차 우리는 열광하게 되었다. 여기 모인 여학생들은 모두 제정신이었다.

이들은 여성이 처한 환경을 논하면서 이를 역사적이고 정치적인 맥락에서 살피고자 한 것이지, 단순하게 개인적인 울분을 극복하는 것이 목적이 아니었다. 때때로 페미니즘에 호의적인 입장을 가진 남성들도 모임에 참석하게 해서 이들의 관점과 의견도 경청했다. 이렇게 해서 우리는 조금씩 여성 문제에 눈을 떴다.

우리는 아우구스트 베벨의 『여성과 사회』를 읽고 또 읽어 거의 외우다시피 할 정도로 파고들었다. 이전까지 여성을 둘러싼 숨겨진 역사에 대해 한 번도 들어 본 적이 없었던지라 이 시간은 무척 흥미로웠다. 나중에는 주위의 친구들이나 심지어 모르는 사람들까지 붙잡고 우리가 알게 된 사실을 들려줄 정도로 열성적인 회원이 되었다.

"옛날에는 모계제와 모계사회, 여권女權 같은 것이 있었다는 사실을 아세요? 그런데 나중에 별 볼일 없는 남성들이 재산을 생물학적 자녀에게만 물려주고 싶어서 이 모든 것을 여성에게서 빼앗아 갔답니다……."

우리가 이렇게 말을 쏟아 내면 듣던 사람들은 "여러분의 단체에는 가입하고 싶지 않네요"라고 했다. 물론 우리의 접근 방식이 좋지는 않았지만, 그래도 진실을 이야기하면 사람들이 우리를 이해해 줄 것이라 생각했다. 우리는 어린이와 학생, 학교를 위한 돌파구를 마련하려고 했고, 이런 활동을 통해 사회에 소속감도 느끼고 내가 쓸모 있는 존재라는 생각도 하게 되었다.

나는 이 신윤리라는 단체에서 옥산나와 안나를 만났다. 그리고 바로 여기에서 사회단체의 세계를 알게 되었다. 이곳의 분위기는 민족주의 모임이나 학생회와는 완전히 달랐다. 학생회 소속 학생들은 시험에서 좋은 점수를 얻으려고 활동하는 것이지 학생들의 권리를 위해 투쟁하려 하지 않았다. 또한 정당이라는 것이 있다는 사실은 알게 되었지만, 마음이 끌리지는 않았다. 어느 정당이든 내부적으로 뒷거래를 너무 많이 하는 데다 공공선에 대한 고민은 거의 하지 않는 것 같았기 때문이다.

신윤리가 학생 지원 협회에서 분리되자 거의 모든 여학생이 안나를 따라 나왔고, 그중 가장 열성적인 회원들만 남았다.

우리는 1년 넘게 빅토르의 집 식당에서 회합하면서 베벨을 비롯한 여러 사상가의 저서를 독파했다. 하지만 우리 동아리는 더 이상 확장되지 못하였고, 결국 무언가 해야만 한다는 결론을 내리게 되었다. 회합에 새내기를 데리고 오는 것은 어려운 일이 아니었다. 문제는 그들 대부분이 금세 탈퇴해 버리고 만다는 데 있었다. 우리 동아리에서 하는 일들이 너무 복잡하고 난해해서 사람들의 관심을 유발하지 못하기 때문이었다. 만약 우리 서클에서 『보그Vogue』 잡지를 읽는다고 하면 훨씬 인기를 끌었을 것인데 말이다.

그래서 우리가 내린 결론은 젊은 여성들이 페미니즘에 관심을 갖게 하려면 보다 단순하고 이해하기 쉬운 방법을 개발해야 한다는 것이었다.

이런 맥락에서 우리는 브레인 링이라는 이름으로 여학생들의 경연대회를 개최하기로 했다. 금세 2개 팀이 참가 신청을 했다. 하나는 거의 여학생들만으로 이루어져 있는 교육연구소 팀이고, 다른 한 팀은 학생 지원 협회의 여자 선배들 팀이었다. 그런데 이 두 팀 말고 다른 8개 팀을 섭외하는 데에는 무척이나 애를 먹었다.

우리 측 설명은 간단했다.

"그리 복잡할 것 없어요. 여학생 여섯 명이 한 팀을 이루고, 경연 예정 시간에 맞춰 와서 테이블에 앉아서 게임을 하면 됩니다. 대회 준비는 저희가 알아서 다 할 거예요."

하지만 여학생들은 선뜻 참가하기를 꺼렸다. 자신이 지적인 측면에서 대회에 참가할 수준이 되는지 걱정되었던 것이다.

대회 진행 방식은 다음과 같았다. 먼저 여러 대학 소속의 10개 팀이 모인다. 진행자가 문제를 낸 다음, 대답을 준비할 시간을 1분간 준다. 팀별로 한 장씩 답을 적은 종이를 내면 이를 걷어서 심사위원단에 제출한다. 그런 다음 계속 문제를 낸다. 대회가 끝나면 심사위원단에서 정답과 채점 결과를 발표한다. 문제는 당연히 여성을 주제로 출제해서 참가 팀과 관중이 관심을 보이도록 유도한다.

이렇게 시작된 여성 브레인 링 리그는 — 안나와 내가 키예프로 떠난 이후로도 3년이 지날 때까지 — 5년간 계속 이어졌다.

이 대회는 우리 도시 청년 학생의 상징으로까지 발전해서 일부 클럽과 카페에서 대회를 후원할 정도로 인기를 끌었다. 그리고 아주 많은 여성에게 페미니즘을 전파하고는 1년 전에 막을 내렸다.

빅토르의 집 식당에서 베벨을 공부하는 동안, 우리가 탈퇴하고 나온 학생 지원 협회의 남자 회원들은 우리를 보고 빈정거렸다.

"어이, 착한 여성동지 여러분, 어떻게들 생각하십니까? 여러분의 힘만으로는 아무 성과도 없을 걸요!"

꼬박 1년 동안, 우리는 그들의 도움 없이 우리만으로도 무언가를 이룰 수 있다는 확신으로 단단히 무장했다. 그래서 그전과는 달리 확고한 자세를 다졌다. 가령, 예전에는 부엌에 고양이라도 들어오면 모든 여학생이 흥분해서 떠들썩하게 "아유, 귀여워라!"라며 소란을 떨다가 베벨이고 뭐고 왜 읽고 있는지조차 잊어버리고 말았다. 아니면, 빅토르의 집에 젊은 남성들이 들리면 "앗, 남자들이네! 안녕하세요?"라며 돌연 온갖 애교를 부렸다. 그러나 이제는 이와 같은 한심한 행태에서 벗어나고자 노력했다.

2007년 5월 9일*, 우리는 크멜니츠키 정당 및 단체 소속 투사 연례 대회에 단독으로 참가하게 되었다. 반면 세력이 약화된 학생 지원 협회는 여학생과 남학생이 함께 참가했다. 하지만 우리 편의 규모가 더 컸고 외모도 예쁜 여학생들이 깃발을 들고서 슬로건을 외치며 퇴역 군인들에게 환호를 보내자 자연히 이 대회의 우승은 우리 차지가 되었다. 결국 협회의 남자 회원들도 우리가 최고였음을 인정하고, '착한 여성들'이 조직을 구성할 수 있다는 사실을 인정하게 되었다!

우리에게 이 사건은 참으로 영광스러운 경험이었다. 남성들의 진두지휘 없이도 우리 스스로 일을 할 수 있다는 것을 확인하는 기회

—
* 세계 2차 대전 전승 기념일로, 옛 소련 국가에서는 모두 축제를 벌이며 이날을 기념한다.

가 되었으니 말이다.

같은 해 가을, 우리는 처음으로 시위를 시도하게 되었다. 당시 크멜니츠키에서는 두 여성이 간호사의 부주의 때문에 포르말린으로 관장을 하고 사망한 사건이 발생했다! 실제로 이런 종류의 의료과실은 우크라이나에서 일상적으로 일어나고 있지만, 대부분 알려지지 않고 있으며 책임자도 처벌받지 않고 넘어간다. 그런데 몇몇 기자들이 이 사건의 냄새를 맡고 알아내게 되어 큰 스캔들로 번졌다.

우리는 눈과 비가 내리는 가운데 반나절 동안 플래카드 대신 피 묻은 침대 시트를 들고 시위를 벌였다. "다음은 누구 차례인가?" 그날 저녁, 시장이 직접 우리를 만나서 모든 관련자를 처벌하겠다는 약속을 했다.

이 사건을 계기로 우리는 도시 내의 병원 사정에 밝은 법의학자 한 사람을 알게 되었다. 그에 따르면 한 번은 무능력한 외과의사가 맹장 대신 자궁을 들어낸 경우도 있었다고 한다! 그는 의료진의 무능력 때문에 사망한 환자들의 측근을 도와 의료소송을 함으로써 문제 있는 의료진이 시술하지 못하게 하려고 노력했다.

그러나 2007년이 되자 그도 지치고 말았다. 결정적으로 암살 기도까지 당하자 그만 활동을 접고 싶어 했다. 사법 시스템에 부패가 있는 한 결코 정의를 이룰 수 없다고 생각했던 것이다.

하지만 이 날의 투쟁이 우리에게 남긴 교훈은 남달랐다. 우리는 우리가 벌이는 활동과 시위가 미디어의 주목을 받을 수 있으며, 우리가 동맹 전선을 결성해서 움직일 수 있다는 사실을 깨달았다.

우리의 시위 덕분이라고 단정할 수 없지만, 그 사건의 의료과실 책임 당사자와 과장, 인턴이 해고되었다. 적어도 우리가 불난 데 기름을 붓는 역할을 했다는 점은 분명하다. 결국 이 시위는 크멜니츠키에서 페멘의 데뷔를 알리는 신호탄이 되었다.

이 시기에 안나는 이미 키예프로 떠난 후였다. 남은 우리는 크멜니츠키에서 스터디와 시위 활동을 계속했으나, 신문사 세 곳과 지역방송국 하나밖에 없는 이런 작은 시골 도시에서는 우리의 꿈을 실현하는 것은 불가능하다는 사실을 잘 알고 있었다. 우리에게는 우크라이나 전체를 접수하겠다는 방대한 계획이 있었고, 이를 실행하려면 키예프에서 활동해야 했다.

내 단짝 친구 이리나 역시 키예프로 유학을 갔다. 그녀는 처음 여섯 달 동안에는 자주 클럽을 찾아 놀기만 하고 사회적 활동은 하지 않았으나, 그렇게 하면 크멜니츠키에서 지낼 때보다 지루할 수밖에 없다는 사실을 금세 깨달았다.

이렇게 해서 이리나와 안나는 새로운 여성 회원을 모집하기 시작했다. 그리고 이로써 페멘이 출범하게 되었다.

IV
전통파괴주의자, 옥산나
"제 몸을 대상이 아닌 주체로 변모시키고 싶었어요."

우리 엄마는 고아원에서 자랐다. 그래서 가정을 이루고 엄마가 되는 것이 언제나 꿈이었다고 한다. 대학수학능력시험이 끝나자 학업을 계속하고 싶은 마음이 없었던 엄마는 열여덟 살에 결혼해서 그 이듬해 나를 낳았다. 엄마와 아빠는 행복한 부부였다. 3년 후 내 동생 리오샤Liocha가 태어났다. 우리는 둘 다 사랑받고 애지중지 자랐다.

아빠는 공장에서 일했는데, 상당히 실력 있는 기계공이었다. 부모님은 아이를 더 낳고 싶었지만, 그러려면 아파트도 사고 돈도 잘 벌어야 했다. 그러나 소련이 붕괴되면서 이러한 계획은 끝끝내 실현되지 못하고 말았다. 공장이 문을 닫게 되자 아빠는 해고되었고 술을 마시기 시작했다. 그때부터 우리 가족의 생계를 위해 엄마가 일을 하기 시작했다.

크멜니츠키에는 유럽에서 가장 큰 시장 가운데 하나가 있다. 그래서 도시 인구의 절반 이상이 시장에서 벌어서 먹고 산다. 엄마는 도매상에서 떼어 온 물건을 시장에 내다 팔았다. 매일 이른 아침마다 리오샤를 유모차에 태우고 시장으로 나갔던 것이 기억난다.

엄마는 시트를 한 장 꺼내서 땅 위에 펼쳐 놓고 그 위에 팔려고 가져온 물건들을 진열했다. 이렇게 우리가 시장에서 하루를 보내고 집으로 돌아오면, 아버지는 이미 코가 비뚤어지게 취해 있었다.

그러나 엄마는 아버지를 버리고 싶어 하지 않았다. 아버지는 엄마의 인생에서 유일한 남자였기에, 엄마는 아버지가 이 상황을 극복하리라는 기대를 저버리지 않았다. 문제는 아버지에게 일하겠다는 의지가 부족한 것이었다. 이런 지경이 되면 여성들은 모성적 본능과 의무감 때문에 남성들보다 더 강하고 꿋꿋해진다.

어느덧 아버지는 일자리를 구하기에는 너무 망가져 버렸다. 그래도 엄마는 아빠의 곁을 떠나려 하지 않았다. 엄마가 없으면 아빠는 살아남지 못하리라 생각했던 것이다. 지금 현재 아버지는 병들고 완전히 정신이 이상해지셨다.

나도 한때는, 그러니까 내가 여덟 살에서 열두 살 때까지는 아버지가 술을 끊게 하려는 노력을 많이 했다. 애원도 해 보고, 소란도 피우고, 소리도 질러 보았지만, 아버지의 화를 돋울 뿐이었다. 내게 손찌검을 하려고 아버지의 손이 올라갔던 적이 한두 번이 아니었다.

우리는 아버지를 알코올 중독 클리닉에 수없이 보내 보았지만, 효과는 잠시뿐이었다. 엄마는 슬픔에 무너져 버렸고 자신의 인생을 체넘하게 되었다. 엄마는 아주 신앙이 깊은 사람이라서 다른 남자를 만난다는 생각은 꿈에도 하지 못했다. 교회에서 맺어 준 아버지와의 결혼은 엄마의 인생에서 유일한 단 하나의 결혼이었다.

나는 열다섯 살쯤 되었을 때부터 엄마가 엄마로서의 의무를 이미 다했고 엄마도 자신을 위해 살아야 한다는 이야기를 들려주며 엄마를 설득하기 시작했다. 그러자 엄마는 조금씩 변해 갔다. 엄마는 내 도움으로 엄마가 잘 버틸 수 있었다고 생각하고 나를 무척 자랑스러워한다. 심지어 내가 엄마의 존재를 지탱하는 주축이며 나로 인해 엄마가 다시 태어날 수 있었다고 말한다. 동정심과 자식을 낳게 해 줬다는 고마움 때문에 지금도 아버지와 같이 살고는 있지만 이제 엄마는 독립적이고 자신감 있는 여성이 되었다.

엄마는 현재 건설 기자재 판매점에서 일하는데, 너트나 드릴에 관해 고객과 전문적인 대화를 나눌 수 있을 정도로 전문성을 지니게 되었다.

내 꿈은 언제나 예술가가 되는 것이었다. 아주 어렸을 때부터 나는 그림 그리는 것을 제일 좋아했다. 크멜니츠키에 아이콘icon(그리스 정교에서 모시는 예수, 성모, 성도, 순교자 등의 초상 — 옮긴이)을 그리는 성화 아틀리에가 문을 열자 그곳에 가고 싶은 마음이 굴뚝같이 생겼다. 그 아틀리에의 선생님은 그리스의 아토스Athos 산(그리스 정교의 정신적 중심지로, 종교 건축과 미술의 보고로 세계문화유산으로 등재되었으며 그 회화 유파는 그리스 정교 예술 역사에 영향을 주었다. — 옮긴이)에서 유학하고 온 사람이었다.

우리 아버지는 나를 데리고 그 아틀리에를 찾았지만, 선생님은 20세 이상의 학생만 받는다고 딱 잘라 거절했다. 문제는 그때 내 나이가 고작 여덟 살이었다는 데 있었다! 게다가 나무판 위에 값비싼 재료를 사용해서 비잔틴 양식의 성화를 그리려면 이미 어느 정도 미술 교육을 받은 수준이어야 한다. 그래서 선생님은 나를 어린이를 위한 미술학원에 보내라고 아버지에게 충고했다.

그러나 우리 아버지는 선생님에게 애원하며 절대 돌아가지 않겠다고 버텼다. 할 수 없이 선생님은 내 실력이 부족하다는 것을 보여 주어 우리를 돌려보내려고 몇 가지 테스트를 했다. 그런데 막상 내 작품을 보자 그는 벌어진 입을 다물지 못했다. 그러고는 내가 천부적인 재능을 타고났으니 특별히 제자로 받아 주겠다고 했다.

이렇게 해서 여덟 살 때부터 나는 아이콘을 그리기 시작했고, 열 살이 되자 교회 장식 작업을 하는 데에도 참여하게 되었다. 열다섯 살이 되면서는 견습 과정까지 마쳤다.

우리 할머니와 어머니는 독실한 신자였던 반면, 아버지는 그에 한참 못 미쳤다. 아버지는 교회에 다니지는 않았지만 그렇다고 강경한 무신론자도 아니었다. 나는 아이콘화를 그리기 시작하면서 성인의 전기와 복음을 읽는 데 빠져들었다. 십여 가지 기도문도 줄줄 외웠다. 아침, 저녁뿐만 아니라, 일을 시작하고 끝낼 때에도 기도를 했다.

나는 교회법을 모두 지켰고 금식도 열심히 했다. 심지어 너무 비쩍 마를 지경이 되자 엄마가 "애야, 금식 좀 그만해라. 그러다가 사람 잡겠다!"라고 할 정도였다. 그래도 나는 계속해서 금식하고, 교회에 가고, 고해성사를 보고, 일요일마다 교리공부를 다녔다. 종교에 완전히 심취해서 열세 살 때 수도원에 들어가겠다는 결심을 할 정도였다.

마음을 정하고 짐을 싸서 막 집을 나서려는데 엄마가 우연히 점심때 집에 돌아왔다. 엄마는 "어디 가는 거니?"라고 물었다.

"수도원에 들어가려고요. 하느님을 위해 제 인생을 바치려고 해요. 엄마와 가족을 위해 기도할게요. 그리고 나중에 죽으면 저는 천당에서 살게 될 거예요."

이 말을 들은 엄마는 경악하고 말았다. 나는 자립심이 강한 아이였고, 한 번 계획을 세우면 끝까지 밀어붙이는 성격이었다. 그래서 엄마는 일가친척을 모두 불러서 도움을 청했다. 모두 나보고 수도원에 가지 말라고 애원했다. 수도원 대신 결혼해서 아이를 낳고, 손자 손녀를 보고 사는 것이 더 좋을 것이라며 설득했다.

이 일로 인해 나는 하느님과 신앙에 대해서 심각하게 고민하게 되었다. 하느님을 믿는 것처럼 보이고 자녀들에게도 신앙을 가르치는 사람들이, 그러면서도 자녀를 하느님에게 바치는 것을 두려워한다면, 과연 종교란 무슨 의미가 있는 것일지 생각하게 되었다.

나는 돌연 교조주의적인 종교에 반기를 들게 되었다. 지고의 지성이 존재한다는 것은 인정할 수 있었으나, 종교적 관행은 모두 거부했다. 그리고 아이콘화 아틀리에에서 일했던 몇 년의 시간을 면밀히 되돌아보았다. 신부님들이 우리가 작업하는 것을 보러 와서 양탄자 가격을 흥정하듯 작품 가격을 흥정하던 모습, 우리가 프레스코 작업을 하는 동안 하느님이 다 보상해 주신다고 하면서 우리에게 먹을 것도 주지 않던 모습, 갖은 사소한 술책을 쓰던 모습……. 당시에는 그냥 지나쳤던 일들이 이제 새롭게 보였다.

나는 아틀리에를 나와서 아이콘을 주문받아 그리는 일을 시작했다. 하지만 일은 먹고 살 방편일 뿐이었다. 우크라이나에는 뿌리 깊이 정착한 전통이 하나 있다. 교회에서 결혼하거나 유아 세례를 받는 등 중요한 행사가 있을 때면 반드시 실력 있는 미술가에게 아이콘화를 주문해서 구입하지, 상점에서 파는 복제품을 사지는 않는다는 것이다. 우크라이나 사람들은 형편이 허락하는 한 아이콘화를 구입하는 데 돈을 아끼지 않는다. 수준 높은 작품을 원하기도 하고, 두고두고 이를 자녀들에게 물려주기 때문이다.

사춘기가 되자 나는 '내 인생의 의미가 무엇일까?'에 대해 깊이 고민하기 시작했다. 이 지구상에서 내가 있을 자리는 어디일까? 내가 수행해야 하는 임무가 있는 것일까? 불의와 맞서 싸우려면 내가 할 수 있는 일이 무엇일까? 바로 이런 고민을 하던 시기에 우연히 안나 훗솔과 철학 동아리 남성 회원들을 알게 되었다.

우리는 함께 책을 읽고 중대한 철학적 문제들을 주제로 토론했다. 우리 가운데에는 비교적 나이가 많은 남성 회원들이 있었는데, 그들은 자기 공부도 계속하면서 우리에게 많은 것을 가르쳐 주었다.

우리는 철학, 형이상학, 변증법과 같은 일반적인 개념부터 배우기 시작했다. 맨 처음 시작할 때는 일종의 철학사 개론서인 소련 시절의 철학 교과서를 사용했다. 그런 다음 더 복잡한 텍스트들로 넘어갔다. 나는 마르크스의 『자본론』 1권과 2권은 성실히 읽었지만, 고백하건대 3권은 도저히 읽어 내지 못했다.

그 시절 나는 한없이 자유롭고 싶었다. 사회가 규정한 행동 기준은 모두 뛰어넘고 싶었다. 그러던 차에 열네 살 때 소외계층 젊은이들,

히피족과 펑크족을 알게 되어 자주 만나게 되었다. 이들은 교육도 받고 똑똑한 청소년들이었지만 삶의 나침반을 잃고 언더그라운드 단체를 전전하며 방황하고 있었다. 철학 동아리를 알게 되고 나서 나는 이들 중 꽤 많은 친구들을 그 동아리로 끌어들였다.

그들 중 대부분은 그 동아리에서 답을 찾았다. 특히 피오도르Fiodor 와 덴Den이라는 두 친구는 그 뒤에 체르노브치Tchernovtsy 대학교 철학과에 진학했고 현재 박사 논문을 준비 중이다.

그렇다. 우리는 펑크족이었다. 그러나 우리는 깊이 있게 사색했으며 우리가 살아가는 세상의 사기꾼 같은 시스템에 맞서 싸우고 싶었다. 자본주의 국가는 우리 인생에 규칙을 정해서 지시를 내린다.

자, 너는 세상에 태어나서 학교에서 공부하고 대학교에 간 다음 가정을 이루고 아이들을 낳고 일을 해야 한다. 너는 더도 말고 덜도 말고 집세와 관리비를 내고 가족을 먹여 살릴 만큼만 월급을 받아야 한다. 이런 식이다. 하지만 실제로 이것은 진정한 삶의 모방일 뿐이며, 단순히 노동력을 재생산하는 것에 불과하다!

우리는 개인 각자가 깊이 생각하고 철학자나 시인이 될 수 있기를 바란다. 모든 사람은 평등하게 태어나며 창조하기 위해 태어난다. 이는 전적으로 교육 정도와 생활 여건에 달린 문제다.

이제 우리 모두 성장해서 철학 동아리는 없어졌다. 그 대신 크멜니츠키에는 '거리의 대학University Street'이란 동아리가 생겼다. 내 친구들 몇몇이 여기서 다음 세대와 함께 공부를 계속하고 있다. 여름에는 일주일에 한두 번 공원에 모여 회의도 하고 우크라이나 전역과 때때로 러시아나 다른 나라에서 전문가를 초빙해 세미나를 연다.

나는 중학교를 마치고 기술고등학교에 진학해서 컴퓨터 그래픽을 공부했다. 화가로서 미술 공부는 독학으로도 계속할 수 있었던 반면, 그래픽 디자이너가 되려면 학교에 다니지 않으면 안 된다는 사실을 잘 알고 있었기 때문이다.

참 이상하게도 이 기술고등학교에서는 공장에서 일하는 것처럼 점심시간에 잠깐 쉬는 것을 빼고는 아침 8시부터 온종일 공부해야만 했다. 그런 까닭에 나는 부모님과 떨어져 지내기로 했다.

나는 우리 할아버지 소유의 작은 흙집으로 들어가 살게 되었다. 그 집에는 화장실도 없었고 수돗물도 나오지 않았다. 그래도 전기와 가스는 나왔다. 한마디로 이 집은 상태가 아주 나빴다. 그래서 나는 이 곳을 사람이 살 만한 공간으로 만들고자 도끼와 여러 가지 공구 다루는 법을 배웠다. 나중에는 집 안에 내 작업실을 꾸밀 수도 있게 되었다.

교육 시스템이 썩었다고 생각한 나는 고등학교 졸업 후 대학 진학 대신 독학을 하기로 마음먹었다. 교육 시스템 중 최악의 부분은 학생의 특성을 개발하기는커녕 오히려 이를 억누른다는 데 있었다. 나는 더 이상 어머니에게 부담을 드리고 싶지 않아서 호구지책으로 아이콘화를 그렸지만, 먹고 사는 데 필요한 만큼만 최소한으로 엄격하게 작업을 제한해서 했다.

기술고등학교 학업과정은 3년 동안 진행되었다. 힘들긴 했지만, 졸업장을 받을 수 있었다.

그 후 나는 안나, 빅토르와 함께 학생 지원 협회를 창립해서 학생들의 권리를 옹호하는 데 앞장섰다. 안나는 철학 동아리에 가입할 때부터 이미 알고 지냈고, 사샤는 그다음에 만났다.

크멜니츠키 출신의 삼총사 안나, 사샤, 나는 신윤리라는 단체를 중심으로 결속력을 강화했다. 그런데 당시에는 페미니즘이라는 용어가 혼동돼 사용되었고 사람들에게 경멸받았다. 그런 까닭에 우리는 이 지역에서 처음으로 생긴 이 여학생 단체가 페미니스트 단체로 인식되지 않기를 바랐다.

여하튼 이 단체 안에서 우리 세 사람은 아주 자연스럽게 역할을 분담했다. 안나는 기획자 역할을, 사샤는 대변인 역할, 나는 미술과 장식 담당을 맡았다. 우리는 아주 단순한 생각에서 출발했다. 바로 우리 자신뿐만 아니라 다른 사람들에게도 여성이 남성보다 어리석지 않다는 사실을 증명해 보여야 한다는 것이었다. 우리는 여러 대학교에서 세미나를 열고, 브레인 링을 개최하고, 고아원을 지원하는 등 2006년부터 2008년까지 활발하게 활동을 펼쳤다.

하지만 당시 우리가 사는 지역에서는 사회 활동이라면 곱지 않은 눈으로 보았기 때문에 무척 힘들었다. 사람들은 왜 그런 일을 벌이는지 도저히 이해하지 못했고 상당히 많은 편견을 극복해야만 했다.

내가 초등학생 때 우리 어머니가 늘 하시던 말씀이 있다.

"그런 게 다 무슨 소용이니? 공부도 하고, 아이콘 그리는 아틀리에도 다니고, 운동도 하고, 그러면 된 거 아니니!"

선생님들의 반응도 마찬가지여서 내가 엉뚱한 일에 시간만 낭비한다고 생각하셨다. 가까운 친구들조차 나를 이해하기 어려웠는지, 맥주 마시러 가자고 하거나 영화 보러 가자고 하는 경우가 대부분이었다.

신윤리의 회원 수는 50명에서 100명가량 되었다. 하지만 외형적으로도 더 커져야 했고, 특히나 자금이 필요했다. 2008년 우리는 단체명을 페멘으로 변경했다. 안나가 먼저 키예프에 가서 정착했고, 곧이어 사샤가 합류했다. 나는 불과 2년 전에야 키예프에 합류했다. 내가 크멜니츠키에 늦게까지 남아 있었던 이유는 내 작업실 때문이었다. 왜냐하면 작업실 안의 기자재를 다 가지고 이사할 수는 없었기 때문이다.

주문이 들어오면 나는 아이콘화뿐만 아니라 초상화와 풍경화도 그렸다. 크멜니츠키에 있을 때에는 전시회도 몇 차례 가졌지만, 키예프로 옮겨 오고 나서는 전적으로 우리 단체 일에만 전념하고 있다. 우리가 전하는 메시지와 우리가 벌이는 시위가 내게는 가장 중요한 일이 되었다.

혁명이야말로 진정한 예술이다. 바로 이 예술을 통해 사람들의 눈이 떠지고 이로써 자신과 세계의 운명에 대해 깊이 생각하게 된다. 그래도 나는 크멜니츠키에 남겨 두고 온 작품들을 가지고 키예프에서 전시회를 열어 볼까 했다. 그러나 6개월 전에 내 작품을 보관하고 있던 우리 부모님의 아파트에 화재가 났다. 내가 창조해 냈던 것 모두가 불에 타 버린 것이다. 나는 이 작품들 중 10%만 고화질 사진으로 간직하고 있다. 정말 안타까운 일이긴 하지만, 괜찮다. 새로 다른 작품을 그리면 된다. 그렇다. 언제고 나는 붓을 다시 들 것이다.

"인종을 불문하고 우리가 가진 무기는 벌거벗은 가슴이다!"

FEMEN

2 페멘의 어제와 오늘, 그리고 미래

V
"우크라이나는 매음굴이 아니다"

처음 시작은 온화했다

2008년 봄, 안나는 이리나 세르비나와 키예프에서 알게 된 여학생 몇 명과 함께 자신의 아파트에서 회합을 열기 시작했다. 사샤와 옥산나는 처음에는 크멜니츠키와 키예프를 오가며 활동했다. 그런데 신윤리라는 우리 단체 이름이 너무 학구적인 느낌이 든다는 의견이 있어서 안나는 새로운 이름을 찾았다.

그러던 중 우연히 인터넷에서 페멘femen이라는 단어를 발견했다. 페멘은 대퇴골을 뜻하는 라틴어 femur에서 온 변이형으로 '넓적다리'라는 의미인데, 불어로 여성을 뜻하는 'femme'와 동음조라서 듣기에도 편안했다. 게다가 광고업에 종사하는 우리 친구 빅토르도 인정한 이름이다!

그러나 사샤와 옥사나는 이 이름에 결단코 반대하며, '아마조네스 Amazones'(그리스 신화에 나오는 전설의 여성 부족 — 옮긴이)라는 이름을 제안했다. 한 달 간 논의를 거듭한 끝에 최종적으로 페멘Femen을 새 이름으로 낙점했다. 이 낱말은 짧으면서도 신비감이 있고, 철자 다섯 개로 이루어져 있어서 그래픽을 만들 때에도 효과적이다. 게다가 청

89

각적으로도 강한 울림을 주기 때문에, 강해지고 싶은 우리의 마음을 잘 반영한다.

페멘 창설 초기까지만 해도 우리는 남성적인 것이라면 무조건 다 부정하는 것이 페미니즘이라고 생각했다. 그러나 점차 우리의 사고 가 성숙해지면서 우리의 적은 구체적인 남성이 아니라는 사실을 깨 닫게 되었다. 진짜 적은 바로 가부장주의라는 체제였다. 사실 남성 중에도 좋은 사람은 얼마든지 있다! 빅토르 같은 경우에도 페미니즘 을 좋게 받아들인다. 그는 시간이 날 때 여행을 가지 않으면 자원해 찾아와서 우리 일을 거들어 준다.

우리가 기획한 초창기 시위에는 연극적인 요소가 많았다. 우리는 독창적인 의상을 준비하고 작은 무대 위에 신인 가수나 댄서도 초대 했다. 가령, 지구의 날 행사 때에는 장밋빛 조끼를 입고 장밋빛 풍선 서른 개를 하늘로 날려 보냈다. 당시에는 이를 취재하러 온 언론 매 체가 하나도 없었다. 오늘날에 와서 보면 너무 단순하고 순진한 모습 이 아니었나 생각되기도 하지만, 당시 우리에게 중요했던 것은 거리 로 나서는 일 그 자체였다. 우리가 진정한 '공공' 단체가 되려면 우리 의식 속에 있는 하나의 장벽을 뛰어넘어 거리로 나가야만 했다.

하지만 시위에 나설 만한 사안이 금방 나타나지는 않았다. 그러다 가 지하철 안에서 비극적인 자살 사건이 2건이나 발생하는 일이 생 겼다. 이에 우리는 '긍정적인 지하철positive metro'을 만들자는 캠페인 을 벌이기로 했다.

구체적인 활동은 2008년 7월에 시작되었다. 우리는 풍선을 불고 사탕을 사고 작은 포스터를 만든 다음 지하철로 내려가 사람들에게 상대방을 존중하고 친절하게 행동하자고 호소했다. 그리고 임산부와 아이를 동반한 여성을 위한 전용 칸을 만들어 달라고 요구했다.

　물론 이 같은 활동은 페미니즘과는 크게 상관이 없었지만, 처음으로 언론에서 관심을 보이고 취재를 했다. 그때 기자들이 보도 자료를 요구했지만, 당시만 해도 우리는 그게 무엇인지도 몰랐다. 우리는 이 일을 교훈으로 삼아 그 자리에 왔던 기자들의 연락처를 받아 두었다. 이는 우리에게 무척 중요한 경험이었다. 우리는 사람들을 동원하고 이들을 위해 작은 볼거리를 준비하는 법을 배웠다.

　안나가 키예프 지하철 경영진과 우리의 이동경로에 대해 사전에 합의해서, 우리가 환승하는 역에는 지하철 직원들이 나와서 우리를 맞아 주고 동행해 주었다. 이렇게 시위가 기획이 잘되고 원활하게 진행되면서 우리는 자신감을 얻을 수 있었다.

"전원 물속으로 돌격"

　그 후, 우리는 페미니스트의 입장에 유리한 방향으로 우리의 여성성을 활용하기 시작했다. '지하철' 시위 일주일 후, 우리는 한여름에 학생 기숙사를 포함한 키예프 전 지역에 온수 급수가 중단되는 것에 반대하는 시위를 하게 되었다.* 우리의 슬로건은 '수돗물이 나오지 않으니 독립광장 마이단 광장으로 나가서 목욕하자!'였다.

　날씨는 푹푹 찌는데 물은 단수가 되었다. 이에 목욕 날짜를 2008년 7월 15일로 잡았다. 일종의 번개 모임flash—mob이었는데, 현장에는

---

* 모든 옛 소련 국가가 그렇듯, 대도시의 난방과 온수는 거대한 보일러 업체가 공급하는데 이들 업체의 정기점검은 거의 한 달이나 소요된다.

60여 명이 모였다. 우리는 대야와 스펀지, 샤워 젤을 가져왔고, 제대로 된 데이터베이스도 없었지만 몇몇 기자도 불렀다. 그런데 약속된 시간인 12시 15분이 되자 기자들이 벌떼처럼 몰려들었다. 우크라이나 언론뿐만 아니라 로이터Reuters나 AP 같은 통신사에서도 취재하러 온 것이다.

우리는 이렇게 많은 기자들 앞에서 어떻게 해야 할지를 몰랐다. 그때 안나가 소리쳤다. "전원 물속으로 돌격!" 우리는 분수대로 뛰어들었다. 수영복을 입은 사람, 원피스를 입은 사람 등 천차만별이었지만, 우리는 몸을 흔들고 소리치고 깡충깡충 뛰기 시작했다. 기자 중에서도 우리와 합세해서 물속에 뛰어드는 경우도 있었으니, 완전히 축제 분위기 그 자체였다!

사실 우크라이나에서는 이런 퍼포먼스는 처음 보는 일이었다. 기자들은 놀라 어리둥절해하면서 잔뜩 질문을 퍼부어 댔다.

"당신들은 누군가요? 댄스 그룹? 합창단? 누가 리더인가요? 재원은 어디서 마련합니까?"

페멘의 배후에 있는 스폰서나 지도자가 누구인지 어떻게 해서든 알아내려고 하는 이들의 모습은 우스워 보였다. 어찌 되었건 우리가 발견한 사실은 여성들의 시위도 볼거리를 제공하는 한 언론의 관심을 살 수 있다는 것이었다.

기자들이란 눈길을 끄는 기삿거리만 찾기 때문이다. 이들은 스캔들이나 섹스, 사망 따위의 기삿거리로 먹고 산다. 그런데 언론이 없으면 우리는 아무것도 할 수가 없다. 뉴스에 보도되지 않으면 우리가 벌인 시위도 마치 일어나지 않은 일처럼 되어 그냥 사라져 버리고

'수돗물이 나오지 않으니 독립광장 마이단 광장으로 나가서 목욕하자'는 슬로건을 내걸고, 한여름에 학생 기숙사를 포함한 키예프 전 지역에 온수 급수가 중단되는 것에 반대하는 시위를 벌였다. 이때 는 옷을 벗지 않았다. 그 후 4년간 이 첫 번째 시위를 기념하기 위해 매년 여름 독립광장에서 목욕 행사를 벌였다.

만다. 불행하게도 대다수의 비정부기구NGO 활동이 이렇게 묻혀 지

나가 버린다. 한 행사에 무게를 실어 주는 것은 미디어 권력의 힘에

달렸다. 우리가 원하건 원하지 않건, 세상은 그렇게 돌아간다.

독립광장에서의 목욕 시위 이후, 사샤는 우리 단체의 발전을 도모

하기 위해 전적으로 단체에 헌신하기로 하고 2008년 가을 키예프에

정착했다.

분수대에서 벌였던 시위는 모두가 좋아했다. 물론, 그 일로 안나는

'공공질서 위반' 혐의로 두 시간 동안 경찰서에 있어야만 했지만, 마

침내 우리가 센세이션을 일으킨 것이다! 그 후 4년간 우리는 이 첫

번째 시위를 기념하기 위해 매년 여름 독립광장에서 목욕 행사를 벌

였다.

우리는 처음 두 해 동안에는 옷을 벗지 않았다. 하지만 연극처럼 공연을 준비해서 많은 인원이 참가하고 엄청나게 많은 무대장식이 동원되었다. 무대장식 관련 일은 옥산나의 몫이었다. 그녀는 당시의 상황과 자신이 담당했던 일에 대해 이렇게 회고한다.

"여학생 회원들은 여러 명이 방을 같이 썼어요. 그러니 그 친구들과 방을 같이 쓰겠다고 저까지 이사 올 수는 없었죠. 그래서 400km 떨어져 있는 크멜니츠키와 키예프를 오갔지요. 교통비는 학생 할인 혜택이 있어서 거의 부담이 되지 않았어요. 힘들었던 것은 제가 들고 다니는 무대 소품들을 끼고 밤새 열차를 타고 달려간 다음, 그다음 날 아침에 시위에 참가하는 일이었어요. 한 달에 두세 번을 그랬지요. 그래도 그런 우리의 새 삶이 어찌나 재미있었는지 몰라요!

처음에는 화관을 만들 때 가장 저렴한 재료, 그러니까 묘지에서 파는 조화를 제가 직접 꼬아서 만들었습니다. 플래카드는 회원들이 학생 기숙사에서 여름 공사 후에 수거해 온 벽지를 모아서 만들었지요. 가끔은 글자를 오려 내서 붙이기 위해 큰 하드보드가 필요하기도 했지만, 그걸 살 돈이 없었어요. 그래서 길거리나 쓰레기장까지 뒤져서 필요한 재료를 구했답니다. 궤짝이나 박스, 페인트 남은 것 등 쓸 만한 것들은 모두 주워 왔어요. 체면 같은 것은 다 버렸지요. 연극용 무대 의상은 우리 옷장 안에 있는 옷들로 만들어 냈어요. 처음 시작할 때에는 거의 경비가 없었습니다. 그래서 예를 들어 풍선이 필요하거나 혹은 휴대폰을 구입해야 하면 각자 분담금을 내서 해결했지요."

섹스 사파리

우리는 얼마 지나지 않아 심각한 문제들에 대해 목소리를 내기 시작했다. '우크라이나는 매음굴이 아니다'라는 슬로건을 내걸고 기나긴 투쟁의 길에 나선 것이다. 그러니까 친절하고 유희적인 성향의 단체에서 급진적인 페미니스트 단체로 진화한 셈이다.

장밋빛 풍선과 목욕하는 모습을 담은 우리의 초창기 사진을 버리고 싶은 생각이 들 때도 가끔은 있지만, 이것 역시 우리 역사의 일부인 것은 분명하다. 처음에는 모든 사람이 우리를 좋아하길 바랐고, 우리가 하는 일이 여성의 권리를 옹호하는 것이니까 최소한 여성들은 우리를 좋아할 것이라 믿었다. 그런데 문제는 우리가 성매매와의 전쟁에 뛰어드는 순간부터 생겼다. 사람들이 우리를 성매매 여성으로 취급하기 시작한 것이다. 주로 남성들이 그랬지만, 종종 여성들도 이런 오해를 했다!

그렇다면 이 전쟁은 어떻게 해서 시작되었을까? 어느 날, 토론을 하다가 누군가 질문을 하나 던졌다.

"여러분을 가장 곤혹스럽게 하는 일은 무엇입니까?"

각자 자기가 생각하는 문젯거리를 들려주기 시작했다. 길을 가다가 터키 남자들이 치마를 잡아당기면서 접근했던 일, 유럽 남자들이 순진한 젊은 여성을 유혹하려고 클럽에서 칵테일을 사 주는 일 등이 화제에 올랐다. 가난한 터키남자들은 돈이 없어서 요행을 바라며 길거리에서 아가씨들한테 접근한다. 이탈리아나 미국, 독일, 프랑스 남자들은 호텔에서 여자를 고르거나 성매매 업소를 찾아간다. 모든 호텔에는 성매매 여성들의 사진과 이들이 각자 무엇을 할 수 있는지를 설명하는 '서비스' 카탈로그가 있어서, 남성들은 자신의 마음에 드는 여성을 골라서 주문할 수 있다.

외국 남성들은 우크라이나에 가면 섹스 산업이 있다는 사실을 알고 이곳을 찾는다. 이제 우크라이나는 제2의 태국이 되었으며, 이런 현상은 점점 더 심화되고 있다. 키예프나 오데사에서는 주머니에 1,000달러만 있으면 남자들이 왕 대접을 받는다. 섹스 산업은 맥도날드 같은 패스트푸드 업계와 유사한 면이 있다. 바로 쉽고 싸게 살 수 있다는 점이다. 게다가 우크라이나 아가씨들은 대체로 미인이고 순진하기 때문에 외국 남성들에게는 이국적으로 느껴진다는 것도 플러스 요인이 된다.

노련한 서유럽 남성들은 성매매 업소조차 찾지 않는다. 괜히 돈을 더 낼 필요가 없다는 것이다. 현지 풍습을 조금이라도 아는 외국 남성이라면 나이트클럽에 가서 거기서 만난 아가씨에게 술을 사면서 자신은 키예프에 사업차 출장 왔다고 소개하고 접근한다.

그러면 그 아가씨는 이 남성이 자신과 결혼해서 유럽에 데려가 주리라는 꿈을 꾸기 시작한다. 많은 젊은 여성들은 자신의 인생에 다른 가능성은 없다고 생각한다. 돈이 없어서 학비를 댈 수도 없고, 구할 수 있는 일자리는 허접스러운 것들뿐인데, 그마저 가혹하게 착취당하고 임금도 제대로 받지 못하는 형편이다. 그래서 이들은 백마를 탄 왕자님을 만나기 위해 여성을 무료로 입장시키는 나이트클럽을 찾기 시작한다. 그러나 그 '왕자님'은 먹잇감이 술에 얼큰하게 취하면 공짜로 하룻밤 잠자리만 챙기고는 끝낸다.

간혹 '해피엔딩'으로 끝나는 이야기도 있다. 오스트리아에서 만난

한 우크라이나 여성은 결혼상담소에 등록한 다음 가장 먼저 그녀를 간택한 오스트리아 남성과 결혼했다고 한다.

과연 그 여성은 이것이 성매매나 다름없다는 사실을 알고나 있을까? 물론 일반적인 매춘에 비해 장기간 지속된다는 점이 다르긴 하다. 어쨌건 그 여성은 행복해 보이지 않았으며 남편을 사랑하는 것 같지도 않았다. 우리 우크라이나의 젊은 여성들에게 이런 '행운'이 찾아오지 않기만을 바랄 뿐이다!

우크라이나에서는 한 발자국만 잘못 내디디면 성매매의 길로 빠져들 수 있다. 광고지를 나눠 주면서 젊은 여성들에게 '호스티스'로 일하라고 부추기는 사람과 몇 마디 말만 나누면 된다. 그 사람에게 오케이라고 하거나 그 사람한테서 받은 전화번호로 전화를 걸면 그것으로 당신의 인생은 끝이다. 인나는 이 같은 위험한 악순환을 직접 목격했다.

"저희 과 몇몇 여학생에게 있었던 일이에요. 저처럼 그 친구들도 나중에 훌륭한 사람이 되어 직업을 가지겠다는 꿈을 가지고 지방의 소도시에서 키예프로 올라왔지요. 그런데 어느 순간 부모님이 더 이상 지원해 주지 못하게 되었습니다. 우크라이나의 다른 지방에 비해 키예프의 물가가 비싸고 특히 집세가 천문학적으로 비쌌기 때문이지요.

이런 처지에 놓인 여학생들은 어쩔 수 없이 일거리를 찾게 되었습니다. 이들은 썩어 빠진 상점이나 식당에서 악덕 주인을 몇 번 겪고 나서는 스트립쇼를 하게 되었고 이는 곧장 성매매로 이어졌습니다.

순식간에 포주의 손아귀에 걸려들었고 그러고는 그 생활에서 빠져 나오지 못하게 되었습니다."

섹스 관광에 반대하는 첫 번째 시위는 독립광장에서 목욕 퍼포먼스를 벌인 지 한 달 후에 일어났다. 이 시위는 키예프의 번화가 크레샤티크^{Krechtchatik}*에서 시행되었다. 우리가 시위를 벌이기 전까지 우크라이나 언론은 태국에서 성행하던 섹스 관광 스캔들을 규탄했다.

우크라이나에서도 마찬가지 상황이 벌어지고 있었지만, 그 누구도 우크라이나 안에서 일어나는 일에 대해서는 언급하지 않았다. 마피아 두목들이 이런 방식으로 수백만 달러를 벌어들이고 있다는 사실을 국회의원들도 알고 있지만, 조치를 하는 사람은 아무도 없다.

그 이유는 바로 고위 공무원과 국회의원 그들 자신이 막대한 섹스 서비스가 제공되는 클럽과 성매매 업소를 소유하고 있기 때문이다. 우리는 이 문제에 관해 기자들의 취재에 응했다. 물론 우리는 우리가 한 말에 대해 책임을 질 수 있다.

섹스 관광에는 두 가지 유형이 있다. 첫 번째 유형은 인터넷에서 섹스 투어 상품을 구매하는 것이다. 터키 남성들을 잔뜩 실은 고속버스가 이런 식으로 우크라이나로 온다. 이들에게는 성매매 여성을 알선하는 호텔이 제공되고, 매일 밤 새로운 성매매 업소를 소개받는다. 두 번째 유형은 나이트클럽 사파리에 나서는 것으로, 이는 유럽에서 온 많은 남성 관광객들이 선호하는 여가활동이다.

몇 해 전 우리 단체에서는 한 사회학연구소와 공동으로 여론조사를 실시했는데, 그 결과 성매매 여성의 고객 중 70%가 터키 남성으로 조사되었다. 그 이유는 무엇일까? 아마도 오래된 전통 때문인 것 같다. 옛날에 터키 남성들은 젊은 우크라이나 여성들을 첩으로 삼기 위해 돈을 주고 사거나 납치했다. 오늘날에도 우크라이나는 여전히 접근성도 좋고 값도 싼 곳이다.

유럽 남성들은 더 퇴폐적이다. 유셴코 정권에서 비자가 폐지된 데다가** 특히 유로2012 덕분에 우크라이나라는 나라가 잘 알려지자 이들의 발길이 늘었다. 비자를 철폐한 목적은 당연히 관광산업을 발전시키고 서방세계에 우크라이나의 문을 활짝 열어 주려는 것이었다. 문제는 실제로 기여한 것이 섹스 관광 산업의 발전이라는 것이다. 우크라이나를 방문한 외국 남성들은 미니스커트에 하이힐을 신은 예쁜 금발 미녀들이 외국 남성과 결혼해서 이 끔찍한 나라를 떠나기를 꿈꾸는 것을 본다. 어찌 이를 이용하지 않겠는가?

그들에게는 우크라이나로 오는 것이 태국 여행보다 비용도 적게 들뿐더러 안전도 보장되는 길이다. 우선 키예프는 문명이 발달한 이 나라의 수도이며, 이곳 경찰은 부패할 대로 부패해서 웬만하면 외국인은 건드리지 않기 때문이다. 여기서 특히 강조해야 할 부분은, 많은 외국 남성들이 우크라이나를 찾는 것은 성매매 여성들 때문이 아니라, 장차 자신에게 무슨 일이 닥칠지도 모르는 젊은 여성들을 노리고 있기 때문이라는 사실이다. 어떤 여성들은 외국인의 유혹에 넘어간 다음 그 이튿날 버림을 받아 상처를 입고는 진짜 성매매의 길로 접어들기도 한다.

—
* 키예프의 중심가에 있는 대로大路
** EU와 캐나다, 미국 국민들에 대한 일방적 비자 면제는 2005년부터 시행되었다.

일부 비정부기구에 따르면 — 그렇다. 공식적인 통계는 나와 있지도 않다. — 많은 청소년이 12세나 13세 때부터 성매매에 몸을 던지는 최악의 상황이 포착되었다. 특히 가난하고 불우한 가정의 어린 소녀들이 이 길로 내몰린다. 대개 편부모 가정이거나 알코올 중독자 아버지를 둔 경우가 많은데, 이런 가정은 소련 붕괴 이후에 급격히 확산되었다.

반면 이런 사람들을 도와주고 그들의 자녀를 돌볼 사회제도나 정부기관은 마련되어 있지 않다. 부모들 앞으로 보조금이 지급되기는 하지만 보잘것없는 수준이다.

이와는 대조적으로 성매매 조직망 안에서는 인력 수급 시스템이 매우 조직적으로 잘 갖춰져 있다. 그 안에는 홍보실과 인력개발실이 있어서 번듯한 산업체처럼 활동하며, 특히 이제 막 사춘기에 접어든 청소년들을 성공적으로 끌어들이고 있다.

방카

인나는 2009년 여름에 우리와 합류했다. 물론 사샤와 안나와는 그전부터 아는 사이여서 가끔 회합에 나오기도 했다. 우리는 오래된 터키식 목욕탕 안에 있는 찻값이 싼 카페 방카에서 모였다. 이곳에서 여학생 40여 명이 차는 딱 석 잔만 주문해 놓고 홀짝홀짝 마시면서 몇 시간이고 앉아서 토론을 벌였다.

'우크라이나는 매음굴이 아니다' 시위는 인나가 참가한 첫 번째 활동이었다. 이것은 일종의 길거리 연극 형태로, 키예프 중심가에서 경쾌한 혼란을 일으키려고 기획되었다. 이를 위해 대략 70여 명, 아니

아마도 그 이상의 젊은 여성들이 모여들었다. 이들은 패션쇼, 댄서, 인형, 과격파 그룹 등으로 역할을 나누었다. 인형처럼 꾸미고 머리에 커다란 리본을 단 여성들은 성매매 여성들을 나타냈다. 실제로 이들은 인형이나 마찬가지로 사고파는 대상이다.

인나가 속했던 과격파 그룹은 수영복을 입고 그 위에 리본을 꿰매어 달았다. 그리고 "우크라이나는 매음굴이 아니다"라고 소리쳤다. 시위는 평화롭게 진행되어서 아직은 이를 두고 진정한 저항 행위라고 말하기는 힘들었다. 리본과 풍선이 동원되고 많은 인파가 몰려서 실제로는 아름다워 보이기까지 했다. 우리가 내세우는 메시지는 간단명료했다. 성매매 여성처럼 보이는 젊고 예쁜 여성들이 겉보기와는 달리 '나는 매춘부가 아니다'라는 플래카드를 들고 나섰다.

처음에 우리는 모든 우크라이나 여성들을 성매매 여성으로 생각하는 인식에 반기를 들고 일어났다. 젊은 우크라이나 여성이 서방국가에 비자를 신청하면 십중팔구 발급이 거부된다. 인나 역시 열아홉 살 때 페멘 회원으로 독일에 초대되었을 때 비자 발급을 거부당했다. 그때 영사관에서는 인나의 귀에다 대고 방문 목적이 의심스럽다고 했다고 한다. 맞는 말이다. 독일인들이 우크라이나 여성들의 존엄성을 존중하게 만드는 것이 우리의 방문 목적이었으니 말이다!

우리는 성매매에 대해 알면 알수록 우크라이나 정부에 분노와 역겨움을 금치 못하게 되었다. 그래서 실질적으로 성매매 금지를 요구하기로 했다. 법적으로 성매매는 금지되어 있으며, 섹스 산업도, 섹스 비즈니스도 금지되어 있다. 하지만 현실에서는 어떠한가? 만약 경찰서 옆에 성매매 업소가 있더라도 경찰은 이 업소에 단속을 나가지 않고 오히려 보호할 것이다.

혹시나 경찰이 성매매 여성을 체포하는 경우가 생긴다면, 이는 그 여성이 도망가려 해서 포주가 경찰에 요청했거나 아니면 경찰 측에서 '세금(포주나 성매매 여성이 경찰에 상납하는 금품을 가리킨다. — 옮긴이)'을 올리려고 그러는 것이다. 사정이 이렇다 보니 이 비즈니스는 연일 승승장구하고 있다.

그렇다면 이 문제를 어떻게 해결할 수 있을까? 우리는 다른 나라의 사례를 연구하며 해결책을 고민했다. 그 결과 스웨덴 모델이 매우 효율적이라는 결론을 얻었다. 스웨덴에서는 성매매 고객의 행위를 범죄로 보고 이를 처벌하는 법을 도입했다.

성을 사는 남자가 범죄를 저지른다는 것은 명백한 사실이다. 늘 피해자 입장에 있는 성매매 여성이 아니라, 늘 미꾸라지처럼 빠져나가는 포주가 아니라, 이 업계의 발전을 촉진하는 사람, 즉 고객을 처벌하는 것이 그 골자다. 물론 이것만으로는 문제를 완전히 해결하지는 못하겠지만, 그래도 성매매를 줄이는 데 한 걸음 크게 다가설 수 있다.

이런 남성들은 비겁한 사람들이라, 아내나 연인, 어머니, 누이에게 자신의 행동이 알려질까 두려워한다. 반면 남자 친구들 앞에서는 대개 자신의 정력을 과시하며 자랑하는 이율배반적인 행태를 보인다!

그런데 대체 남성들은 왜 성매매 여성을 찾는 것일까? 사실, 대부분의 경우 성적 욕구 자체 때문이 아니다. 이들은 여성에게 모욕을 줌으로써 자신의 우월감을 확인하려고 업소를 찾는다. 한 여성을 돈으로 사서 수치심을 느끼게 하는 것이야말로 사디즘^{sadism}의 극치라

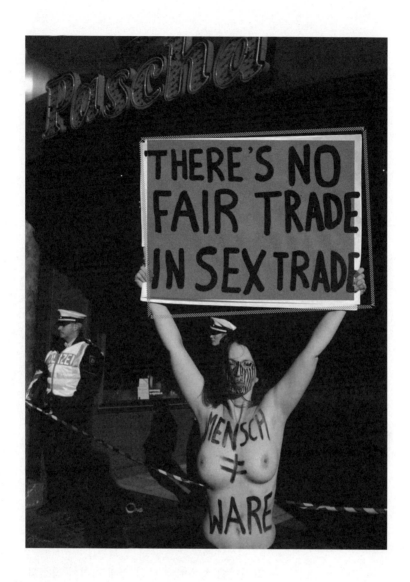

●|●

법적으로 성매매는 금지되어 있으며, 섹스 산업도, 섹스 비즈니스도 금지되어 있다. 하지만 현실에서는 어떠한가? 만약 경찰서 옆에 성매매 업소가 있더라도 경찰은 이 업소에 단속을 나가지 않고 오히려 보호할 것이다. 우리는 성매매에 대해 알면 알수록 우크라이나 정부에 분노와 역겨움을 금치 못하게 되었다. 그래서 실질적으로 성매매 금지를 요구하기로 했다.

할 수 있다. 그 여성은 빵 한 조각을 얻으려고 자신에게 요구하는 것은 무엇이든 다 해야만 하는 처지다. 어린 자식들을 먹여 살려야 하거나 죽어 가는 어머니의 약값을 대야만 하기 때문이다.

자, 그것이 바로 이 비즈니스가 번창하는 이유다. 남성들에게 여성의 마음을 얻고자 꽃다발을 선물할 의욕이 없기 때문이 아니라, 성매매 여성과 있으면 가장 형편없는 남성도 자신이 절대적인 주인이 되는 것처럼 느낄 수 있기 때문이다.

그래서 우리 단체는 섹스 비즈니스의 고객을 형사처분할 것을 공개적으로 제안했다. 라다Rada* 소속 한 국회의원은 우리의 제안을 기초로 해서 법안을 만들었다. 우크라이나에서 우리는 공식적으로 인정된 협회나 비정부기구가 아니다. 당국이 우리 단체의 등록을 항상 거부했기 때문이다. 그럼에도 정치권에서는 우리가 발의한 제안을 중요한 고려 대상으로 삼았으며, 우리의 기획안이 각 부처와 의회, 정치 토크쇼 등 모든 곳에서 논의되었다!

우리는 지금까지 우크라이나에서는 아무도 하지 않은 일을 했다. 섹스 관광과 성매매라는 주제를 공론화시킨 것이다. 그런 것들이 존재한다는 사실은 삼척동자도 알고 있었고, 성매매 업소와 클럽 광고도 모르는 사람이 없었지만, 이 문제를 직접 언급한 사람은 아무도 없었다. 2006년부터 2007년 사이에 우크라이나 언론에서 다룬 기사를 검색해 보면 우크라이나의 성매매에 관해 국내 기자가 작성한 기사는 하나도 없다는 사실을 확인할 수 있을 것이다.

—
* 우크라이나 의회

페멘, TV스튜디오 무대에 오르다

2009년, 우리는 사비크 슈스터^{Savik Chouster}*가 진행하는 TV 토크쇼에 출연하게 되었다. 이 자리에서는 섹스 산업 고객을 형사처분하는 법안을 두고 이야기를 나누었다.

이 프로그램에는 네스토르 슈프리치^{Nestor Choufritch}라는 국회의원이 함께 출연해서 "아가씨들, 저를 믿으세요. 하늘에 맹세코 다음 회기에 의회에서 이 법안을 채택할 겁니다"라고 큰소리를 쳤다. 자기 전화번호까지 알려주면서 이렇게 말하니, 우리로서는 그저 믿기지 않을 뿐이었다.

정치라고 하는 올림퍼스^{Olympus} 산(그리스 신화에서 신들이 산다고 하는 산. 정치인들을 신처럼 보통사람과 멀리 있는 사람이라고 비유한 것이다. — 옮긴이)에 사는 사람들은 우리 같은 보통 사람들은 감히 접근할 수 없는 존재다. 그런 사람이 우리와 말을 나누고 악수를 하고 눈을 똑바로 쳐다보며 약속을 한 것이다. 그날이 2009년 10월 2일이었는데, 그의 말대로라면 법안은 나흘 뒤에 국회 표결에 부쳐져야 했다.

그러나 그 뒤로 한 달 이상 지났지만, '우리의' 법안은 감감무소식이었다. 그러던 차에 그때의 그 슈프리치가 11월 27일에 다시 한 번 '슈스터 라이브^{Chouster Live}'에 초대 손님으로 출연한다는 정보가 입수되었다. 우리는 방송이 진행되는 동안 사샤가 스튜디오 침입을 시도하기로 결정했다. 그렇다면 구체적으로 어떤 작전을 세워야 할까? 사샤의 말을 들어 보자.

---

* 모스크바 '리버티' 라디오의 전직 기자로 오렌지 혁명 이후 키예프에 정착했다. 우크라이나에서 가장 인기 있는 진행자 중 한 사람이다.

"제가 스튜디오를 기습하기로 했습니다. 먼저 스튜디오 입구에서 지난번 출연 때 이름을 알게 된 올레시아Olessia라는 프로그램 공동 제작자를 전화로 불러 달라고 경비원에게 부탁했어요. 그런 다음 전화로 횡설수설 둘러대서 어떻게든 그 제작자가 밑으로 내려오도록 했습니다.

그리고 "기억나세요? 페멘이에요. 전에 슈스터의 초대 손님으로 나왔었지요. 그때 슈프리치가 성매매 금지법을 통과시키겠다고 우리에게 약속했었지요. 그러니까 중간 광고 시간 정도에 그와 이야기를 해야겠습니다. 아주 중요한 일이에요"라고 말했습니다.

깜짝 놀란 그 제작자는 저를 출연자 대기실까지 올라가게 해 주었습니다. 저는 거기서 잠시 기다리다가 곧 스튜디오 무대를 찾아 나섰어요. 머리에는 화관을 쓰고 '우크라이나는 매음굴이 아니다'라고 적힌 티셔츠를 입고 플래카드를 둘둘 말아서 들고 있었지요. 아직 페멘이 널리 알려지지 않았던 때라서 사람들은 저를 알아보지도 못했고 조금도 수상하게 여기지도 않았습니다.

그런데 생방송 시작 1분 전에 무대로 올라가는 길이 막혀 버렸습니다. 관중석과 무대를 연결하는 통로가 카메라맨과 거대한 장비 때문에 막혀 버린 것이었어요. 정말 절망적인 상황이었습니다. 그런데 갑자기 제 눈에 진행자가 옆쪽에 있는 작은 문을 통해 방으로 들어가는 모습이 포착되었습니다.

얼른 따라 가 봤더니, 무대 대기실이 나왔습니다. 온몸에 전율이 흘렀지요. 저는 속으로 생각했습니다. '하느님, 진실이 밝혀질 순간이 다가왔군요.'

그때 무대 위에서는 다른 도시를 연결해서 이원 방송을 하는 중이었습니다. 저는 몹시 흥분한 상태로 작은 커튼 뒤에서 준비해 온 플래카드를 펼쳤습니다. 그리고 생방송이 시작되자마자 무대 가운데로 뛰어들어 가면서 "이 거짓말쟁이의 말을 믿으면 안 됩니다!"라고 외쳤어요. 제가 들고 있던 플래카드에는 '거짓말 생방송 중Lies Live'이라고 적혀 있었지요. 현장에 있던 모두가 충격을 받았지만, 카메라는 계속 돌아갔습니다.

우리는 시위를 준비할 때 그 장면이 촬영되고 있는지 반드시 확인하도록 규칙을 정했어요. 생방송으로 방영되지 않는다면 아무것도 하지 않고 적당한 기회를 기다리는 편이 더 낫거든요. 바로 그런 이유로 이원 방송이 끝날 때까지 기다렸다가 뛰어든 것이지요.

용감하게도, 저보다 머리 하나만큼 키가 작은 슈스터가 제 손을 잡더니 "이게 무슨 일입니까? 여기서 뭘 하는 겁니까? 당신은 누구요?"라고 물었습니다. 이에 저는 슈프리치가 5223호 법안을 통과시키겠다는 약속을 했지만 아무 일도 일어나지 않았다는 사실을 설명했습니다. 그리고 외쳤습니다.

"우리는 이제 더는 못 참는다. 정치인들이 자기 말에 책임을 져야 하는 시대가 왔다!"

그런 다음 분노가 폭발하여 슈프리치 쪽으로 뛰어가서 플래카드로 때리기 시작했습니다. 이 모든 장면이 고스란히 촬영되었지요! 하지만 그는 잠자코 있다가 눈썹을 찡그리더니 "젊은 아가씨, 진정하세요, 진정"이라고 했습니다. 그 옆에 앉아 있던 여성 국회의원은 격분한 나머지 "젊은 아가씨, 연극은 이제 그쯤이면 충분하네요!"라고 하더군요.

그 말을 듣고 저는 플래카드를 슈프리치의 얼굴에 던진 다음 조용히 촬영장을 빠져나갔습니다. 당시는 야누코비치가 정권을 장악하기 전이라서 사소한 일로 사람을 잡아가지는 않을 때였습니다. 물론 그 법안은 영원히 통과되지 않았답니다."

크림파이 사건

사샤의 첫 번째 활약은 슈스터 방송 시위 이전으로 기록된다. 이때 샤샤는 단 몇 시간이긴 했지만, 처음으로 체포되었는데 이 일은 2009년 3월로 거슬러 올라간다.

우리는 올레스 부지나Oles Bouzina라는 선동적인 소설가가 쓴 『여성들을 첩으로 삼자』라는 책이 발간되자 큰 충격을 받았다. 이 책에서는 여성을 바퀴벌레, 위선자 등 끔찍한 것으로 취급하고 있었다.

우크라이나에서 큰 인기를 구가하고 있는 소설가가 이렇듯 대중의 말초신경을 자극하는 것을 좋아하니 참으로 개탄스러운 일이다. 그는 주로 타라스 셰브첸코와 이반 프랑코Ivan Franko (우크라이나의 문학가이자 저널리스트, 경제학자, 정치가 등으로 다양하게 활동했다. 정치적으로는 급진적이었으며 우크라이나 사회주의 운동의 기초를 마련했다. — 옮긴이)* 의 전기를 집필했는데, 책 내용 중에 이 소설가들이 여성들과 퇴폐적인 관계를 맺고 잔인함을 보이는 것을 예찬하는 부분이 있다. 우리는 이 같은 자신의 태도에 매우 큰 자부심을 느끼는 이 자를 응징해야

---
* 19세기 우크라이나의 위대한 소설가들

한다는 데에 뜻을 모았다.

마침 키예프의 한 서점에서 그의 신작을 소개하는 자리가 마련되어 이곳을 목표로 삼았다. 그가 자신의 새로운 작품에 대해 운을 떼기 시작하자, 사샤는 그를 향해 돌진해서 얼굴에 크림파이를 집어 던졌다.

그런데 그 자가 거칠게 반응했다. 사샤를 잡아채더니, 그 장면을 촬영하던 기자들에게 최루탄을 뿌리기 시작했다. 서점 책임자와 기자들이 그를 진정시키려 했지만, 그는 사샤를 골방으로 끌고 간 다음 경찰을 불렀다. 이내 순찰차가 도착해서 현장에 있던 페멘 회원들을 모두 연행해 갔다. 경찰서에서 경찰이 조서를 작성하는 동안에도 그는 우리에게 성질을 부리며 우리를 '창녀' 취급했다.

결국 사샤는 가벼운 벌금형을 받았다.

섹스 비즈니스

처음에는 성매매에 반대하는 시위는 한두 번 정도만 기획할 생각이었다. 그러나 워낙 여파가 커서 성매매 반대 시위가 우리의 트레이드 마크가 되어 버렸다.

"아, 그래, 페멘이라고 하면 우크라이나가 매음굴이 아니라고 하고 다니면서 섹스 관광과 성매매와 전쟁을 벌이는 단체지"라고 사람들이 생각하게 된 것이다. 결국 첫 번째 성매매 반대 시위 이후 철저히 계획하고 준비해서 캠페인을 벌이게 되었다. 특히 처음으로 모순적인 이미지를 보여 주기 시작하면서 우리는 정신적으로도 단단히 무장해야 했다. 실제로 성매매 여성처럼 옷을 입고서 성매매 반대 시위

우리가 성매매 여성처럼 옷을 입고서 성매매 반대 시위를 벌였기 때문에 우리에 대한 증오심이 급격히 확산되었다. 그런데 우리가 그런 옷차림을 하고 시위를 벌인 것은 우리도 섹시한 옷을 입을 권리가 있으며 그런 옷차림을 하더라도 창녀로 간주되거나 강간당하지 않을 권리가 있다는 것을 보여 주기 위해서였다.

를 벌였기 때문에 우리에 대한 증오심이 급격히 확산되었다. 마치 사회가, 그리고 특히 남성들이 우리의 메시지에 귀를 기울이지 않으려고 고집을 부리는 것 같았다.

그런데 우리가 그런 옷차림을 하고 시위를 벌인 것은 우리도 섹시한 옷을 입을 권리가 있으며 그런 옷차림을 하더라도 창녀로 간주되거나 강간당하지 않을 권리가 있다는 것을 보여 주기 위해서였다. 우리는 유럽의 집단의식 속에 있는 우크라이나 여성에 대한 부정적인 이미지를 깨뜨리고 싶었다.

실질적으로 2009년에 우리가 전개했던 모든 시위는 '우크라이나는 매음굴이 아니다'라는 지침 아래에 이루어졌다. 2009년 한 해 동안 벌였던 활동 중 가장 눈길을 끄는 것은 미인 대회인 '2009 미스 우크라이나' 결선 때의 일이다.

매우 선정적인 성격의 이 미인 대회는 전직 톱모델이었던 알렉산드라 니콜라엔코Alexandra Nikolaenko가 2005년에 개최하기 시작했다. 그녀의 남편은 라스베이거스에 카지노를 소유하고 있는 미국 부호 필러핀Phil Ruffin(미국의 부동산 재벌이며 라스베이거스의 유명 카지노 뉴프런티어의 소유주이다. — 옮긴이)으로 도널드 트럼프Donald Trump(미국의 부동산 재벌이며 최대 부동산 그룹인 트럼프 그룹의 CEO이다. — 옮긴이)의 사업 파트너다. 그런 배경을 가진 알렉산드라 니콜라엔코가 이 미인 대회 브랜드의 소유자이자 수탁자인 것이다. 이 대회 우승자는 '미스 유니버스' 대회에 출전할 자격을 얻는데, 이 대회의 공동소유권자가 바로 도널드 트럼프다.

말할 것도 없이, 미스 우크라이나가 되고 미스 유니버스가 되어 니콜라엔코의 사례를 밟아 억만장자와 결혼하는 것은 많은 우크라이나 젊은 여성들의 꿈이다. 그러나 이것은 잘못된 타락의 꿈이기도 하다. 그 안에서 여성은 단번에 물건이나 상품으로 인식된다. 자유롭고 자아를 실현하는 여성이 되는 대신 내연녀 역할을 할 준비에 들어가게 되는 것이다.

여러 단계를 거쳐야 하는 이 미인 대회는 그야말로 온갖 장애물을 통과해야만 성공할 수 있어서, 그 과정에서 참가자 대다수가 탈락하여 부자들의 정부情婦가 되거나 최악의 경우 성매매 여성으로 전락하고 만다. 이와 관련된 어느 통계자료를 보면 너무나 놀라운 사실을 확인할 수 있다. 젊은 여성들을 섹스 산업과 고급 에스코트escort(원래는 개인이나 단체가 무사하도록 유도하거나 호위하는 일을 말하나, 여기서는 섹스파트너를 뜻한다. — 옮긴이) 업계로 수출하는 역할을 담당하는 것이 주로 모델 에이전시라는 것이다.

이에 따라 우리는 여성의 존엄성을 짓밟는 이 축제를 망치기로 결정했다. 결선 대회는 미하일로브스키Mikhailovskaia 광장에 있는 인터콘티넨탈InterContinental 호텔에서 열릴 예정이었다. 호텔 입구에는 상류층을 위한 레드카펫이 마련되어 있었다.

성의 노예로 분장한 우리 회원들은 고급 승용차를 타고 오후 3시 30분에 대회장에 도착했다. 자동차 '주인들'이 문을 열고 차와 트렁크에서 이들을 내려 주었고, 이들을 위해 제2의 레드카펫을 깔아 주었다. 갈리나 소잔스카이아Galina Sozanskaia라는 여성투사의 지휘 하에 모인 회원들은 거의 옷을 입지 않은 아주 가벼운 옷차림과 짙은 화장을 한 채, 미스 우크라이나 왕관 같은 것을 쓰고 가슴 위로는 '미스 창녀' '미스 오럴섹스 2위' 등의 문구가 적힌 띠를 둘렀다.

이 대회에서 사용하는 레드카펫을 조롱하기 위해 우리가 준비한 레드카펫 위에서 회원들은 섹스 산업 종사 여성들을 패러디해 전화번호를 제공하는 흉내를 냈다. 그리고 다 같이 한목소리로 소리쳤다. "모델들이여, 매음굴로 가지 마라!"

호텔 앞에서 지키고 있던 경비인력이 밀어닥치면서 시위는 금방 끝났다. 우리 회원들은 얼른 다시 차에 올라타고 현장을 즉시 떠났다.

이와 함께 우리는 섹스 산업 고객의 형사처분에 관한 법안 5223호에 대해 국회의원들이 침묵으로 일관하는 것에 항거하기 위해 국회 앞에서 나흘간 시위를 벌였다. 우크라이나에서 성매매가 공식적으

미스 우크라이나가 되고 미스 유니버스가 되어 억만장자와 결혼하는 것은 많은 우크라이나 젊은 여성들의 꿈이다. 그러나 이것은 잘못된 타락의 꿈이기도 하다.

로는 금지되어 있음에도 섹스 산업이라고 하는 재앙을 멈추기 위한 정부의 노력이 전혀 없는 것에 불만을 표출하고자 한 것이다.

우리는 성매매와 섹스 관광 광고를 하는 사이트를 차단하기 위해 인터넷상에서도 캠페인을 벌였다. 이런 종류의 사이트를 차단하는 프로그램이 있기 때문에 각자 개인용 컴퓨터에 설치해서 사용할 수도 있지만, 우리는 국가의 개입을 원했다. 많은 외국 남성들은 인터넷 카페에서 정보를 검색하기 때문에, 정부가 나서서 우크라이나 서버 제공 업체들이 이런 유해 사이트 접근을 차단하게 강제할 수 있다. 그러나 불행히도 국가에서는 어떤 조치도 취하고 싶은 의지가 없다. 공무원 중 일부가 성매매 덕분에 돈을 벌고 있지만, 국가는 이들을 눈감아 주고 있을 뿐이다.

섹스 산업은 불법 사업 중에서 규모가 가장 큰 분야 중 하나다. 2010년 우크라이나에서 성매매 관련 매출액은 15억 달러로 증가했다. 이렇듯 엄청난 규모의 자금이 관련되어 있기 때문에 거물급들이 이 사업을 주무르고 있다. 성매매 업소를 비호하는 것이 일선 경찰선에서 이루어지는 것이 아니라는 이야기다. 따라서 권력을 잡은 사람들이 범죄를 저지르는 그런 나라에서 우리가 이런 노력을 한들 아무 효과가 없는 것은 너무도 당연한 일이다. 이런 관점에서 보면 '오렌지' 정권과 '블루' 정권은 별 차이가 없다.

우리가 성매매와 섹스 관광에 반대하는 시위를 벌인 것이 빅토르 유셴코 대통령 재임 기간 중이었다는 사실을 명심하자. 그 시기 동안 율리아 티모셴코에게 가졌던 우리의 환상도 깨져 버렸다.

당시 총리로 있었던 티모셴코에게 우리는 정부의 수반이자 여성으로서 우리의 호소를 들어주기를 희망했다. 그러나 그녀는 우리를 지지해 주거나 우리의 요구에 반응을 보이는 것이 좋을 것 없다고 판단했다.

우리는 권력과 사회의 철저한 무관심에 부딪혔다. 우크라이나 여성들은 수동적으로 살고 희생자가 되는 것에 너무도 익숙해져 있어서, 자유로워지고 싶은 마음이 없었다. 아니, 자유로운 것이 무엇인지조차도 모르고 있다. 노예가 자유의 몸이 되면 이제 어디로 가야 할지도 모르고 자기 자신을 위한 결정을 내릴 줄도 모르기 마련이다.

바로 이것이 현재 우크라이나가 겪고 있는 가장 끔찍한 상황이다. 우크라이나 사회는 앞으로 어떤 방향으로 나가야 할지 전혀 모르고 있다.

어쩌다 우리가 상의를 벗어 던지게 되었을까?

상의 탈의topless 아이디어가 어떻게 해서 나왔는지는 정확하게 기억이 나지 않는다. 상당히 오랫동안 우리는 딱히 정해진 행동 모델 없이 활동을 했다. 매번 시위 때마다 새로운 요소들이 도입되었다. 신선한 콘셉트가 나올 때도 있고, 플래카드 색깔을 지금까지와는 다르게 하기도 하고, 그래픽을 새롭게 혁신하기도 했다. 슬로건을 외치는 방식도 그때마다 달랐고, 회원들이 취하는 포즈도 각양각색이었다. 매번 시위가 끝나면 우리는 시위 장면을 찍은 사진과 비디오를 보고 분석했다. '그래, 저 제스처가 효과적이었으니 저렇게 하자' 이런 식이었다.

화관을 쓰는 아이디어도 우연히 나왔다. 우리가 시위를 위해 수영복을 입었던 어느 날 한 회원이 화관을 쓰고 왔다. 모두 이구동성으로 저런 바보 같은 화관을 머리에 쓰고 오다니 제정신이 아니라고들 했다. 실제로 우크라이나에서는 수놓은 블라우스를 입거나 화관을 쓰는 일은 흔치 않다. 그런 것은 민속적인 장식이라고 생각하기 때문이다. 그런데 시위가 끝나고 사진을 살펴보니 그 화관이 나름대로 의미가 있다는 결론을 내리게 되었다. 어느새 회원들 모두 이 아름다운 화관을 투쟁 무기로 삼아 쓰기 시작했다.

포르노사이트 검색 차단 캠페인을 벌이면서 우리는 반쯤 상의를 벗는semi-topless 시위를 벌였다. 벌거벗은 등에 'Google'이라고 적고 등을 밖으로 향하게 돌리고 원형으로 대열을 만들었다. 따라서 가슴은 보이지 않았지만, 언론에서는 페멘이 상의 탈의 시위를 벌였다는 보도를 내보냈다.

그런 일이 있은 다음, 키예프에 화려한 대형 시계를 제막하는 행사가 열렸다. 우리는 이때 '우크라이나의 시간Ukrainian hour'이라는 시위를 벌였다. 그날의 슬로건은 '아동 성매매가 성행하는 지금 시계 하나에 억만금을 쏟아 부을 때가 아니다'였다.

우리는 동그랗게 서서 시계의 문자반 모양을 만들었다. 우리 가운데 아주 말라서 어린 소녀처럼 보이는 회원 한 명이 가슴을 드러내고 그 위에 테이프를 붙였다. 어떻게 보면 상의를 탈의한 셈이다. 그러나 경찰과 미디어는 조용히 반응했고 별다른 소란은 일지 않았다.

그로부터 며칠이 지난 2009년 8월 24일, 우크라이나 독립기념일에 우리는 거리로 나갔고 이 날 옥산나는 자진해서 제대로 상의를 벗었다. 그녀는 머리에 화관을 쓰고 벌거벗은 가슴에 '우크라이나는 매음굴이 아니다'라고 적고 우크라이나 국기를 들었다. 그녀는 여성의 독립과 자유를 상징했다. 이번에도 경찰과 행인들은 과격한 반응은 보이지 않았다.

이 날의 경험을 옥산나는 이렇게 회고한다.

"6년 동안 우리는 투사가 되는 방법을 배웠습니다. 심각한 시위를 벌인 지 2년 만에 자신감도 많이 생겼고 더욱 대담해졌지요. 우리 단체도 크게 도약했습니다. 많은 여성 회원들이 생겼지만, 우리에게는 질적인 측면에서 변화가 필요했어요. 시위하는 여성들, 즉 여성 전사들이라는 사실을 환기시켜야만 했지요.

우크라이나 섹스 관광을 퇴치하기 위해 투쟁하면서 우리는 말하자면 반쯤 매춘부인 것 같은 이미지를 만들었습니다. 우리는 우리 몸을 선동적으로 활용한 것입니다. 그리고 이런 생각은 나체로 시위하는 쪽으로 조금씩 변해 갔습니다. 당시에는 우리가 아직 세상에 알려지지 않았고 자금도 없는 상태였기 때문에, 알몸은 우리의 가난을 상징하기도 했어요.

개인적으로 저는 나체로 나서는 것을 조금도 꺼리지 않습니다. 누드 해변에서도 조금도 불편하지 않고, 누드화를 그리는 것에도 익숙했으니까요. 화가라면 모두 그런 연습 과정을 겪습니다.

고대 그리스 시대부터 여성의 몸이 지니는 아름다움은 높이 평가되었어요. 그리고 대담하게 이를 화폭에 옮김으로써 미술 혁명이 일어날 수 있었던 것이지요. 하지만 그림 속 여성들은 남성 화가들이 창조해 낸 대상에 불과했습니다. 저는 제 몸을 대상이 아닌 주체로 변모시키고 싶었습니다. 그래서 실험을 감행하기로 결심한 것이지요. 2009년 독립기념일에 저희는 모두 모여서 기념사진을 찍으려 했습니다. 그때 제가 단상 위에 올라가 윗옷을 벗어 던지고 구경거리를 좋아하는 사람들에게 호소했습니다.

정권이 돈을 주고 불러온 스타들이 무료 콘서트를 하는 것에 넘어가지 말고 그 대신 시민으로서 자신의 권리와 독립을 위해 시위에 나서라고요. 그렇게 하는 것이 저한테는 크게 힘들지 않았어요. 그리고 이것이야말로 우리가 할 수 있는 최상의 참신한 아이디어라고 생각했어요.

페멘 회원의 이미지를 최적으로 단순화해서 설명하자면, 상의를 탈의하고 맨몸 위에 구호를 적고 머리에는 화관을 쓰는 것입니다. 천재적인 것은 의례 단순한 법이지요. 게다가 즉각적으로 반응해야 하

"왜 화관을 쓰냐고요? 그것은 우크라이나에서의 상징과 관계있습니다. 화관을 쓰는 사람은 미혼의 젊은 여성들입니다. 이들은 자유롭고, 젊고, 강합니다. 우리에게 화관의 꽃은 자유와 독립을 상징합니다. 게다가 머리를 이렇게 장식하면 예쁘기도 하지요. 이렇게 해서 화관은 우리만의 특징이 되었답니다."

는 상황이 생겼는데, 장식이나 의상을 만드느라 타이밍을 놓치면 무용지물이 됩니다. 이제 여성 전사, 화관, 벌거벗은 몸만 있으면 시위 준비 완료랍니다!

그런데 왜 화관을 쓰냐고요? 그것은 우크라이나에서의 상징과 관계있습니다. 화관을 쓰는 사람은 미혼의 젊은 여성들입니다. 이들은 자유롭고, 젊고, 강합니다. 우리에게 화관의 꽃은 자유와 독립을 상징합니다. 게다가 머리를 이렇게 장식하면 예쁘기도 하지요. 이렇게 해서 화관은 우리만의 특징이 되었답니다."

처음에는 상의 탈의에 대한 의견이 매우 분분했다. 그럴 필요가 있느냐, 그러면 사람들이 우리를 좋아하겠느냐, 성차별주의적인 행동이 아니냐 등의 의견이 나왔다. 특히 인나가 크게 동요했지만 결국 우리와 뜻을 같이하기로 했다.

한때는 페멘을 과격파와 온건파로 둘로 나누려고 생각했던 시기도 있었다. 실제로 2008년 봄에 우리와 함께했던 회원 중 80%가 상의 탈의 문제와 그에 따른 억압 때문에 페멘을 떠났다. 그들의 빈자리는 또 다른 부류의 운동가들이 채웠다.

초창기 핵심 회원을 중심으로 가장 강하고 광적인 회원들만 남았다. 우리 4인방은 각자 페멘에 대한 자신만의 비전을 가지고 있었지만 넷이 모여 하나의 공통분모를 이루었다.

우리의 두 번째 상의 탈의 시위는 매우 단순했으나 모두가 좋아했다. 타이틀은 '쉬가 마려워요! I have to pee'였다. 말 그대로 키예프에 공중화장실이 없는 것에 대해 시위를 벌인 것이다.

시내에 있는 독립광장에서 옥산나는 소변을 보는 것처럼 쪼그리고 앉아서 바지를 내렸다. 그리고 상의를 벗은 채 무료 공중화장실을 건설하라고 요구했다. 이는 우리 모두와 관련된 문제였기 때문에 사람들은 미소를 지으며 반응했고 경찰도 우리를 체포하지 않았다.

상의 탈의 시위에 대한 반응을 한 걸음 떨어져서 살펴보았더니, 이 시위 방식이 남성의 이해관계에 타격을 주지 않고 여성의 지위, 성매매, 에이즈 같은 남성들에게는 상대적으로 부수적인 문제들을 옹호하는 데 활용되는 한 적들의 공격을 유발하지 않는다는 사실을 알 수 있었다.

반면, 상의 탈의 시위가 정치적인 문제와 엮이게 되면 우리를 '훌리건 행위, 즉 난동죄'로 즉각 체포하라는 명령이 경찰에 내려졌다. 여성이 상의를 벗고 나돌아 다니면 안 된다는 법은 없지만, 난동에 관한 조항에서는 '공공질서에 반하는 행동'을 금한다는 모호한 규정이 포함되어 있다. 그래서 상의 탈의 행위를 바로 이런 '행동'에 얼른 포함시킨 것이다.

때때로 경찰은 행정재판에서 우리 사건을 더 심각한 문제로 만들려고 가짜 증인을 내세워 우리가 상스러운 말을 하고 행인에게 침을 뱉고 물기까지 했다는 거짓 증언까지 만들어 냈다. 이 모든 것을 동원해서 결국 우리는 훌리건이라는 판결을 받고 며칠간 옥고를 치르게 되었다.

우리가 상의를 벗고 시위를 하기로 합의하기까지 어떤 일이 있었을까? 옥산나의 경우 단번에 이 아이디어에 찬성했지만, 사샤와 인

'쉬가 마려워요!'. 우리는 상의를 벗은 채 소변을 보는 것처럼 쪼그리고 앉아서 바지를 내렸다. 키예프에 무료 공중화장실이 없는 것에 대해 시위를 벌인 것이다.

나는 서로 다른 이유 때문에 이를 문제 삼았다.

사샤에게는 개인적인 이유가 있었다.

"이 문제를 논의하는 자리에서 제가 참여할지 여부는 거론되지도 않았습니다. 그러니까 저한테는 노출시킬 게 거의 없다는 뜻이었지요. 저는 두렵거나 하고 싶지 않아서 반대한 것이 아닙니다. 제 생각에 이것은 성숙한 몸매를 가진 여성들만 관련된 문제였어요. 예를 들어 옥산나는 가슴이 예뻐서 이런 시위 방식이 딱 맞았죠.

그런데 전환점이 되는 일이 일어났습니다. 대통령 선거 2차 투표를 정확히 4일 남겨 둔 2010년 2월 2일, 우리는 핀추크Pintchouk* 현대미술센터에서 열리는 전시회 때문에 상의 탈의 시위를 하기로 했습니다.

이 전시회에서는 우크라이나의 유명한 화가 세르게이 브라트코프 Serguei Bratkov가 그린 「코르티차Khortitsa」**라는 제목의 그림이 소개되 었습니다. 이 그림 속 여인은 자수가 있는 우크라이나 고유 의상을 입고 머리에 화관을 쓴 채 누워 있는데, 입고 있는 치마가 들어 올려 있고 안에는 속옷을 입고 있지 않았습니다. 그리고 다리를 벌리고 있 는데 은밀한 부위에 파리가 한 마리 앉아 있는 것으로 그려져 있었 습니다.

브라트코프는 가끔 체류하던 스웨덴에서 이 그림을 그렸는데, 스 웨덴 세관은 이 '작품'을 포르노로 판단하여 통관을 허용하지 않았 습니다. 그러자 핀추크 측은 이 그림을 촬영한 대형 사진을 전시한 거죠.

우리가 세운 계획에 따르면 저는 다른 회원 2명을 이끌고 우크라 이나 여성을 모독한 이 그림에 반대하는 시위를 지휘해야 했습니다. 사실 속으로 이런 생각을 했지요. '하느님, 저 때문에 우리 단체가 망 신을 당할 거예요. 제 가슴은 완전히 절벽인데……. 끔찍스럽네요!'

하지만 모두 순조롭게 진행되었습니다. 우리는 검은 안경과 화관 을 쓴 기이한 차림을 하고 팬티만 입은 채 '우크라이나 여성은 질이 아니다!Ukraine is not a vagina', '질의 예술Vaginart'이라는 슬로건을 가슴 위 에 적고 그 그림 앞에 앉았습니다.

이 시위는 아주 짧게 끝났습니다. 10초가 지나자 미술관 경비원들

---

* 우크라이나 과두 정치가이자 예술후원자로서, 키예프에 현대미술센터를 창립했다. 이곳에 서는 주로 국제적인 전위 미술 작품을 전시한다.
** 드니에프르Dniepr 강에 있는 커다란 섬으로, '우크라이나 7대 불가사의' 중 하나로 여겨 지고 있다.

이 우리를 밖으로 내쫓았거든요. 이 에피소드가 언론 매체를 통해 충분히 알려지자, 정부기관인 윤리위원회에서 이 전시회 전체를 취소하려고 나섰고 결국 그렇게 되었답니다."

한편, 인나의 경우, 처음으로 상의를 벗고 시위에 참여한 순간은 자신의 내면적 해방이 이루어진 결정적 순간이었으며, 이와 동시에 가족 중 일부와 관계를 끊게 된 순간이기도 했다.

"상의 탈의라는 시위 방식에 대해 저는 오랫동안 반대했어요. 이 문제를 두고 우리는 논의에 논의를 거듭했지요. 안나와 사샤, 옥산나는 찬성하는 입장이었지만, 저는 반대였습니다. 소란이 일어나고 다투기도 하고 제가 문을 쾅 닫고 나가 버리는 일도 수차례 있었어요.

제가 내세운 논리는 성매매 반대 시위를 상의를 벗은 채 하는 것은 논리적이지 않다, 누구도 우리를 이해하지 못할 것이다, 우리와 뜻을 같이하려는 사람이 없을 것이라는 거였어요. 그런데 지금 와서 생각해 보니 이런 논리 뒤에는 사실 부정적인 반응이 숨어 있었습니다.

저는 제가 이 일을 할 수 있을 거라고는 상상도 하지 못했던 겁니다. 그것은 내면의 싸움이었어요. 우리 단체를 위기에 빠뜨리지 않으려고 우리는 몇 달 동안 상의 탈의 시위와 일반 시위를 병행해서 기획했습니다. 저는 일반 시위에 참여했지요.

그러다가 2010년 독립 기념일 시위를 계획하게 되었습니다. 애초에 저와 의견 충돌을 빚지 않으려고 일부는 상의 탈의 시위를, 일부는 일반 시위를 하기로 기획했습니다. 그런데 제가 상의를 탈의하겠

●|●

상의 탈의 시위가 남성의 이해관계에 타격을 주지 않고 여성의 지위, 성매매, 에이즈 같은 남성들에게는 상대적으로 부수적인 문제들을 옹호하는 데 활용되는 한 적들의 공격을 유발하지는 않는다. 하지만 정치적인 문제와 엮이게 되면 우리를 '훌리건 행위, 즉 난동죄'로 즉각 체포하라는 명령이 경찰에 내려진다.

V_ "우크라이나는 매음굴이 아니다"

다고 선언하자 모두 깜짝 놀라고 말았지요. 그리고 나머지 회원들도 "인나가 상의를 탈의한다고 하면 우리도 모두 상의를 벗을 거예요!" 라며 합류했습니다. 바로 이 결정적인 순간부터 우리가 벌이는 모든 시위는 100% 상의 탈의 시위가 되었습니다.

처음에는 몇 초 동안 겁이 나기도 했지만, 마음속으로 해야 한다고 나 자신에게 명령을 내렸습니다. 입고 있던 티셔츠를 벗어 던졌는데, 하늘이 무너지지 않더군요. 제 마음을 돌린 것이 무엇인지 아세요?

바로 언론의 반응을 분석한 결과였어요. 우리가 전달하려는 메시지가 무엇이건 검은색 치마에 흰색 블라우스를 입고 있으면 사람들은 우리에게 귀를 기울이지 않습니다.

하지만 이와는 반대로 우리 중 누가 상의를 벗고 나서면 그 즉시 스캔들이 되고 뉴스에 보도되었지요. 특히 정치적 성격의 시위를 할 때 더욱 그랬습니다. 그래서 '그 방법'이 효과가 있다는 사실을 깨달았지요. 사람들이 우리 이야기를 듣게 하려면 옷을 벗어야 한다는 현실이 좀 서글프기도 하지만, 다른 방도가 없다면 우리 목적에 따라 상의를 벗는 시위 방식도 활용해야죠.

제가 처음으로 티셔츠를 벗은 것이 2010년 8월 24일 우크라이나 독립 기념일이었습니다. 그리고 이 날은 개인적으로 저의 독립 기념일이라고도 생각합니다.

그날 이후 저는 상의 탈의 시위에 정기적으로 참여하고 있어요. 우리 부모님을 비롯한 가족 모두가 심한 반응을 보이는 것을 감내하면서요. 친척 중에는 제가 집을 방문하기라도 하면 쇠갈퀴로 찔러 버릴 작정이라고 하는 분도 있답니다. 저는 이 같은 반응에 대응하는 대신 연락을 끊었습니다. 특히 외가 쪽 친척들과 그랬습니다.

제 어머니는 케르손 근처에 있는 시골 마을 출신입니다. 이 마을 사람들은 스탈린이 우크라이나 서부를 점령하고 나서 이바노 프란코프스크Ivano-Frankivsk(우크라이나 남서부 이바노 프란코프스크주州의 주도州都 — 옮긴이)에서 이주시켜 정착시킨 사람들입니다. 이 마을에서는 늘 우크라이나어를 사용하고, 전통도 잘 지키고, 일요일마다 교회에 다닙니다. 저는 바로 이런 분위기 속에서 자랐습니다.

매년 여름이면 여동생과 함께 외가로 보내져서 석 달 동안 초원에서 젖소에게 풀을 먹이며 지냈지요. 저는 이것을 너무나 좋아했어요! 이 마을에서는 작고 예쁜 소녀였던 저를 '신의 아이divine child'라고 불렀습니다. 그런데 바로 그 신의 아이가 이제 치욕적인 괴물로 변해 버린 셈이었지요."

우리는 상의 탈의라는 문제를 상당히 직관적으로 생각하게 되었다. 첫눈에 봤을 때 이것은 피상적으로 자유를 상징한다. 여성 회원들은 자신의 몸에 '나는 자유롭다!I am free'라고 적고 이 슬로건을 입을 맞춰 부르짖는 것을 좋아한다. 그런데 이렇게 상의를 벗는 행동이 왜 그토록 남성들에게 충격적인지 그 이유를 좀 더 깊이 파고들어가 보면, 경제 문제와 사유 재산 문제에 도달하게 된다.

사유 재산이 출현하면서 남성들은 재산을 물려주고 싶은 욕심이 생겼다. 그러려면 여성성과 번식을 통제해야만 했다. 그런데 여성이 상의를 벗고 시위에 나서자 가부장제도의 토대가 파괴되어 버린 것이다.

●|●

상의를 벗는 행동에는 많은 사상과 의미가 내포되어 있다. 이는 "나는 자유롭다. 나는 이제 열
등감이 없다!"라고 말하는 것이다. 여성이라고 하는 번식 도구가 감히 무슨 권리로 자신의 벌거
벗은 가슴 위에 자기 생각과 사상, 이상을 적어 놓는다는 말인가? 이것이야말로 스캔들 아닌가!
우리에게 이 사건은 큰 의미를 지닌다. 여성이 남성 공동체가 정해 놓은 경계선과 틀을 초월한
일이기 때문이다.

분노와 저항의 한 방식, 페멘

가부장제는 아버지에서 아들로 유산을 상속하는 것을 골자로 하는 체제다. 여성이 상의를 벗어 던진 사건은 남성들이 여성성을 제한하려고 그려 놓은 원 안에 있던 여성들이 이 굴레에서 탈피했음을 보여 준다. 여성의 몸은 말한다.

"나는 벌거벗었다, 나는 자유롭다, 나는 내 마음속에 내가 원하는 남성을 맞아들일 준비가 되어 있다."

남성들은 자신들의 통제 밖에 있는 여성들에게 화가 난다. 무엇보다 가슴을 드러내는 것에 가장 분노한다. 왜냐하면 가슴은 아기를 먹이는 도구이기 때문이다. 그런데 그 중요한 도구가 자유롭게 활개를 치며 다니다니! 가슴이 젖을 먹이는 기능을 가지고 있지 않다면 이렇게 문제가 시끄러워지지는 않았을 것이다.

여성의 가슴도 그저 남성의 가슴처럼 인식되었을 것이다. 더군다나, 여성이라고 하는 번식 도구가 감히 무슨 권리로 자신의 벌거벗은 가슴 위에 자기 생각과 사상, 이상을 적어 놓는다는 말인가? 이것이야말로 스캔들 아닌가! 우리에게 이 사건은 큰 의미를 지닌다. 여성이 남성 공동체가 정해 놓은 경계선과 틀을 초월한 일이기 때문이다.

상의를 벗는 행동에는 많은 사상과 의미가 내포되어 있다. 먼저, 이는 "나는 자유롭다. 나는 이제 열등감이 없다!"라고 말하는 것이다. 또한, 시위를 벌이는 여성을 구현하여 페멘을 나타낸다.

우리가 보여 주는 이미지에는 어떤 의미가 담겨 있을까? 우리가 머리에 쓰는 화관은 우크라이나에서는 처녀성의 상징이며, 꽃은 평화로운 저항을 상징한다. 벌거벗은 몸 또한 무방비 상태의 몸을 보여 준다. 나체 상태에서 몸에 무기를 숨길 수는 없는 노릇이기 때문이

벌거벗은 몸은 무방비 상태의 몸을 보여 준다. 나체 상태에서 몸에 무기를 숨길 수는 없는 노릇이기 때문이다. 그런데도 우크라이나와 경찰들은 나체 상태로 비무장한 여성들이 두려워서 어리석게도 이들을 공격해서 체포하고 운송차에 던져 넣고 감옥에 가두고 있다.

다. 그런데도 우크라이나와 외국의 경찰들은 나체 상태로 비무장한 여성들이 두려워서 어리석게도 이들을 공격해서 체포하고 운송차에 던져 넣고 감옥에 가두고 있다.

그렇다. 우리의 저항은 과장된 측면이 있다. 우리는 벌거벗은 미친 여자라는 이미지를 갖고 있기도 하다. 그러나 우리는 바로 이런 이미지 덕분에, 우크라이나와 세계 곳곳에 있는 다른 여성들이 자신의 지위에 저항하고 자신의 권리를 요구하게 될 것이라 믿는다.

성교육을 위하여

성매매를 근절하는 일에 우리는 국가를 대신할 수 없다. 성매매 광고는 엄청난 규모다. 이 산업 매출액과 우리가 벌이는 반대운동을 비교해 보면, 우리 활동이 의미 있는 결과를 내리라 기대하는 것은 비현실적이다. 우리는 이 문제에 국가가 관심을 가져주기를 바라며 시위를 벌였지만, 국가는 전혀 개입할 의지를 보이지 않고 오히려 이 더러운 비즈니스로 부를 축적하고 싶어 한다. 그럼에도 우리가 벌인 캠페인 덕분에 많은 사람이 성매매라는 현상이 존재한다는 사실만이라도 알게 되었다.

불행하게도 우크라이나 여성들은 가난하고 아름답고 교육은 거의 받지 못했다. 이것은 성매매의 목표물이 되기에 적합한 정말 치명적인 상황이다! 그래서 우리가 요구하는 개혁 중 하나가 바로 교육이다. 가장 먼저 성교육을 도입해야 한다.

우크라이나에서 '섹스'라는 단어를 들으면 청소년들은 실없이 웃기만 할 뿐 아무 생각이 없다. 따라서 의무적으로 페미니즘을 가르쳐야 한다. 다시 말해, 여성들이 자신의 존엄성과 권리에 대한 의식을 가질 수 있게 해야 한다. 사회가 자발적으로 쇄신되기를 기다리기보다 국가가 먼저 나서서 고민해야 한다. 아마도 더 이상은 이런 식으로 살 수 없다는 사실을 신세대는 이해할 것이다.

프랑스만 하더라도 서점에 들어가면 페미니즘 문학이 한 코너를 차지하고 있는 것을 볼 수 있다. 우크라이나에서는 도저히 상상할 수 없는 일이다. 사람들은 그런 종류의 문학이 존재한다는 사실조차 모른다. 지금 우크라이나 지방 도시는 말할 것도 없고 키예프 거리로 나가서 아무에게나 "페미니즘이란 무엇입니까?"라고 질문해 보라. 대답할 수 있는 사람이 한 명도 없을 것이다. 수치스럽기 짝이 없는 일이다.

현실적으로 봤을 때, 바뀌어야 하는 것은 교육뿐만 아니라 우리 사회 시스템 전체다. 무상 고등교육을 도입하고*, 임금을 인상하며, 여성들에게 일자리를 제공해야 한다. 다시 말해 여성들이 성매매에 나서거나 이민 가는 대신 존엄성을 가지고 살 길을 마련해 주어야 한다. 그런데 이렇게 하려면 먼저 권력층을 변화시켜야 한다!

우리 사회는 어리석기 그지없다. 우리는 앞으로 나아가지 않고 있으며, 지도자라는 사람들은 사회가 이런 후진적인 상태에 머물러 있는 가운데 사리사욕을 챙긴다. 바로 이런 이유 때문에 페멘은 과격파처럼 행동하더라도 선교사와 같은 역할을 하고 있다. 우리가 거리에서 하는 일들은 절대적으로 필요한 것이다. 사람들이 깊이 생각하게 만들려면 충격을 줘야 할 필요가 있기 때문이다.

---

* 옛 소련 시절에는 고등교육은 완전 무상으로 이루어졌다.

Ⅵ
점잖은 시위는 그만

2009년 말 대통령 선거운동이 시작되자, 우크라이나는 러시아와 러시아어 사용을 지지하는 동부와 단일공용어로서 우크라이나어를 지지하고 유럽 국가들과 가까워지길 바라는 서부로 분열되었다.*

우리는 나라의 미래에 대해 열띤 논쟁이 벌어지는 것을 보고, 여성에 국한된 주제만으로는 여성의 자유와 여성 혁명, 해방, 페미니즘을 이야기할 수 없다는 사실을 깨달았다.

만약 당신이 성매매를 우리 사회의 정치경제적 문제와는 전혀 상관없는 별도의 현상이라고 생각한다면 그것은 착각이다. 성매매나 낙태로 말미암은 문제를 부분적으로 해결하는 것만으로는 여성들이 자유로워질 수 없다. 여성들이 정치적 과정에 참여하지 않는다면 그들은 결코 자유로워질 수 없다.

바로 그러한 이유로 우리는 사회 문제에만 국한하지 말고 정치 문제에도 뛰어들기로 결정했다. 그뿐만 아니라 정치나 경제와 관련된

---

* 우크라이나 동부와 도네츠크, 드니프로페트로우시크Dnipropoetrovsk 같은 공업대 도시들은 우크라이나 서부지방에 비해 많이 러시아화 되어 있다. 우크라이나에는 약 1,000만 명 가량의 러시아 민족이 살고 있으며 그중 대다수는 동부와 남부, 그리고 수도 키예프에 살고 있다.

대규모 행사에도 관여하기로 했다. 그렇게 하면 우리의 명성과 영향력이 커져서 사상을 더 발전시키고 새로운 투사도 모을 수 있을 것 같았다.

"당신의 소중한 한 표를 팔아먹지 마십시오"

대통령 선거 2차 투표가 2010년 2월 7일에 있었다. 국민들은 야누코비치 후보와 티모셴코 후보 중 한 명을 뽑아야 했다. 이날 오전 10시경, 우리는 키예프에 있는 아동미술아카데미 건물에 설치된 20호 투표소로 갔다. 야누코비치가 투표인으로 등록된 곳이었다. 이 시위는 사샤가 진두지휘한 우리의 첫 번째 정치적 상의 탈의 시위였다.

"사전에 상의 탈의 시위를 하기로 논의할 때 저는 이것이 꼭 필요하다고 주장했습니다. 그 당시만 해도 저는 제 가슴에 대해, 정확하게는 가슴이 빈약한 것에 대해 콤플렉스를 가지고 있었습니다. 그럼에도 진두지휘하는 역할을 맡았지요. 시간을 두고 곰곰이 생각한 끝에 가슴 모양이나 가슴둘레가 중요한 것이 아니라 행동이 중요하다는 사실을 깨달았습니다.

저희 팀은 여성 회원 다섯 명과 젊은 남성 두 명으로 이루어졌습니다. 처음 우리가 기획한 것은 남성 한 명이 다른 남성의 어깨 위로 올라가 둘이서 십자가 모양을 만들면 상의를 벗은 여성 회원 한 명이 '십자가에 못 박히는' 설정이었지요.

야누코비치가 11시경에 투표소로 나온다는 소식을 들은 언론 매체가 엄청나게 많이 대기하고 있었습니다. 아마 300에서 400대의

TV 카메라가 있었을 거예요. 그런데 기자들이 진을 친 모습을 보자 우리 측 남성 두 명은 그만 겁을 먹고 줄행랑을 치고 말았습니다.

십자가가 도망쳐 버린 상황에서 계획대로 십자가 프로그램을 강행할 수는 없었지요! 그러는 사이에 경비원들이 모종의 교란 음모가 있다는 것을 눈치채고 우리를 가로막으려 했습니다. 저는 공황상태에 있던 여성 회원들을 그들의 손아귀에서 빼냈습니다.

지금은 이런 상황에서 어떻게 벗어나야 하는지 모두 알고 있지만, 당시에는 완전히 새로운 시나리오였어요. 저는 일단 회원들을 모은 다음 옷을 벗고 플래카드를 펼치라고 지시했습니다. 플래카드에는 여러 슬로건이 적혀 있었습니다. '정치인들은 우리나라를 범하지 마라!' '우리는 정직한 선거를 지지한다!' '당신의 소중한 한 표를 팔아넘기지 마십시오!' '바로 오늘 전쟁이 시작된다'

저희는 양식을 가지고 행동하라고 호소했으며, 위선적인 선거행태에 동참하지 말고, 하찮은 이유로 동부와 서부가 반목하지 말자고 호소했습니다. 저희는 그때 이미 '오렌지' 정권에 대한 환상을 버린 상태였습니다. 그렇다고 '블루' 정권을 지지하지도 않았어요. 실현 가능한 대안이 없는 상황에서 최상의 선택은 '양쪽 모두에 반대'하는 쪽으로 투표해서 선거 자체를 무효화하는 것이었습니다.

이날의 시위는 불과 몇 초 만에 끝났고 저희는 밖으로 달아났습니다. 당시 기온은 영하 17도였는데 저희는 실제로 거의 알몸과 다름없었지요. 경찰관들이 저희 뒤를 쫓았지만, 워낙 뚱뚱한 탓에 빨리 뛰지 못해서 저희를 붙잡을 수는 없었습니다.

저희는 그렇게 몇백 m를 달려간 다음, 지나던 차를 세워서 도망가려고 했습니다. 마침내 자동차 한 대가 멈추더니 타고 있던 남자가 내려서 저희를 차로 안내했습니다. 그런데 차 문이 닫히기가 무섭게 그 남자는 운전사에게 "세료쟈^{Serioja}, 이 사람들을 경찰서로 데리고 가 줘!"라고 지시하는 게 아니겠어요. 하느님, 맙소사, 알고 봤더니 경찰 표지가 없는 경찰차에 저희가 제 발로 올라탔던 것이었습니다!

저희는 경찰서에 몇 시간 동안 잡혀 있었습니다. 하지만 경찰들은 페멘 회원들을 사실상 환영하는 분위기였습니다. 저희에게 빵과 베이컨*뿐만 아니라 집에서 싸 온 도시락을 주고 차도 대접해 주었지요. 즐거운 분위기였고 경찰들은 농담도 했습니다.

그들은 사실 진짜로 저희에게 반감이 있었던 것이 아니었습니다. 다만, 야누코비치가 올 때 현장 인원으로 등록된 사람들 이외에는 모두 체포하라는 윗선의 명령을 받았던 것뿐이었습니다. 저희는 경찰서에서 잘 대접받고 약간의 벌금을 낸 다음 집으로 조용히 돌아왔습니다. 이렇듯 무난하게 지나가기는 했지만, 이 첫 번째 체포 이후 저희에 대한 박해가 본격적으로 시작되었습니다."

이 첫 번째 정치적 상의 탈의 시위는 우리 단체에 하나의 전환점이 되었다. 우리는 갑자기 순수한 세상을 떠나 이전과는 매우 다른 차원, 즉 정치계 '대부'나 거물급이 군림하는 세계에 들어선 것이다. 그러자 그들은 즉각적으로 반발했다.

"아가씨들이 왜 이런 일에 끼어듭니까? 그럴 필요가 있나요? 아가

---

* 우크라이나 사람들이 좋아하는 간식

씨들이 걱정하는 성매매 여성들 일이나 신경 쓰시고 우리 일에는 발을 들여놓지 마세요."

그때부터 정보국과 경찰의 면밀한 감시가 시작되었다.

우리는 예전에는 시청에 사전 신고를 한 후 시위를 했다. 우리가 서한을 보내면 시청에서는 지역 치안 당국에 연락해서 시위 현장에 인원을 파견하도록 하여 우리가 불한당의 공격을 받지 않게 보호해 주었다. 그러나 투표소에서 시위한 이후부터는 우리가 옷을 벗으려고만 하면 잡아 가두었다. 그래서 우리는 이때부터 '게릴라' 식으로 움직이고 사전 예고 없이 시위를 벌이기 시작했다.

설거지 장관

2010년 3월 17일, 우리는 야누코비치 정권의 니콜라이 아자로프 Nikolai Azarov 총리가 새 내각을 구성하면서 여성 장관을 한 명도 기용하지 않은 것에 반대하는 시위를 벌이기로 했다. 30여 명이나 되는 각료 중에 단 한 명의 여성도 없었던 것이다! 게다가 아자로프 총리는 여성 장관을 두지 않은 것을 정당화한답시고 여성은 '아니오'라는 말을 단호하게 할 능력이 없다는 건방진 말을 했다.

우리의 계획은 다음과 같았다. 페멘 회원 수십 명이 남성 정장을 입고 우크라이나 내각(약자로 Kabmin이라고도 부른다) 정부청사 정문 앞에 간다. 거기서 정장을 벗어 던지고 아주 섹시한 차림으로 정부 회의실로 가는 것이다. 우리는 '더러운 양말 장관' '러시아수프 장관' '설거지 장관' '청소 장관' 등이라고 적힌 수건도 준비했다. 물론 이런 부처는 실재하는 것이 아니라 우리가 만들어 낸 작품이었다!

우리는 예전에는 시청에 사전 신고를 한 후 시위를 했다. 우리가 서한을 보내면 시청에서는 지역 치안 당국에 연락해서 시위 현장에 인원을 파견하도록 하여 우리가 불한당의 공격을 받지 않게 보호해 주었다. 그러나 투표소에서 시위한 이후부터는 우리가 옷을 벗으려고만 하면 잡아 가두었다. 그래서 우리는 이때부터 '게릴라' 식으로 움직이고 사전 예고 없이 시위를 벌이기 시작했다.

그러나 우리는 당초 계획대로 이 퍼포먼스를 벌이는 데 실패했다. 청사 가까이 다가가자, 경찰의 저지선이 쳐져 있어서 건물로의 진입을 막고 있었다. 이 사건으로 우리 단체에 어떤 변화가 생겼는지에 대해서는 인나의 말을 들어 보자.

"갑자기 통로가 나 있는 것이 보여서 정문 입구로 뛰어갔습니다. 바로 이때 경찰차 한 대가 도착했는데, 얼른 보기에도 저희를 체포하려고 온 것 같았습니다. 그래서 서둘러 여성으로 탈바꿈하려고 입고 왔던 남성용 바지 단추를 풀기 시작했지요. 물론 완전히 나체로 벗을 생각은 추호도 없었고, 그런 생각은 꿈에서도 하지 않았어요.

단지 바지를 벗어서 제가 여자이며, 남성 정장 속에 여성복을 입고 있는 걸 보여 주려 했을 뿐이었지요. 그런데 겨우 바지 앞단추를 풀었을 뿐인데 그만 체포되고 말았어요. 하지만 뉴스 시간에 보도된 내용은 페멘 소속의 한 운동가가 정부청사 앞에서 옷을 완전히 다 벗기 직전에 체포되었다는 것이었습니다. 이 일이 있고 나서, 사람들은 우리를 나체 시위대로 여기기 시작했습니다.

저는 운송차로 끌려가는 동안에도 계속 소리쳤습니다. 최대한 노력해야 했으니까요! 처음으로 체포되었던 터라 앞으로 어떤 일이 벌어질지는 몰랐습니다. 솔직히 고백하자면 무척 겁이 났어요. 경찰서에서 어떤 일이 일어날지 모른다는 불확실성 때문만이 아니라 체포되었다는 사실 그 자체만으로도 무서웠습니다. 그 당시 저는 대학교도 다니고 시청에서도 일하고 있었기 때문이었지요. 게다가 엄마가 뉴스에서 이런 처지에 놓인 제 모습을 보면 이성을 잃을 수도 있었거든요.

막상 경찰서에서는 단 두 시간만 있었습니다. 아주 친절한 경찰관 한 분은 차도 끓여 주셨지요. 그분은 이 경찰서 부서장으로 이름은 페체르스키Petcherski였는데 나중에 저희와 친해졌습니다. 경찰이 저희를 체포해서 데리고 오면, 언제나 저희를 인간적으로 대해 주고 차를 대접해 주었지요. 24시간 동안 저희를 지키라는 명령이 내려지면 이를 따랐지만, 아버지처럼 인자하게 행동하고 저희를 창녀 취급하지 않았어요. 이것만으로도 놀라운 일이었습니다!

결국 저는 상징적인 벌금만 내고 나왔고, 다음 날에는 여느 때와 같이 출근했습니다. 그런데 직장에 도착하자마자, 지난 1년간 일해 왔던 시청 홍보실의 실장이 저를 호출했습니다. 실장은 정부청사 앞 시위 장면을 찍은 사진들을 보여 주며 말했지요.

"더 이상 여기서 같이 일할 수 없을 것 같네."

그러고는 아무 말도 더 덧붙이지 않았습니다. 저는 더 말해 봤자 소용없다는 것을 알고 제 물건들을 챙겨서 떠났습니다. 일단 시청 건물 밖으로 나오자 울음이 터졌습니다.

저희 부모님은 제가 열아홉 살에 시청에 취직해서 일하며 키예프에서 생계를 꾸려 가고 있다는 사실을 무척 자랑스러워 하셨어요……. 하지만 이제 직장에서 쫓겨나니 저는 어디로 가야 할지, 무엇을 해야 할지 막막했지요. 안나에게 전화를 걸어 막 해고당했다고 했어요. 안나의 반응은 간단명료했습니다.

"저런, 안됐구나. 그래도 우리가 항상 너와 함께 있다는 걸 잊지 마!"

저는 시청에서 저를 그런 식으로 취급한 것에 화가 나는 한편, 더 이상 그런 혐오스런 일을 하지 않아도 된다는 생각에 기뻤습니다. 부패하고 무능력하기로 자웅을 다투는 체르노베츠키Tchernovetski 시장과 그가 이끄는 시정 팀을 찬양하는 글을 더 이상 쓰지 않아도 되었으니까요. 사실 저는 처음부터 이 일을 하기 싫었지만, 부모님께서 압력을 넣으셨지요.

"어떻게 그런 말을 하는 거니? 아주 멋진 일자리 아니니! 특히 네 나이에 말이야! 마음에 들지 않는 부분은 포기하고 견뎌야 한단다. 누구나 다 그렇게 살고 있단다."

맞는 말이에요. 우크라이나에서는 모두 다 그렇게 살고 있지요. 하지만 제가 단념했던 것은 그 때문이 아니었어요. 결국 운명은 제가 무거운 짐을 내려놓게 도와주었습니다. 저는 우크라이나에서는 결코 정직한 기자가 될 수 없다는 사실을 분명히 알고 있었거든요.

그 후 저는 다른 일자리는 찾지 않고 온전히 페멘이 벌이는 투쟁에 투신하기로 결심했습니다. 이제 집세를 낼 형편도 못 돼서 학생 기숙사로 이사도 했습니다. 기숙사에서는 2층 침대 두 개와 보통 침대 한 개가 놓인 작은 방을 배정받았습니다. 겨우 몇 ㎡ 넓이의 방에 모두 다섯 명이 지냈습니다. 저는 페멘에서 풀타임으로 일하기 시작했지만, 월급은 한 푼도 받지 않았습니다.

이 시기에 저는 부모님과 엄청나게 다투었습니다. 엄마는 히스테리 발작을 보이고 계속 울었습니다. 두 달 동안 제게 말도 하지 않았지요. 아버지도 저를 강제로 케르손으로 데리고 오겠다고 으름장을 놓으셨습니다. 저는 이제 역할을 바꿔야 할 때가 왔다는 사실을 깨달았습니다. 지금까지는 부모님이 저를 가르치셨지만, 이제는 제가 책임지고 부모님을 교육해야 한다고 생각했습니다. 부모님과 전화통화하면서 저는 활동을 포기하지 않을 것이며 부모님이 반대할수록 제 선택은 더욱 확고해질 것이라고 말씀드렸습니다.

결국 부모님과의 대립도 막을 내렸습니다. 부모님은 약간의 지원도 계속해 주셨습니다. 제가 공부만은 계속할 테니 언젠가는 저를 '바른길로 되돌려 놓을' 수 있으리라고 기대하셨던 것입니다. 하지만 부모님의 지원은 너무도 미미해서, 어떤 날에는 지하철 표를 살 돈도 없어서 한겨울인데도 대학교에서부터 걸어서 집으로 돌아와야 했습니다. 무척 힘들었지만 저는 자신에게 이렇게 말했습니다. '네가 선택한 일이야! 기운 내!' 가끔 같은 과 남학생들이 차로 데려다 주기도 했지요. 그런데 이건 그다지 페미니스트답지 않은 건가요?"

민주주의의 개

2010년, '점잖은' 시위를 하는 시기가 완전히 끝났음을 확인시켜 준 사건이 발생했다. 야누코비치 정권이 들어서면서 전반적인 분위기가 더욱 강압적으로 변했다. 안보국 요원들이 페멘의 학생 운동가들을 찾아가기 시작했다.

이들은 이 학생들을 학장실로 불러서 심문했다. 페멘이 무엇인가? 당신들의 지도자는 누구인가? 재원은 어디서 나오는가? 사실 그들은 이미 답을 알고 있었다. 우리에게는 비밀이 하나도 없었으니까. 그럼에도 이런 일을 벌인 것은 학생 회원들에게 압력을 가하고 겁을 주려는 계산에서였다.

그래서 우리는 안보국 건물 앞에서 '개 같은 족속들아, 손대지 마라!'라는 시위를 조직하기로 했다. 우리가 직접 '민주주의의 개' 역할을 해야 하는 꽤 어려운 퍼포먼스였다.

우리는 2010년 6월 23일을 D데이로 잡고 시청에 공식적으로 사전 신고를 했다. 그런데 시위 바로 전날 밤, 안나의 집 문을 두드리는 사람들이 있었다.

"ㅡ안녕하세요? 안보국에서 나왔습니다."

안나는 이 사람들이 그런 식으로 행동하리라고는 꿈에도 상상하지 못했다.

"ㅡ이야기 좀 할 수 있을까요?"

"ㅡ물론이죠. 안 될 것 없죠."

"저는 그 사람들이 집으로 들어올 줄 알았어요. 그런데 그중 한 명이(이들은 모두 두 명이었어요) 제 목을 잡고는 엘리베이터 안으로 밀어 넣었습니다. 아래층에 내려가니 건물 앞에 세워 둔 차 안에 태웠습니다.

"―내일, 시위를 취소해!"

"―말도 안 돼요! 이미 기자 60명이 취재하러 오기로 했어요. 당신들한테 협박받았다고 내가 기자들한테 오지 말라고 할 것 같아요?"

그러자 전형적인 시나리오대로 둘 중 하나가 '착한 형사', 다른 하나가 '나쁜 형사' 역할을 하기 시작했지요.

덩치가 큰 나쁜 형사 역이 위협적인 말투로 "허튼짓 그만둬!"라고 말하면, 착한 형사 역이 "안나, 진정하고 한 번 생각해 봐. 우린 그냥 충고 한마디 하는 것뿐이야. 기술적인 문제가 생겨서 취소한다고 하면 되잖아"라고 달랬습니다.

차 안에서 이렇게 세 시간을 끌었어요. 저는 상황이 심각하다는 것을 눈치챘죠. 그들이 직접적으로 위협적인 말을 하기 시작했거든요.

"―이번 시위를 취소하지 않으면, 내일 누구와 누구는 (이들이 거론한 우리 회원의 명단은 길었어요) 집에서 나오지도 못할 거다. 현장에 나타나면 즉시 체포될 거야."

점점 무서워졌어요. 마음속에서 갈등이 생겼죠. 어떻게 하지? 만약 이 사람들이 말대로 한다면 저희 단체는 이제 끝이었어요. 매번 저희한테 압력을 가할 테니까요. 반드시 해결방법을 찾아야만 했지요.

결국 저는 시위를 취소하겠노라고 했습니다. 다른 선택이 없었으니까요. 그래서 차에서 이번 시위의 책임자인 타티아나^{Tatiana}에게 전화를 걸어 자세한 설명 없이 시위는 없을 거라고만 이야기했습니다. 그런 다음 집으로 돌아가자마자 다시 전화를 걸어 새벽에 사샤, 인나, 타티아나, 제니아Jenia와 긴급회동을 하기로 했습니다. 그 자리에서 저는 지난밤에 무슨 일이 있었는지를 들려주었습니다.

야누코비치 정권이 들어서면서 확실히 새로운 시대가 시작된 것 같았습니다. 과거와는 다른 국가에서 다른 목표를 가지고 다른 게임의 법칙에 따라 살게 될 것이 분명했지요. 그런데 저희는 이 게임에 참여할 수도 없었어요. 이제 안보국의 통제 아래에 놓이게 되었으니까요.

어떻게 해야 우리 단체를 유지할 수 있을까? 어떻게 해야 우리의 기세를 꺾지 않고 또 양보도 하지 않은 채 자유롭고 활기차게 활동할 수 있을까? 그때 저는 우리 모두의 인생이 지금 내리는 결정에 달렸다는 사실을 깨달았습니다.

그래서 시위 자체는 하지 않되 기자들의 취재는 취소하지 말자고 제안했습니다. 그래야 기자들이 우리에게 무슨 일이 있었는지, 안보국으로부터 얼마나 강한 압박을 받고 있는지 알게 될 테니까요. (그래도 우크라이나 언론은 여전히 비교적 자유로운 상태였기 때문에) 저희는 이런 홍보활동이 저희 단체를 구해 주고 안보국의 공격을 막아 줄 것이라 확신했습니다. 그야말로 올인해야 하는 상황이었지요. 그렇게 하면 안보국이 저희를 가만 놔두지 않을까 기대하면서요.

바로 그날은 인나의 스무 번째 생일이었습니다. 인나는 저희 중 막내였기에 저는 특별히 더 책임감을 느꼈습니다. 우리는 향후 저희 인생을 결정지을 중요한 결단을 다 함께 내려야만 했습니다. 위험을 감수할 것인가, 감수하지 않을 것인가.

자아 한 편에서는 "이런 젠장, 당신들이 우리를 이렇게 취급하게 내버려 두지 않을 거야"라는 마음도 있었습니다. 마침내, 언론에 모두 이야기하자는 결정이 내려졌고, 효과는 제대로 나타났습니다."

이런 결정을 내림으로써 우리는 힘과 용기를 얻었다. 하지만 이와 동시에 우크라이나 정권과의 전쟁이 시작되었고 현재까지 대치 상태가 계속 이어지고 있다.

공식 기관이 우리 단체를 등록하는 것을 계속 거부하고 있을뿐더러 안보국과 법원, 대통령, 총대주교와의 관계에 이르기까지 어느 하나 간단하게 넘어가는 일이 없다. 야누코비치 대통령은 우리를 '정신 나간 아가씨들crazy girls'이라고 부르며 심하게 혐오한다. 그것 참 잘된 일이다. 그런 반응이야말로 우리가 노리던 효과다. 마초와 독재자들이 우리를 증오하게 만드는 것 말이다!

페멘, 푸틴에 저항하다

야누코비치 대통령이 정권을 장악하자 러시아와 우크라이나의 관계는 다시 돈독해졌다. 이와 함께 우크라이나 내부도 견디기 힘든 상황이 되었다.

2010년 5월, 우리는 메드베데프Dmitri Medvedev* 대통령의 우크라이나 방문에 반대하는 시위를 벌였다. 이번 퍼포먼스의 제목은 '곰에게

---

* 러시아어로 메드베데프는 '곰의 아들'이라는 의미가 있다.

갈기갈기 찢기다^{Torn by a bear}'였다. 우리 회원 한 사람의 몸에 곰의 발톱에 찢겨 피가 나는 것처럼 분장했다. 그 회원은 야누코비치 행정부의 문 앞에서 옷을 벗었다. 이것이 상징하는 바는 분명했다. "우리는 우크라이나와 우크라이나 여성들을 러시아 곰의 먹이로 주고 싶지 않다!" 안나는 보도 자료를 통해 이러한 메시지를 정확히 전달했다.

'우크라이나와 러시아가 다시 가까워지면, 자유로운 유럽 여성들처럼 이제 겨우 자유를 맛보기 시작한 우크라이나 여성들의 이익에 위협이 된다. 우크라이나 여성들은 러시아 병사의 군화가 아니라 프랑스 향수에서 자유의 향기를 맡는다.'

그 뒤를 이어 우리는 러시아의 진짜 두목 블라디미르 푸틴에 반대하는 대규모 시위를 기약했다. 푸틴이 총리 자격으로 우크라이나를 방문한 2010년 10월 28일, 우리는 시내 중심부에 있는 레닌 동상 근처에서 시위를 조직했다. 춥고 비가 억수같이 쏟아지는 가운데 우리는 '우크라이나는 알리나^{Alina}(2004년 아테네올림픽 리듬체조 금메달리스트로, 현재 러시아의 하원의원으로 활동 중이다. 푸틴과 여러 차례에 걸쳐 염문설에 휩싸인 바가 있다. ― 옮긴이)가 아니다' '우리는 당신과 잠자리를 같이하지 않는다!' '우리는 크렘린^{Kremlin}의 난쟁이에게 몸을 주지 않는다!'라고 적힌 플래카드를 들고 나섰다.

우리는 이런 방식으로 푸틴의 러시아가 우크라이나의 정치, 경제, 문화에 오만하게 침입해 들어오는 것에 반대했다. 야누코비치가 취임한 지 불과 열 달이 지났을 뿐이지만, '큰 형님'이 우크라이나를 한 번 방문하고 가면 표현과 시위의 자유가 줄어드는 것을 피부로 느낄 수 있었다. 마치 러시아처럼 말이다.

'우리는 당신과 잠자리를 같이하지 않는다!' '우리는 크렘린의 난쟁이에게 몸을 주지 않는다!'

우리가 내세웠던 슬로건 '우크라이나는 알리나가 아니다'라는 푸틴과 알리나 카바예바Alina Kabaeva의 관계를 빗댄 것이었다.

체조선수 출신의 알리나 카바예바는 러시아 국회 두마Douma의 국회의원으로 푸틴과의 사이에서 아들을 낳았는데, 드미트리 메드베데프 대통령에게 경의를 표하는 의미에서 그의 이름을 따서 디마Dima라는 이름을 붙였다.

이런 사실을 강조하기 위해 우리 중 몇몇은 아기 인형을 들었다. 우리가 푸틴에게 전달하려던 메시지는 이 '난장이 ― 키 작은 푸틴을 빗댄 말'― 가 아무리 자기 마음에 드는 모든 여성을 내연녀로 삼고 아이를 낳더라도, 우크라이나와 '잠자리를 같이하고' 우크라이나의 국부를 탈취해 갈 권리는 없다는 것이었다. 이 시위를 기점으로 우리는 독재에 맞서고자 실질적인 투쟁의 포문을 열었다.

그런데 우리는 이번 시위에서는 체포되지 않았다. 시청에 시위를 사전 신고하지 않았던 탓에, 레닌 동상 가까운 곳에 경찰이 없었기 때문이다. 시위 계획은 절대로 비밀을 누설하지 않을 외국 기자들에게만 미리 알렸다. 이렇게 해서 우리는 준비한 대로 시위를 벌인 다음 그대로 사라졌다.

그런데 네 시간 후, 경찰력 한 무리가 당시 우리의 사령부였던 카페 큐피돈Cupidon으로 들이닥쳤다. 경찰은 우리를 체포하려 했으나, 우리는 모두 바닥에 앉아서 서로 팔짱을 끼고 버텼다. 이들은 이 날은 일단 아무 성과 없이 물러갔지만, 그다음 날부터 매일 찾아왔다. 우리는 죄를 지은 것이 하나도 없었으므로 최악의 경우라 하더라도 경찰은 우리에게 벌금을 물릴 권한밖에 없었다. 따라서 이렇게 우리를 탄압하는 것은 완전히 불법적인 일이었다. 이에 우리는 공개적으로 맞서기로 결정했다.

일주일 뒤, 우리는 경찰청 앞으로 찾아갔다. 우리는 옷을 벗고 죄수복처럼 굵은 세로줄이 있는 팬티 차림으로 섰다. 우리는 마치 항복이라도 하듯 두 팔을 들었다. 이번에는 경찰이 타이밍을 놓치지 않았다. 즉시 우리를 운송차에 태우고 경찰서로 가서 조서를 쓰고 재판을 받게 했다. 경찰청장의 명령으로 판사는 인나와 사샤에게 '훌리건 난동 행위'를 이유로 24시간 구금형을 선고했고 나머지 회원들은 무죄 석방했다. 사샤는 이 날의 경험과 부모님의 반응을 다음과 같이 회고한다.

"저희 두 사람 모두가 난생처음으로 하게 된 옥살이었어요. 단 하룻밤만 보내면 되었지만, 저희는 많이 무서웠어요. 특히 이 소식을 부모님께 어떻게 알려야 하나 막막했지요. 만약 소식을 듣고 어머니가 충격으로 돌아가시기라도 한다면? 저희는 자정까지 경찰서에 있었습니다. 이 시간에 경찰들은 저희에게 먹을 것도 주고 저희의 기분을 풀어 주려고 애쓰기도 했습니다. 통상적으로 경찰들이 주로 접하는 범죄자들에 비하면 저희는 희귀한 새나 마찬가지였으니까요.

그런데 저희는 그곳에서 끔찍한 장면을 목격했습니다. 열 살짜리 어린 소녀로부터 경찰에 신고전화가 들어 왔는데, 아버지가 술에 취해서 칼을 들고 엄마를 잡으러 다닌다는 것이었습니다. 그런데 신고 접수 담당자는 경찰에서는 알코올 문제에는 관여하지 않으니 여자아이 혼자서 알아서 술 취한 아버지를 진정시켜야 한다고 태연히 대답하더군요. 몇 분 후 그 아이는 다시 전화를 걸어서 "우리 아버지가 어머니를 죽이려 해요, 빨리 와주세요!"라고 했습니다.

한 시간 후, 결국 경찰이 출동해서 만취한 아버지와 어머니, 꼬마 여자아이를 경찰서로 데려왔습니다. 그 아버지는 귀머거리에 벙어리였는데, 경찰은 이런 경우에 어떻게 해야 할지를 몰라 그냥 풀어 주기로 했습니다. 그러자 여자아이가 나서서 아버지가 술에서 깰 때까지만 경찰서에서 붙잡아 주면 며칠간은 아버지가 조용히 지낼 거라고 애원하더군요. 하지만 경찰은 그 아버지가 사람을 죽이거나 상처를 입혔을 때에만 체포할 수 있다고 설명했습니다.

우리는 이 말을 듣고 우리 귀를 의심했습니다. 그러니까 경찰의 논리는 아내를 죽이려 드는 술꾼은 붙잡아 두지 못하지만, 우리 같은 젊은 여성 두 사람은 단지 시위를 했다는 이유로 24시간 가둬 둘 수 있다는 것이었습니다.

그 후, 저희는 각자 복도 양끝에 있는 감방으로 따로따로 옮겨졌습니다. 서로 벽을 사이에 두고 연락하지 못하게 멀리 떨어뜨려 놓은 것이었습니다. 어쨌건, 저희는 너무 겁이 나서 서로 연락할 생각 같은 것은 하지도 않았습니다. 사람은 작은 감방에 갇히면 밀실 공포증이 생기거든요.

창문에는 흰색 페인트가 칠해져 있어서 밖에서 무슨 일이 벌어지는지 모르게 되어 있었습니다. 겨우 낮과 밤만 구별할 수 있을 정도였지요. 저는 너무도 피곤해서 그만 시체처럼 잠들어 버렸습니다. 한참 후 깨어났을 때 가장 먼저 들었던 생각은 '엄마는 아마 벌써 돌아가셨을 거야'였습니다.

당연히 엄마는 화가 끝까지 났습니다. 저는 어렸을 때만 해도 부모님과 한 번도 갈등을 겪은 적이 없었습니다. 그러다가 제가 통신 수업을 받고 크멜니츠키를 떠나 키예프로 가면서 의견 대립이 생기기 시작했지요.

2009년 겨울 크리스마스이브 때 집에 갔었는데, 아버지가 저를 그만 집에 가두어 버리셨습니다. 그러고는 제가 달아나지 못하도록 돌아가는 표를 찢어 버리고 제 외투와 열쇠, 휴대폰을 감추셨습니다. 소리치고 울고불고하던 이 끔찍한 상황은 며칠씩이나 계속되었습니다. 심지어 주먹을 휘두르는 사태로까지 치달을 뻔했지요.

결국 부모님은 제가 떠나게 해 주셨지만, 몇 달 후 이상한 일이 벌어졌습니다. 웬 두 남자가 안나와 우리 친구 빅토르에게 전화해서 만약 제가 그 즉시 크멜니츠키로 돌아오지 않으면 저도 죽이고 두 친구의 목도 베어 버리겠다고 협박한 것입니다. 완전히 터무니없는 일이었어요. 저희는 어떻게 반응해야 할지 몰랐습니다.

부모님께 전화를 드렸더니, 어떤 사람이 집으로 쳐들어오려고 했다는 말을 하시더군요. 그리고 위험해 보이는 사람들에게 쫓겼다고도 했습니다. 또 이 사람들은 예전에도 아버지의 차를 망가뜨려서 아버지가 죽을 뻔했던 적도 있었다고 했습니다. 저는 이 모두가 부모님이 지어낸 이야기라는 사실을 눈치챘지만, 안나와 빅토르도 연루된 문제라서 확실히 확인하고 가기로 했습니다.

저는 아무에게도 알리지 않고 크멜니츠키로 가서 부모님께 전화했습니다. 부모님은 집에서 만나자고 하셨지만, 저는 다시 집에 갇히는 신세가 될까 봐 거절하고 카페에서 만나자고 했습니다. 부모님은 눈물을 흘리며 모르는 사람들로부터 협박과 압력을 받았다고 주장하시더군요. 제가 소송을 걸라고 말씀드렸더니 바로 제 제안을 거절하시면서 본색을 드러내셨습니다. 그 길로 저는 키예프로 돌아갔습니다. 그러고는 몇 달 동안 서로 연락을 끊었습니다.

그 후에 부모님과는 화해하기는 했지만, 두 분은 여전히 제가 하는 일을 받아들이지 못하고 계세요. 아버지는 가끔 제게 몰래 윙크를 보내시지만, 어머니는 아직도 진정하지 못하고 이렇게 말씀하신답니다.

"언제 결혼하고 아이를 낳을 거니? 네 또래는 모두 벌써 시집가고 없는데 너만 아직도 혼자구나. 이제 늙었다는 게 느껴지지 않니?"

저는 이제 겨우 24살입니다. 전혀 늙은 나이가 아니라고 생각해요!"

투석 처형에 반대하다

2010년 11월, 우리는 회교국 이란 정권으로부터 간통과 남편 살해 공모죄로 투석 처형을 선고받은 사키네 모하마디 아슈티아니를 지지하는 시위를 두 차례 벌였다.

우리가 그녀를 지지한 것은 페미니즘에는 국경이 없다는 믿음 때문이다. 우리는 장소가 어디가 되었건 여성들의 권리를 지키기로 결심했다. 이란에서 여성들이 받는 취급은 그야말로 형편없다. 어떻게 이런 상황을 참아 낼 수 있다는 말인가?

사실, 우리는 일단 먼저 페미니즘을 실천하고 그런 다음에 이론적인 틀 안에서 우리의 행동을 깊이 있게 생각한다. 첫 번째 상의 탈의 시위를 했을 때가 그랬다. 그렇게 하기로 결정한 이유는 그 방법이 과격한 것이고 팝 페미니즘Pop Feminism이 미디어의 관심을 끌 수 있다는 판단이 섰기 때문이다. 그 후 2년이나 지나서야 우리의 벌거벗은 몸에 들어맞는 문화적, 정치적, 인류학적 배경에 관한 이론을 세우기 시작했다.

우리가 '남자는 모두 쓰레기다'라는 주제로 토론했을 때에는, 여성들 사이에 연대감이 없어서 페미니즘을 실천하기가 어려워 보였다. 실제로 여성들은 대부분 서로 동맹관계가 아닌 경쟁자로 행동한다. 우리는 이러한 태도에 반대하며 일어났다. 우리는 출신 나라, 나이, 피부색에 상관없이 모든 여성과 연대한다.

사키네의 경우는 특히나 명명백백한 상황이었다. 우리가 시위를 벌이던 때에 두 아이의 엄마인 이 여성은 이미 5년째 감옥에서 지내고 있었으며, 고문을 받은 끝에 자백한 상태였다. 게다가 그녀는 아

제르바이잔 출신이라 페르시아어를 구사하지도 못하는 처지였다. 그런 그녀가 중세시대에나 있었을 법한 말할 수 없이 잔인한 형벌인 투석 처형을 받게 된 것이다.

우리의 공격 목표는 키예프 주재 이란 대사관이었다. 예외적으로 이번만은 옷을 입기로 했다. 2010년 11월 3일, 우리는 대사관 주변에서 "살인자, 우크라이나를 떠나라!" "이란은 석기 시대인가?"라고 외치며 대사관 한가운데로 돌을 던졌다.

우리는 이란 대사가 밖으로 나와서 우리와 이야기하기를 기대했으나 이 제안은 거절당했다. 그런데 놀랍게도 아무도 우리를 체포하지 않았다. 우리는 일주일 뒤 다시 시도했다. 키예프 중심가에서 개최된 이란 문화의 날 개막식에 난입한 것이다.

우리 회원들은 이번에는 상의를 탈의한 채 머리에 화관을 쓰고 목둘레로 리본이 떨어져 내리는 차림을 했다. 그리고 '당신네 나라 여성들을 죽이지 마라!' '유혈이 낭자한 정권은 물러가라!'라는 슬로건을 내걸었다. 당연히 이란 대사의 경호원이 우리를 무력화시켜서 밖으로 내쫓았지만, 개막식은 중단되었고 막 연설을 시작했던 대사는 긴급히 물러났다.

우리는 문명 세계가 야만적인 이슬람 전통을 고수하는 나라들을 보이콧하도록 압력을 가하고자 이런 시위를 벌였다. 또한 우크라이나 당국이 이란과의 모든 관계를

우리는 이란에 투석 처형 판결을 항의하였다.

단절하라고 요구했다. 사키네 스캔들 일주일 만에 우크라이나에서 이란 문화의 날을 개최했다는 사실이 우리에게는 모욕으로 느껴졌다. 이렇듯 국제 여론의 압력이 있자 그제야 투석 처형 집행이 연기되었다.

회교 당국의 검열에도 우리가 사키네를 위해 벌였던 시위에 관한 소식이 이란에도 알려졌다. 변호사의 말처럼 감방에서 늘 웅크리고 있다는 그 여성에게 우리가 얼마나 도움이 되었는지는 모른다. 그래도 많은 이란 사람들로부터 감사의 전화와 이메일을 받았다.

'당신들은 우리와 멀리 떨어져 있고 또 이란과 특별히 관계가 있는 것도 아닙니다. 우크라이나는 이란과 경제적으로나 재정적으로 이해관계가 맞물려 있는 것도 아니고요. 그런데도 당신들은 우리를 지지해 주었습니다. 정말 감사합니다.'

이에 반해, 우리가 푸틴이라고 하는 마초 독재자에 맞서 투쟁을 벌였는데도 러시아 사람들로부터는 한 번도 감사의 메시지를 받지 못했다는 사실이 못내 아쉽다!

'정신적인 즐거움을 주셔서 감사합니다'

우리의 활동이 점점 활발해짐에 따라 회원들이 종종 만나서 상의하고 본부 역할을 할 만한 장소가 필요해졌다.

2009년 말, 마침내 크레샤티크로 (街)와 나란히 있는 푸슈킨Pouchkine 로에 있는 카페 큐피돈에 터를 잡게 되었다. 이곳은 지식인들이 자주 찾는 명소이며, 여기에 오면 흥미로운 사람들도 많이 만날 수 있다.

어느 날, 프랑스의 한 라디오 방송 특파원과 인터뷰를 하기로 해서 만날 장소를 바로 이 카페로 잡았다. 인터뷰를 모두 마치자 카페 주인인 표도르 발란딘Fiodor Balandine이 다가와서 말을 걸었다.

"당신들이 바로 그 상의를 벗고 시위를 하는 제정신이 아닌 여성들이군요? 저는 여러분의 열렬한 팬입니다. 혹시 여러분의 활동을 도모할 장소는 마련되어 있으신가요? 만약 없으시다면 여기에 자리 잡으셔도 좋습니다."

표도르는 우리가 돈을 지불할 형편이 되지 못하는 것을 잘 알고 있어서, 주문을 꼭 하지 않아도 된다고 했다. 그럼에도 우리가 낮이고 밤이고 바의 문이 열려 있는 새벽녘까지 아무 때나 쓸 수 있는 테이블을 하나 마련해 주었다. 게다가 차까지 대접해 주었다!

우리가 2년간 큐피돈에 머무른 덕분에 우리 아이디어 중 많은 부분이 그곳에서 탄생했다. 또한 시위 전에 옷을 갈아입고자 건물의 홀에 무단 침입하는 대신 바로 이곳에서 옷을 갈아입기도 했다. 우리는 2012년 중반이 되어서야 마침내 제대로 된 사무실을 하나 임대할 수 있을 만큼의 자금을 확보하게 되었다.

우리가 처음 활동을 시작했을 때와 마찬가지로 지금 현재에도 외부에서 매우 소중한 지원을 받는 행운을 누리고 있다. 우리에게는 우리 활동 모습을 촬영하는 사진가와 카메라맨들이 있고, 우리가 활동을 기획할 때 도움을 주는 디자이너들도 있는데, 이들 모두 무상으로 도와주고 있다. 예를 들면, 우리 사진사 야로슬라브 데벨리Yaroslav Debely는 2008년부터 우리와 함께해 오고 있다. 우리가 활동하는 곳이라면 위험을 가리지 않고 어디든 따라나선다. 그는 휴가까지 쓰면서 직장을 빠지고 우리를 도와준다.

처음에는 우리가 쓰는 비용은 우스울 정도로 얼마 되지 않았으나, 점차 상황이 복잡해졌다. 우리 중 누군가가 상의를 벗고 시위하는 모습이 발견되면 그 즉시 다음 날 직장에서 해고되는 일이 생겼다.

이런 일들이 벌어지던 때에 우리의 첫 후원자들이 나타났다. 미국 출신으로 키예프에 살고 있는 우크라이나 언론계의 거물 제드 선덴 Jed Sunden, 독일 뮌헨에 살면서 디제이 헬DJ Hell로 잘 알려진 유명한 테크노 힙합 음악 작곡가 헬무트 요셉 가이어Helmut Joseph Geier가 바로 그들이다. 이 사람들은 정치와는 무관한 사람들이었지만 우리가 벌이는 운동을 열광적으로 지지해 주었다. 그러면서도 어떤 조건을 내세우거나 행동 명령을 내리려 하지도 않았다.

그러나 우리가 과격해지자 제드 선덴과 큰 불화가 생겼다. 그는 우리가 오로지 여성 문제, 즉 성매매와 섹스 관광 문제에만 집중해야 한다는 생각이 강했다. 이런 불화가 있었음에도 우리는 여전히 그에게 감사한다. 그가 바로 우리의 첫 후원자였기 때문이다. 그는 한 달에 100달러, 그다음엔 200달러, 이렇게 소액으로 우리를 지원했다. 우리가 무엇보다도 소중하게 여겼던 것은 언론계 유명 인사였던 그가 보내 준 정신적인 후원이었다. 그뿐만 아니라 우리 도메인명인 Femen.org 사용료도 그가 지불해 주었다.

가이어의 경우, 우리 시위에 두 번이나 직접 참여해서 섹스 관광객 역할까지 했다. 또한 그의 명성 덕분에 우리 단체가 대중에 널리 알려지는 데에도 크게 기여했다. 그는 여성 성매매 퇴치 운동 중 우리의 시위 방식만큼 유일무이하고 특별한 것은 없다고 생각한다. 수천 명의 젊은 우크라이나 여성들이 거짓 구실에 속아 독일로 '수출되어' 성매매 업소에 감금되어 있다. 따라서 그는 독일 국민의 한 사람으로서 이 같은 행위에 격분한다.

우리는 초기 후원자들에게 후원회를 구성해 달라는 제안을 했다. 물론 후원 금액이 얼마 되지는 않았지만, 당시에는 이런 지원금에 사활이 걸릴 만큼 중요했다. 2010년과 2011년은 참 힘든 시기였다. 어떤 때에는 매달 평균 예산이 2,000흐리브나, 즉 200달러를 조금 넘는 금액에 불과할 때도 있었다. 이 돈은 거의 전액이 임대료로 지출되었다. 나머지로는 플래카드용 페인트와 종이, 화관용 조화를 샀다. 그리고 먹는 데에는 거의 돈을 쓰지 않았다.

그 후 타라스Taras라는 친구가 1,000달러라는 상상을 초월하는 금액을 지원해 주어 우리 단체 고유 상품 판매에 투자할 수 있게 되었다. 처음에는 우리 상품을 어떻게 팔아야 할지 막막하기만 했다.

티셔츠와 컵, 달력 등을 엄청나게 많이 인쇄했지만 3개월 동안 창고에 쌓이는 신세가 되었다. 심지어 거리로 나가서 행인들에게 달력을 팔려고 했지만, 사람들은 우리 '기념품'을 사는 것보다는 우리와 기념사진 찍는 것을 더 좋아했다. 그래서 인터넷 비즈니스 노하우를 배우게 되었고, 그렇게 해서 오늘날 우리 인터넷 쇼핑몰은 꽤 장사가 잘되고 있다. 우리 단체의 인기가 올라가면서 우리 브랜드를 개발할 수 있었고, 이렇게 전 세계 곳곳에 있는 팬들에게 우리 상품을 판매하고 있다.

인터넷 덕분에 후원금도 우리 계좌로 들어오고 있지만, 가끔 '현물'로 선물을 보내 주는 사람도 있다. 가장 흔하게 도착하는 것은 상

페멘의 로고 티셔츠

징적인 작은 후원품들이다. 벨라루스에서 보내온 커다란 초콜릿 상자나 사샤가 받은 찻주전자가 대표적인 예다. 아마 사샤가 차를 우려 마실 때 빈 잼 병을 사용하는 것을 보고 누군가 보낸 것 같다. 상당히 오랫동안 누군가는 익명으로 매달 2,000에서 3,000루블을 보내주면서 '정신적인 즐거움을 주셔서 감사합니다'라는 짤막한 글을 남기기도 했다.

마지막으로 우리 단체의 로고를 디자인한 아르테미 레베데프^{Artemi Lebedev} 이야기를 해야겠다. 그는 옛 소련 국가 중에서 가장 유명하고 비싼 디자인 아틀리에의 창립자이자 소장이다. 보통 대기업들만 그에게 작업을 의뢰할 수 있다.

우리 로고는 노란색과 파란색 원 두 개가 가운데에 수직으로 지나는 선으로 나뉘어 있는 모양이다. 이것은 키릴 자모 Φ (f)를 재현한 것이자 우크라이나 국기를 상징한다. 그 아래에는 페멘 사인이 있다.

이 로고는 잠재적으로 전 세계에서 사용할 수 있다. 어느 나라든 그에 맞는 색상으로 바꾸기만 하면 되기 때문이다. 레베데프는 우리 로고 작업을 무상으로 해 주었다. 우리에게 미래가 있다고 느꼈기 때문인 모양이다. 그는 "이 로고는 우크라이나와 가슴, 쾌활함, 대립을 상징합니다. 또한 이것은 말벌의 침을 나타냅니다"라고 했다. 그렇다. 그가 파악한 대로 우리 안에는 그가 지적한 그 모든 면이 동시에 다 들어 있다.

옥산나, 키예프에 정착하다

　2011년 초, 우리 중 가장 마지막으로 옥산나가 키예프에 영구 정착하며 우리 단체 일에 전념하기 시작했다. 그 이전까지 옥산나는 미술가와 아이콘화가로서의 활동과 페미니스트 활동을 병행하느라 애를 먹었다.

　"2년간 양쪽을 왔다 갔다 했답니다. 2주일은 키예프에서 보내고 2주일은 크멜니츠키에서 지내는 생활이었죠. 그런데 최종적으로 키예프에 정착하기로 마음먹기 전에, 특별한 미술 프로젝트에 참가할 기회를 얻었습니다.

　제 친구 중에는 상당히 많은 돈을 저축한 안드레이Andrei라는 친구가 있습니다. 현재 그는 두 가지 취미를 가지고 있지요. 배낭만 짊어진 채 히치하이킹으로 세계여행을 하는 것과 미술 프로젝트를 후원하는 것입니다. 2010년에 그는 10명의 젊은 미술가를 선정해서 자신의 사재를 털어 이들을 이집트로 보내 주었습니다. 그 10명 중에는 저도 포함되어 있었지요. 그는 홍해 연안에 별장을 빌려 주어 우리가 물질적인 걱정 없이 창작 활동을 할 수 있게 해 주었습니다.

　우리는 그림도 그리고, 글도 쓰고, 비디오도 찍었지만, 2011년 초에 이집트에서 혁명이 시작되어 어쩔 수 없이 짐을 꾸려야 했습니다. 상황이 너무 위험해졌기 때문이었죠. 불행하게도 제가 이집트에서 작업했던 작품들은 크멜니츠키에 있는 우리 부모님 댁에 보관되어 있다가 집에 화재가 나는 바람에 거의 다 소실되고 말았습니다.

　저는 바로 그곳 이집트에서 앞으로 페멘에 이 한 몸을 바치겠노라 결심했습니다. 멀리 떨어져 있어 보니, 제가 얼마나 페멘에서의 활동을 그리워하고 있는지를 깨달을 수 있었답니다.

키예프 생활은 녹록하지 않았습니다. 사샤는 처음에 방 하나를 구해서 다른 네 명의 젊은 여성들과 같이 썼습니다. 그러다가 지금은 방 3개짜리 아파트를 여덟 명이 함께 공동으로 세를 들어 살고 있지요. 저라면 이런 소음과 소란은 절대로 견디지 못했을 거예요!

인나와 안나는 각기 방 하나씩 세 들어 삽니다. 저도 키예프에 도착해서는 공동 주거 아파트에서 방을 하나 임대했습니다. 안타깝게도 이웃 복은 없었어요. 하지만 그 정도는 문제도 아니죠. 저는 역경에 익숙하거든요."

팝 페미니즘

우리는 시위를 계획하거나, 아니면 더 일반적으로 말해서 우리의 전략을 개발하는 방식을 고민할 때, 두 가지 측면을 염두에 둔다. 우리 자신을 50%는 페미니스트 단체로 생각하고, 50%는 행위예술* 집단으로 생각한다. 매번 우리는 내용적으로나 형식적으로나 새로운 시위를 만들어 내려고 노력한다. 그래서 때로는 우리 시위에서 형식이 으뜸이 될 때도 있다는 말을 들을 정도다.

그렇다면 과연 우리가 예술가 집단일까? 이에 관해서는 의견이 분분하다. 인나는 우리 단체의 활동에 예술적 측면이 있다는 점에 이의를 제기하지는 않지만, 이보다는 페멘의 정체성을 '정치, 성, 스캔들, 공격, 예술이 반체제적으로 혼합된 것'이라고 규정한다. 이것은 팝 페미니즘이라 명명될 수 있겠다. 물론, 예술과 행위예술의 경계는 모호하며, 작품 속에 사회 문제를 다루는 현대 예술가도 많다. 러시아의 단체 보이나^{Voina}**가 그런 예에 속한다.

"우리는 의상도 만들고, 노래도 하고, 촌극도 하고, 설치행위도 합니다. 옥산나는 예술가이고, 우리와 함께 일하죠. 하지만 우리가 예술가라고 한다면, 그렇게 되면 우리가 표방하는 공격성의 정도가 떨어지고 말 것입니다. 가령, 푸시 라이엇은 스스로 펑크 아티스트^{punk artists}라고 하면서 활동하기 때문에 결국 그들이 하는 행동은 서구인들의 눈에는 비교적 덜 과격하게 비치지요. 그렇더라도 러시아에서는 옥살이를 면하지 못했지만 말이죠."

인나의 주장이다.

"일단 '예술'과 연결 지으면 시위의 각은 무뎌집니다. 하지만 우리는 적들이 우리를 위험한 존재로 인식하길 원해요. 우리는 과격 페미니스트 단체입니다. 우리는 이 사실을 크고 강한 목소리로 세상에 천명합니다. 우리는 운동가이며, 또한 시민으로서 저항합니다. 그렇습니다. 저는 급진적인 운동가이기 때문에, 전기톱을 들고 십자가를 베어 버릴 수도 있습니다. 예술가로서 그런 일을 하는 것이 아니라, 그것이 제가 시민으로서 저항하는 행동이기 때문에 하는 것입니다. 이

---

* 행위예술은 1960년대에 등장한 예술 형식이다. 행위예술에서는 행위가 가장 으뜸이며, 예술가는 대체로 작품의 주제나 대상이 된다. 보통 극단적으로 표현하는 경우가 많다(예술-극단주의).

** 상트페테르부르크 출신의 유명한 아트 그룹으로, 공개적으로 정치적인 성격의 행위예술을 전문으로 한다.

런 식으로 우리는 남성우위론, 권력, 교회, 독재와 대등하게 맞서 싸울 수 있는 것입니다."

안나는 토론 내용을 설명하면서 인나의 의견과 가까운 입장을 보였다.

"예술은 어디에나 있습니다. 제가 생각하기에는, 무언가를 잘 할 줄 안다면 그것이 바로 예술입니다. 저는 좌파 여성이라서, 서툴게 캔버스에 칠해서 그림을 망쳐 버리는 화가보다는 훌륭한 목수가 예술가에 가깝다고 생각합니다. 당연히 저희 활동 안에는 예술적 요소가 들어 있습니다.

그러나 저희 활동을 보고 예술계 사람들은 예술적 표현으로 인식하지만, 정치계 사람들은 거기서 정치적 측면을 발견하지요. 과거에는 예술의 비중이 더 높았습니다. 그때에는 과격하지 않은 시위에 이목을 끄는 형식을 결합시켜서 대조를 부각시키려고 했었거든요.

저희는 과격한 정치적 시위를 하는 데 예술적 요소를 활용합니다. 그리고 바로 그렇기 때문에 저희가 관심을 받는 것입니다. 저희는 판타지 없는 맥 빠진 시위는 하지 않습니다. 저희가 등장하면서 정치 무대와 예술 무대가 동시에 활성화되었습니다. 저희 덕분에 다른 사람들도 예전에 우리 증조부 세대 때에나 했던 것처럼 깃발을 들고 거리로 나서는 대신 다른 방식으로 저항하는 법을 찾게 되었거든요."

마지막으로, 옥산나는 다음과 같이 설명하며 자신의 주장을 재확

"일단 '예술'과 연결 지으면 시위의 각은 무뎌집니다. 하지만 우리는 적들이 우리를 위험한 존재로 인식하길 원해요. 우리는 과격 페미니스트 단체입니다. 우리는 운동가이며, 또한 시민으로서 저항합니다. 예술가로서 그런 일을 하는 것이 아니라, 그것이 제가 시민으로서 저항하는 행동이기 때문에 하는 것입니다."

인한다.

"우리는 지금 엔터테인먼트 산업이 지배적인 사회에 살고 있습니다. 소비자들의 요구 수준이 매우 높아서, 우리는 그들의 정보 이해력과 욕구를 고려하지 않을 수 없습니다. 사람들이 우리의 말에 귀를 기울이게 하려면, 짧지만, 상상력을 자극하는 행동과 분명하고 구체적인 메시지를 담은 연극 퍼포먼스를 만들어야 합니다. 대중을 자극하고 끓어오르게 만들어야 합니다. 그래야만 변화를 가져올 수 있기 때문이지요.

우리가 예술을 하냐고요? 1년 전에 이 주제로 우리끼리 꽤 많은 논쟁을 벌였습니다. 제가 어느 인터뷰에서 저희는 예술가라고 말했다가 회원들로부터 크게 비난을 받았지요. 하지만 저는 제 관점을 굽히지 않았습니다. 제 생각에 진정한 예술가는 수동적인 인물이 아닙니다. ― 캔버스에 도료를 칠한 다음 상품을 파는 장인들 이야기를 하는 것이 아닙니다. ― 예술의 주된 임무는 혁명입니다.

우리는 음악, 그림, 자신의 몸으로 하는 예술을 혁명이라 부르고 싶습니다. 예술가는 언제나 혁명가입니다. 저는 제가 바로 그런 사람이 되기를 바랍니다."

VII
페멘, 모든 분야를 아우르다

"그레그, 어서 와!"

2011년 2월, 뉴질랜드 라디오 더 락스 네트워크The Rock's Network에서 '아내를 얻어라Win yourself a woman!'라는 이름의 기괴한 콘테스트를 열었다. 우승자는 상품으로 우크라이나행 항공편과 현지에서 12일간 투숙할 수 있는 숙박권을 얻었다.

아내를 구하는 방법은, 이 콘테스트를 협찬한 결혼상담소에서 소개하는 고객 중 마음에 드는 여성을 고르는 것이었다.

2월 28일, 마침내 라디오에서 그 '행운의 주인공'이 발표되었다. 포도재배자로 일하는 그레그Greg가 '뉴질랜드에서 가장 잘생기고 다정한 독신남'으로 뽑혔다.

이 사건은 뉴질랜드에서, 특히 현지에 있는 소규모 우크라이나 공동체와 페이스북 사용자들 사이에서 커다란 스캔들을 불러일으켰다. 그럼에도 라디오 방송국장은 이 콘테스트를 옹호하며 그저 '재미로' 만든 프로그램이었으며 누구도 억지로 결혼할 필요도 없고 꼭 뉴질랜드에 와서 살아야 하는 것도 아니라고 했다.

우리는 이 치욕스러운 콘테스트에 반대하는 캠페인을 시작했다.

사실 이 콘테스트의 상품은 우승자 그레그에게 노예시장에서 정부로 삼을 여자를 고르듯 마음에 드는 여성을 골라서 공짜로 섹스 관광을 시켜 주는 것이었다. 우리의 캠페인이 효과를 발휘해서, 뉴질랜드 라디오에서는 슬프게도 유명인사가 되어 버린 그레그가 상품을 포기했다고 발표했다. 우리는 이것이 우리 눈을 속이기 위한 교묘한 술책이 아닌지 의심했다.

그래서 예정되어 있던 날짜에 뉴질랜드에서 우크라이나로 들어올 수 있는 가능한 모든 루트를 조사했다. 그리고 가장 편리한 방법은 모스크바를 경유해서 도네츠크에 도착하는 것이라고 결론지었다. 이에 따라 인나가 현지에 가서 모스크바에서 입국하는 승객들의 '얼굴 확인'을 하기로 했다. 우리는 이 작전을 '쥐새끼 한 마리도 빠져나가지 못한다Here, even a mouse will not go unnoticed'라고 명명했다.

인나는 꼭 끼는 검은색 진을 입고 저고리의 단추는 풀고 그레그의 사진 두 장을 붙여 양쪽 가슴을 부분적으로 가렸다. 즉각 체포하지 못하도록 꾀를 살짝 부린 것이다. 그러고는 입국하는 사람들을 환영할 때처럼 '그레그, 어서 와!Greg, come here!'라고 적힌 플래카드를 들고 서 있었다.

인나 옆에는 현지에서 활동하는 운동가 알렉산드라 넴치노바Alexandra Nemtchinova가 함께했다. 그녀는 감히 가슴을 드러내지는 못했지만 '우크라이나는 매음굴이 아니다'라고 적힌 플래카드를 들었다.

이 시위가 정치적인 것이 아니어서 경찰이나 공항 관계자들은 이들을 단속하는 대신 오히려 미소를 지어 보였다. 다만, 꼬투리 잡는 것을 좋아하는 한 세관원만이 이들에게 신분증을 제시하라고 요구하며 조금 애를 먹였을 뿐이다. 결국 그레그는 도착하지 않았다. 약속을 지킨 것이다.

우크라이나의 문명국가 이미지를 강조하기 위해 투쟁하는 우리에게 이 사건은 작은 승전보였다.

유로2012를 공격하라

우크라이나가 유럽축구 챔피언십 유로2012를 폴란드와 공동개최하기로 결정되자마자 우리는 한자리에 모였다.

졸속으로 건설된 4개의 신설 경기장은 설계상에 문제가 있었으며 현대적 요구수준에도 미치지 못했다. 게다가 우크라이나 경제의 재정을 탕진시키는 블랙홀과 같았다. 정부가 투자한 돈이 건설사로 들어가면, 건설사는 이렇게 수익이 나는 계약을 따게 해 준 대가로 관련 공무원에게 넉넉한 수수료를 지급하는 식으로 연결고리가 이어져 있었다. 전형적인 부패의 과정이 아닐 수 없다!

더 나아가 전 세계에서 팬들이 도착하면 가히 추잡한 결과가 벌어질 것이라 예상할 수 있었다. 남성팬들은 경기 전후로 엄청난 양의 맥주를 들이마실 테고, 밤에는 성매매 여성을 찾을 것이 뻔했다. 간단히 말해서 축구-맥주-섹스로 요약되는 것이다. 에이즈와 결핵이 확산될 위험이 크다는 사실은 말할 나위도 없었다.

공직자들은 여론을 안심시키느라 애썼다. 그들은 이 대회와 섹스관광은 전혀 무관하다고 주장했다. 당연히 그들의 말이 틀렸다. 챔피언십을 몇 달 남겨 두었을 때, 우크라이나 현지의 준비상황을 축구팀에 전달하기 위해 맨체스터Manchester의 한 팬이 우크라이나를

유럽축구 챔피언십 유로2012는 축구-맥주-섹스로 요약된다. 우리는 부정으로 점철된 이 행사에 분노했다.

방문했다.

그는 귀국 후 유튜브에 우크라이나에서 가장 놀랐던 일을 게재했다. 동영상에서 그는 공항에 도착하는 순간부터 수많은 '마사지' 호객 행위가 있었다고 전했다. 또한 공항에서는 관광사무소에서 배부한 시내관광지도를 받았는데, 그 지도에는 '에스코트' 서비스 주소와 사진도 실려 있었다고 했다. 이 증언은 수많은 다른 관광객들에 의해 사실로 확인되었다. 이에 따라 우리는 우크라이나 당국에 섹스 관광에 반대하고 섹스 산업 고객의 형사처분에 찬성하는 캠페인을 벌여 달라고 요구했다. 그러나 과거에도 수차례 그러했듯, 우리의 요구는 끝내 받아들여지지 않았다.

우리는 우크라이나를 매음굴로 만드는 것에 반대하는 일련의 시위를 조직했다. 2011년 10월 29일 리비프Lviv에서 네 번째 경기장의 개장 축하 행사가 열리기로 되었다.

행사 프로그램에는 장엄한 레이저쇼도 예정되어 있고, 2,000명의 배우가 참여하는 우크라이나 서부지역의 수도 리비프의 파란만장한 역사에 관한 공연도 준비되어 있었다. 공사는 아직 완료되지 않아서, 여전히 경기장 앞에는 크레인 3대와 건설 잔해, 모래가 남아 있었으나, 이런 것은 문제도 되지 않았다. 쇼는 계속되어야만 하니까!

우리는 이 축제의 현장을 망쳐 버리기로 하고, 문제의 경기장 VIP 출입구에 도착했다. 가슴에는 'Fucking Euro'라는 문구를 적은 채 입구에서 그릇을 깨뜨리며 외쳤다. "우크라이나는 패할 것이다!" 물론 축구경기 결과를 예상해서 한 말이 아니라, 우리나라 우크라이나가 그렇게 될 것이라는 말이었다⋯⋯.

"이런 광대놀음은 그만하라"

2011년 5월, 키예프에서 유럽의 날 행사가 열릴 예정이었다. 이 행사는 정치계 상류층이 모여서 서로 으스대는 자리였다.

5월 21일, 우크라이나 외무부장관(콘스탄틴 그리첸코^{Konstantin} Grichtchenko)과 키예프 시장(알렉산더 포포프^{Alexandre Popov}), 그리고 유럽 각국 대사들이 공식 개막식에 모여 의례적인 말을 주고받았다. 가령, "오늘 우리는 우크라이나의 심장에서 유럽이 뛰고 있는 것을 봅니다" 같은 그리첸코 장관의 과장된 말처럼 말이다.

그러나 이런 행사를 아무리 치른다 하더라도 우크라이나가 유럽에 통합되기 어려운 현실을 바꿀 수는 없다. 예를 들자면, 유셴코 대통령이 유럽인의 우크라이나 입국 비자를 일방적으로 폐지했지만, 여전히 우크라이나인들은 유럽 입국 비자를 받기 위해 고생하고 있다.

이들은 입국하고자 하는 나라의 영사관에 사전에 오래 전부터 심사 신청을 해야 하고, 은행 계좌 명세서 등의 까다로운 서류를 제시해야만 한다. 그러면서도 심사 결과는 미지수다. 특히 젊은 여성들의 경우, 늘 잠재적인 성매매 여성으로 인식되어 비자 받기가 더욱 까다롭다.

그래서 우리는 유럽 공무원들에게 우크라이나인의 무비자 입국을 보장해 주고, 우크라이나도 유럽의 일원으로 인정하여 그에 따른 모든 실질적인 결과를 누리게 해 달라고 호소했다. 그런데 우크라이나가 유럽 수준의 정치 규범을 갖추고, 유럽을 '따라잡으려면' 생활수준을 향상시키고, 남녀평등을 이루어야 한다. 공허한 연설만 오가고 풍선만 날리는 야단법석을 떨기보다는 말이다.

이에 따라 우리는 발렌티나 셰보트코^{Valentina Tchebotko}와 에바 리트바크^{Eva Litvak}라는 회원 2명이 시위를 벌이도록 준비했다. 이들은 상의를 벗은 채 코에는 서커스 광대의 빨간 코를 달고 안전 저지선을 뚫었다. 그리고 키예프 시장에게 돌진하며 외쳤다.

"이런 광대놀음은 그만하라!"

금세 경찰이 출동했고 이들은 땅에 질질 끌려 경찰차에 강제로 태워졌다. 외국 기자들 앞에서 일어난 이 같은 장면은 큰 동요를 일으켰다. 절대로 '유럽적'이지 않은 장면이었기 때문이다!

우리 두 회원은 이틀간 미결구류로 수감된 후, 관할 재판소에서 5일간 구금형을 선고받았다. 그런데 이는 당시로써는 상상을 초월하는 선고 결과였다. 야누코비치 정권이 경직되는 모습이 가시화되고 있었던 것이다. 이 일은 여기서 끝나지 않았다. 사샤가 뒷이야기를 들려주었다.

"이틀 후, 두 회원이 아직 석방되기 전에 경찰들이 저희 집을 찾아와 문을 두드렸습니다. 저는 창밖으로 건물 근처에 순찰차 한 대가 주차되어 있는 것을 보았습니다. 그들은 문을 사이에 두고 "이야기 좀 합시다"라고 했습니다.

아침 7시밖에 되지 않았지만, 저는 즉시 제 변호사에게 전화했습니다. 그는 체포 영장이나 수색 영장을 가져오지 않았으니 문을 열어 주지 말라고 했습니다.

그들은 2시간을 기다린 후 떠났고, 그 후 저는 집에서 도망 나왔습니다. 오전 중에 경찰은 우리 회원인 제니아 크라이즈만^{Jenia Kraizman}에게도 똑같이 찾아가서 문을 두드렸습니다. 그러니까 사냥이 시작된 것이었지요.

그래서 우리는 반응을 하기로 했습니다. 먼저 한편으로 다음과 같은 내용의 보도 자료를 배부했습니다.

'지금 페멘 회원들은 생명과 건강, 자유를 위협받고 있습니다. 저희는 여론에 호소합니다. 검찰이나 사법부의 말을 믿지 마십시오. 저희에게서 무기나 마약, 포르노출판물, 훔친 브래지어, 의회^{Rada}와 내각 ^{Kabmin}의 지하통신망 지도가 발견되어 테러를 모의한 혐의가 있다고 발표하더라도 절대 믿지 마십시오.'

이런 방법은 안보국과 그의 '대부'격인 러시아 연방 보안국^{FSB}에서 손톱 밑 가시로 여기는 인물들을 투옥시키기 위해 가장 빈번하게 사용하는 방법이었습니다.

다른 한편으로 우리는 작은 복수를 실행했습니다. 시청 건물 앞에서 저는 인나와 함께 '엉덩이*'라고 적힌 우리 엉덩이를 드러내 보이며 '포포프를 위하여For Popov'라는 플래카드를 들었습니다. 물론 우리는 스트링 팬티를 입고 있었지요. 하지만 어쨌든 우리 나름대로 시장을 조롱한 다음에 전속력으로 줄행랑을 쳤답니다."

5월 28일, 우리는 에바와 발렌티나의 출옥을 환영했다. 이들을 축하하고 샴페인도 마셨다. 그렇다면 이번 일로 우리가 내린 결론은? 이제부터 더욱 대담하게 행동하고 더욱 빨리 달아나자는 것이었다.

검열 폐지! 공안 정국은 물러나라!

2011년 4월 1일, 우크라이나 인터넷 산업 포럼이 키예프 좌안에 있는 국제엑스포공원에서 문을 열었다. 이 행사는 인터넷 기술, 소셜 네트워크, 광고, 비즈니스를 망라한 관계자들이 모두 한자리에 모이는 기회였다. 약 3,000명이 참가 등록을 마쳤다.

그런데 우리는 우크라이나 서버 제공업체와 당국과 해결해야 할 문제가 있었다. 실제로 이 행사가 개최되기 얼마 전에 여러 소셜 네트워크에서 페멘 계정과 페이지가 차단되었던 것이다. 이는 서버 업체가 네티즌 공동체 전체에 가부장적 고정관념을 강요하려고 한 사건이었다. 이와 함께 러시아 검열기관에서도 야권 성향의 러시아 라디오 방송 모스크바의 메아리Echo of Moscow 사이트에 있는 우리와 관

---

* 우리는 러시아어로 jopa라고 적었다.

련된 모든 기사의 접근을 차단했다.

말하기 좋아하는 사샤는 우리를 검열하는 자들을 두고 '무차별적인 가슴 공포증 환자indiscriminate breast-phobia'라고 비난했다. 어찌 되었건, 이는 명백한 정치적, 성우월주의적 검열 행위였다. 그래서 우리는 포럼 개막식에서 시위를 벌이기로 결정했다.

대개 우리는 시위를 기획할 때 말장난을 바탕으로 상상력을 발휘하는데, 이번에도 예외가 아니었다. 영어로 접근 차단을 뜻하는 단어는 ban이며, 발음이 약간 다르긴 하지만 러시아어로 이것은 목욕bains의 동음이의어다. 그래서 개막연설이 한창일 때 우리는 넷이서 식장으로 잠입했다.

우리는 상의를 벗고, 기다란 리본이 달린 수영모를 쓰고, 가는 자작나무 가지를 들었다. 자작나무 가지는 전통적으로 우크라이나 공중목욕탕에서 혈액순환을 촉진시키기 위해 몸을 두드리는 데 사용하는 목욕용품이다. 우리는 '검열 없는 인터넷Internet without censorship'이라고 적힌 플래카드를 들고 "당신들의 빌어먹을 목욕이 우리를 숨 막히게 한다!"라고 외쳤다. 그러고는 잠시도 지체하지 않고 단상 위로 올라가서 발제자와 관계자들을 나뭇가지로 치기 시작했고, 곧이어 관중석 첫 번째 줄에 있는 사람들도 때렸다. 우리의 이런 행동은 장내에 즐거운 혼란을 불러왔고, 언론은 이런 재미있는 장면을 놓치지 않았다!

여성들의 가슴을 화나게 하는 것

여느 때와 마찬가지로, 우리가 유로2012에 반대하며 벌인 시위는 수차례에 걸쳐 탄압을 받았다. 이 말인즉슨, 우리도 포기할 생각 없이 이 시위를 계속했다는 뜻이기도 하다.

2011년 9월 28일, 키예프에 있는 올림피이스키Olympiiski 경기장 입구에서 시위를 벌인 후, 우리 회원들은 체포되어 페체르스키 부서장 관할 행정법원에서 재판을 받았다.

평화적 시위를 벌일 시민의 권리를 침해하는 이 체포 행위에 저항하기 위해, 우리는 상당히 눈길을 끄는 퍼포먼스를 구상했다. 여기에 사용된 슬로건의 표현 강도는 상당히 강했다. '개 같은 인생 때문에 우리 가슴이 사나워진다It's a dog's life that makes our wicked tits'

이를 표현하기 위해 옥산나는 철사를 군데군데 구부려 가며 세심히 정성을 기울여 철조망 모양의 브래지어와 짐승의 부리망을 만들었다. 조심해서 만들긴 했지만, 이 도구에 상처가 나지 않도록 조심해야만 했다! 고문 도구를 떠올리게 하는 이런 특징적인 의상을 입은 우리 회원들은 법원 앞에서 시위를 벌였다. 빨간색 모란꽃으로 장식한 화관을 쓴 인나가 특히 인상적이었다.

우리는 법원 둘레에 처져 있던 경찰 저지선을 뚫고 진입하는 데 성공하며 외쳤다. "우리 입에 재갈을 물리지 말라, 우리 가슴에 망을 씌우지 마라!" 그리고 "창피한 줄 알라!"고도 했다.

한 가지 짚고 넘어갈 부분은, 바로 이때 우리는 같은 법원에서 소송이 진행 중이던 율리아 티모셴코 지지자들과 제대로 대치를 벌였다는 사실이다.

그러면 율리아 티모셴코는 누구인가?

율리아 티모셴코 전 우크라이나 총리의 소송이 있었던 2011년 여름과 가을*, 법원 주변에는 율리아 지지자들과 야누코비치 지지자들이 진영을 이루며 서로 대치했다. 율리아 지지자들은 그녀의 무조건적인 석방을 요구했으며, 반대파에서는 중형을 선고하라고 요구했다.

그런데 양쪽 편 모두 시위대 대다수가 돈을 받고 나와서 각 진영의 깃발을 흔드는 사람들이었다. 더군다나 분위기는 초현실적으로 아주 기이하게 흘러가서, 한쪽 진영에서 다른 쪽 진영으로 넘어가면 전향의 대가로 상여금을 받기도 했다. 시위 참가자 모두가 돈 때문에 나온 것은 아니고 게 중에는 진심으로 시위에 참여하는 사람들도 있었지만, 전체적으로 보면 조작된 시위였다.

이에 따라 우리는 우크라이나를 양분시키고 사회 문제에 대한 국민의 관심을 다른 쪽으로 돌리는 이 같은 비열한 행위 일체에 대해 저항하기로 결정했다. 우리는 더 이상 이런 더러운 정치 놀음에 휘말리지 말라고 사람들의 이성에 호소했다. 우리는 사람들이 우리 메시지에 귀를 기울이기를 희망했다. 자, 주목하십시오, 여러분! 아무도 시민 여러분 생각은 하지 않고 있다는 말입니다!

2011년 10월 11일, 율리아 티모셴코 전 총리에 대한 판결문이 발표되던 날, 수천 명의 지지자가 거리로 몰려나와 크레샤티크 대로를

---

* 티모셴코 전 총리는 2009년 1월에 러시아와 가스 협정을 맺으면서 권력을 남용한 혐의로 기소되었다. 기소장에 따르면 이 협정은 우크라이나의 국익에 반하며, 국영가스회사 나프토가스Naftogaz에 1억 8,900만 달러의 손해를 입히는 것이라고 했다. 결국 율리아 티모셴코는 7년간의 징역형과 3년간의 공직 금지를 선고받았다. 그뿐만 아니라 판결문에 따르면 티모셴코는 나프토가스에 손실액을 지불해야 한다. EU와 미국은 이 재판을 야당의 최고 상징적 인물을 무력화시키기 위한 정치 재판으로 간주하고 있다.

가득 메웠다.

우리는 TsOuM* 백화점 지붕 위로 기어 올라가, 우리가 준비한 플래카드를 걸어서 백화점 간판 위 첫 글자**를 가렸다. 그런데 이 플래카드에는 옥산나가 그린 커다란 단추 그림이 있었다. 이것은 마치 전자 제품의 전원을 꽂는 콘센트처럼 생겼다.

이런 콘센트 모양을 앞에 두고 그 뒤로는 나머지 가려지지 않은 부분, 즉 우크라이나어로 '이성'이라는 의미의 단어가 된 oum과 연결했더니, 말장난처럼 '당신의 이성에 전원을 켜라!'라는 뜻이 되었다. 그러면서 우리는 한 플래카드에 적힌 대로 "유(율리아)나 야(야누코비치)나 그놈이 그놈!"이라고 소리쳤다.

서방세계에서 티모셴코는 무척 이상적인 이미지로 인식되어 있지만, 실상은 전혀 다르다. 티모셴코는 매우 탐욕스러운 정치적 소수 특권층에 속하며, 오렌지 혁명 때 유셴코 대통령 편에 섰다는 것밖에 한 일이 없다. 그러나 그렇다고 이 두 사람을 혼동해서는 안 된다.

유셴코 대통령은 품위 있는 훌륭한 인물이었다. 단지, 조국을 위한 우선적인 과제가 무엇인지 제대로 파악하지 못한 무능한 매니저였던 것이 문제였다. 국제 사회가 우크라이나 대기근***을 인정하는 것과 같은 역사적, 문화적 성격의 프로젝트를 실행하기 이전에, 사람들에게 빵과 일자리를 주는 일이 급선무였다. 유셴코는 폴란드나 다른

---

* 전 세계 중앙 백화점'이라는 뜻의 우크라이나어 약자
** 다시 말해, Ts 부분을 플래카드로 가렸다는 뜻이다. 우크라이나어에서 Ts는 한 글자다.
*** 우크라이나가 공유화를 받아들이도록 하려고, 1932-1933년에 스탈린이 조직해서 만들어 낸 인위적인 기근을 말한다. 각종 추산 결과, 이로 인해 우크라이나인 400만 내지 700만 명이 사망했다고 한다. 유셴코 대통령은 이 기근을 유엔이 대학살로 인정해 줄 것을 요구했으나, 논쟁에서 져서 뜻을 이루지 못했다.

TsOuM 백화점 지붕 위로 기어 올라가, 준비한 플래카드를 걸어서 백화점 간판 위 첫 글자를 가렸다. 그런데 이 플래카드에는 옥산나가 그린 커다란 단추 그림이 있었다. 이것은 마치 전자 제품의 전원을 꽂는 콘센트처럼 생겼다. 이런 콘센트 모양을 앞에 두고 그 뒤로는 나머지 가려지지 않은 부분, 즉 우크라이나어로 '이성'이라는 의미의 단어가 된 oum과 연결했더니, 말장난처럼 '당신의 이성에 전원을 켜라'라는 뜻이 되었다.

유럽 국가의 대통령이었다면 훨씬 더 적임이었을 것 같다.

다시 티모셴코 이야기로 돌아가서, 만약 그녀가 지난 대통령 선거에서 당선되었더라면 어떤 일이 일어났을까? 물론, 야누코비치가 정권을 장악하면서 자유가 크게 퇴보했고, 그래서 우리가 끊임없이 이에 맞서 싸우고 있는 것은 사실이다. 그러나 정직하게 말하자면 티모셴코가 정권을 잡았더라도 자유와 오렌지 혁명의 원칙이 보존되었을 것이라고는 생각하지 않는다.

그녀는 독재자다. 그래서 자신의 의도와 1mm라도 차이가 나는 일은 그 누구에게도 용납하지 않았을 것이다. 만약 투옥되는 일이 없었다면 티모셴코는 위엄과 권위를 모두 잃었을 것이다. 옥살이를 하는 동안 아마도 더 좋은 쪽으로 변화하리라 믿는다. 하지만 그녀가 어느 날 대통령직에 오르게 된다면, 야누코비치를 구속할 가능성도 있다. 그도 티모셴코만큼이나 처벌받을 만한 인물이기에, 이렇게 되면 깡패들의 진흙싸움이 되는 것이다.

우리 가운데에 티모셴코에 대해 가장 과격한 의견을 가진 사람은 사샤다.

"저에게 오렌지 혁명은 영감의 원천이자 훌륭한 추억으로 남아 있습니다. 티모셴코와 이 혁명을 우호적으로 서로 결부시키는 것은 저로서는 참기 어려운 일입니다. 어떤 면에서 티모셴코가 야누코비치보다 나은가요? 그녀는 야누코비치보다 예쁘게 생겼고, 멋지게 옷을 잘 입고, 하이힐을 신지요. 그리고 그다음은요? 그녀가 한 번이라도 여성 문제를 제기했던 적이 있었던가요? 남녀평등에 기여한 적이 있었던가요? 대답은 노No입니다!

지금 그녀는 감옥 안에서 자행되는 폭력 행위에 항의합니다. 그런데 우리도 똑같은 끔찍한 경험을 해 봤기 때문에 이와 관련된 통계 수치에 대해서도 잘 압니다. 경찰서에서만도 1년에 100명 이상이 '강권적' 심문 중에 고문을 받아서 사망하고 있다고 합니다. 감옥 안에서의 폭력은 포함시키지도 않았는데 말이죠! 그렇다면 티모셴코는 자신이 총리직에 있을 때 왜 이 문제를 해결하지 않았을까요?

현재 그녀는 모든 죄수가 처한 비인간적인 여건에 대해 규탄하지는 않고, 오로지 자신에 관해서만, 몇 대 맞았던 일에 대해서만 이야기합니다. 그녀는 자신이 나라를 구할 수도 있었으련만, 감옥에 갇힌 다음에야 영웅이라도 된 것 같은 시늉을 합니다.

그렇다면 왜 좀 더 일찍, 자신이 총리 자리에 있었을 때 나라를 구하려고 노력하지 않았던 걸까요?"

첫 번째 유럽 순방

2010년, 우리는 스위스 출신의 한 영화감독을 만나 친구가 되었다. 그 후로 그는 줄곧 우리를 따라다니며 우리가 활동하는 모습을 카메라에 담고 있다. 바로 알랭 마고[Alain Margot]의 이야기다. 이미 그는 프랑스어권 스위스 TV에서 우리 페멘에 관한 프로그램을 제작한 바 있다. 그 후 2013년 개봉 예정으로 「페멘 – 우리의 신은 여성이다[Our god is a woman]」라는 제목의 다큐멘터리도 만들었다.

유럽 몇 개국을 한 바퀴 돌자는 아이디어가 나온 것도 바로 그와 이야기를 나누던 중이었다. 그때까지 우리는 국제적 이슈에 관한 시위 활동도 키예프 안에서 조직해 왔다. 이란의 사키네 모하마디 아슈티아니 지지 시위 때처럼 말이다. 그런데 우크라이나에 있으면서 서방에서 무슨 일이 일어나는지 상상하는 것과 직접 우리 눈으로 보고 그곳 사람들과 직접 이야기를 나누는 것은 또 다른 일이다.

유럽적인 가치와 민주주의, 페미니즘을 옹호하는 입장에 있는 우리로서는 유럽을 한 바퀴 돌아보고 싶은 마음이 굴뚝같았다. 우리는 이번 여행이 다큐멘터리 영화 작업에 새로운 앵글을 제공해 줄 것이라며 알랭 마고를 설득했고, 그래서 여행 경비는 그의 영화 제작자가 부담하게 되었다.

우리는 여행 일정과 여러 나라에서 어떤 주제를 다룰 것인지에 대해 알랭과 함께 오랜 시간 논의했다. 이번 여행에는 사샤, 인나, 제니아 크라이즈만, 안나, 이렇게 네 명이 떠났다.

가장 먼저 도착한 곳은 알랭의 집이 있는 스위스의 작은 도시 라 쇼드퐁La Chaux de Fonds이었다.

2011년 10월 29일, 우리는 우리가 전개하고 있는 투쟁 활동에 대해 설명하는 자리를 마련한 다음, 그 도시의 문화원인 클럽44에서 진행된 토론에 참여했다. 스위스에서 매우 유명한 이 토론 클럽에는 과거 장 폴 사르트르Jean Paul Sartre(프랑스의 실존주의 철학자이자 작가 — 옮긴이), 시몬 드 보부아르Simone de Beauvoir(프랑스의 여류 작가이자 철학자 — 옮긴이), 프랑수아 미테랑Francois Mitterand(프랑스 5공화국 대통령 — 옮긴이) 이외에도 여러 유명 인사들이 참여했다고 한다.

정치인과 기자들을 포함한 많은 청중 앞에서 — 300석 규모의 홀이 만석이었다. — 우리는 마스터클래스 형식으로 우리 단체에 대해 이야기했고, 알랭은 우리가 벌이는 활동을 담은 다큐멘터리 영화의 시퀀스sequence(영화에서, 하나의 이야기가 시작되고 끝나는 독립적인 구성 단위 — 옮긴이)를 소개했다.

유럽 사람들과 가진 이 첫 번째 토론은 무척 재미있었고 자정이 다 될 때까지 끝날 줄 몰랐다. 우리는 참석자들로부터 공감과 신뢰를 얻었다 — 아마도 그런 것 같았다. — 그 자리에 참석한 우크라이나 여성 두 명은 유럽인들의 눈에 비치는 우크라이나 여성의 이미지를 바꾸고자 노력하는 단체는 유일하게 우리밖에 없다고 평가했다.

스위스 다음 행선지는 파리였다. 거기서 도미니크 스트로스 칸 Dominique Strauss—Khan(프랑스의 경제학자, 정치인이자 국제통화기금IMF 전

총재. 유력한 프랑스 대권 후보이기도 했으나 뉴욕에서 호텔 종업원을 성폭행한 혐의로 체포되어 IMF 총재직에서 물러났다. — 옮긴이)을 공격할 계획이었기 때문이다.

이탈리아의 베를루스코니^{Berlusconi} 총리(이탈리아의 기업인이자 정치인으로, 이탈리아 최대 미디어 그룹과 여러 기업을 거느린 이탈리아의 여섯 번째 부호로 꼽히며 이탈리아 역사상 최초로 총리 3선에 성공했으나 여성문제와 관련한 구설수 끝에 총리직에서 사임했다. — 옮긴이) 이후, DSK는 정·재계 실력자들의 저급한 습성을 대표하는 새로운 사례로 떠올라 있었다.

우리는 프랑스 페미니스트들에게서 그가 어디에 사는지 알아내어 2011년 10월 31일, 보스제스^{Vosges} 광장 13번지에 있는 그의 집 대문을 두드렸다. 우리는 DSK가 중죄를 저질렀던 현장인 소피텔^{Sofitel} 호텔의 청소부처럼 검은색과 흰색으로 된 짧은 치마 차림을 했다. 또한 양동이, 걸레, 빗자루, 솔 같은 청소도구도 동원해서 무장했다. 우리의 슬로건은 '권력의 도취' '빌어먹을^{Fuck me!}' '치욕은 세탁될 수 없다'였다.

우리가 소란을 피우며 DSK의 집 대문을 문지르기 시작하자, 그의 집에서 일하는 사람들이 경찰에 신고했다. 그런데 우크라이나 경찰과는 달리 프랑스 경찰은 오히려 정중했다. 그들은 우리에게 응원의 말을 남기고는 급히 돌아갔다. 반면, 놀라운 부분도 있었다. 우크라이나에서는 거리에서 촬영하는 기자나 사진가는 '촬영 금지'라는 말을 모른다. 그들은 경찰이 뭐라 하건 촬영을 계속한다. 검열이 있기는 하지만 이는 오렌지 혁명이 남긴 유산이다. 그런데 파리에서는 경찰이 촬영을 그만하라고 하면 모두가 그 지시를 따랐다.

한 가지 더 세부적으로 말하고 넘어갈 사항은, 바로 이 짧은 프랑스 여행 동안 우리 단체의 모토인 '나가라, 벗어라, 승리하라!'가 탄생했다는 점이다. 당연히 이는 그 유명한 '왔노라, 보았노라, 이겼노라veni vidi vici'(카이사르가 폰토스 왕국을 멸망시킨 후 남긴 유명한 말 — 옮긴이)에서 영감을 얻은 것이다.

이틀 후 우리는 로마로 향했다. 2011년 11월 6일, 우리는 이탈리아 민주당이 산 지오반니San Giovanni 광장에서 조직한 베를루스코니 총리 반대 시위에 참가했다. 인나와 제니아, 사샤는 얼굴과 몸을 이탈리아 국기 색인 녹색, 흰색, 빨간색으로 미리 칠해 두었다. 그리고 가슴 위에는 이탈리아어와 영어로 'Silvio, che cazzo fai?*' 'Fuck Berlusconi!엿 먹어라, 베를루스코니!'라고 적었다.

베를루스코니는 조금도 주저하지 않고 뻔뻔하게 미성년자 성매매를 했다. 우리는 이 마초의 즉각적인 퇴진을 요구하는 이탈리아 좌익의 대열에 이렇게 동참했다. 베를루스코니는 그야말로 이탈리아의 수치다. 시위 참가자들은 매우 열정적이었으며 우리에게 "Brava, bella!예쁜 아가씨들, 최고!"라고 외쳤다. 키예프에서 우리가 받았던 대접과는 천양지차였다!

이 시위는 시작에 불과했다. 곧이어 우리가 '마녀의 망치**'(마녀 고문의 이론과 실천을 아우르는 지침서이자 마녀 감별을 위한 학습서였다. 독일

—
* "실비오, 도대체 뭘 하는 거야?"
** 마법과 마녀를 탄압하는 중세시대 독일의 조약 제목

의 수사 크래머와 슈프랭거가 공동 집필했으며 1453년경 금속활자 기술 개발과 함께 전 유럽에 보급되었다. — 옮긴이)'라고 이름 붙인 초대형 시위가 기다리고 있었다.

다음 날, 우리는 바티칸Vatican에 있는 성 베드로 광장으로 갔다. 교황이 삼종 기도를 위해 발코니에 모습을 드러낼 때 우리가 준비한 프로그램을 실행할 작정이었다. 이를 통해 페미니즘에 역행하는 교황청의 중세시대와 같은 정책에 반대하는 것이 우리의 목표였다. 교황청은 신자들에게 피임과 낙태를 금하며, 가톨릭 국가에 이러한 여성의 기본적 권리를 박탈하도록 로비를 하고 있다. 이 시위에서는 사샤가 스포트라이트를 받았다.

"다른 친구들이 광장에 진입하지 못하고 제지당했기 때문에 결국 저 혼자서 행동할 수밖에 없는 상황이었습니다. 바티칸 경비대에서 저희가 시위를 벌일 것이라는 기미를 눈치챈 모양이었습니다. 여느 때처럼 저희는 언론에 미리 예고를 했는데, 누군가 저희를 배신했던 것이지요.

저는 빨간색 윗옷을 입고 알랭 마고 옆에서 함께 걸어가고 있었습니다. 그런데 경비대가 다른 친구들의 앞을 가로막는 것을 본 순간, 얼른 알랭의 윗옷을 입고 서로 포옹하며 연인 행세를 했습니다. 아주 단순한 계책이었지만 그래도 효과가 있었습니다.

경비원들은 사람들 속에서 키 큰 금발머리 아가씨들만 찾았지, 커플로 있는 남녀는 안중에도 없었습니다. 저희 둘은 커다란 카메라를 들고 아무 문제없이 광장에 들어섰습니다. 광장에는 무전기와 휴대

●|●

페미니즘에 역행하는 교황청의 중세시대와 같은 정책에 반대하기 위해 바티칸에 있는 성 베드로 광
장 한가운데에서 서둘러 옷을 벗어 던지고 터질 것처럼 힘차게 외쳤다.
"나는 자유롭다."

폰으로 서로 통화하며 사람들을 수색하는 사복 경찰이 많았습니다.

저희 두 사람은 마치 연인 사이인 양 웃으면서 사진을 찍으며 태연한 척했습니다. 나머지 친구들은 연락이 닿지 않아서 그들한테 무슨 일이 닥쳤는지는 알 수 없었습니다. 저희 휴대폰이 무용지물이 되었거든요. 이탈리아의 선불 심SIM카드를 미처 구입하지 못했기 때문이었지요. 이 일은 저희에게 큰 교훈이 되었습니다. 솔직히 고백하자면 당시에 저희는 거기까지는 생각도 못했습니다.

그러는 동안 교황은 어느새 발코니에서 삼종 기도를 마쳐 가고 있었습니다. 즉각 행동을 취하지 않으면 저희가 불러 모은 기자들이 곧 자리를 떠날 것 같았습니다. 그런데 경찰들이 기자들 주변을 지키고 있어서 신호를 보낼 수도 없는 노릇이었습니다. 플래카드는 알랭의 배낭 속에 있었습니다. 그가 플래카드를 꺼내는 동안 저는 절망적으로 기자들을 향해 얼굴을 찡그렸습니다. 마침내 그들 중 한 명이 저를 알아보았고, 그러자 모두 저희 둘을 향해 달려왔습니다.

그렇게 거대한 광장 한가운데에 혼자 서 있는 것은 아주 묘한 느낌이었습니다. 저는 서둘러 옷을 벗어 던지고 터질 것처럼 힘차게 외쳤습니다.

"나는 자유롭다."

플래카드에 적힌 슬로건은 단순명료했습니다. '여성들에게 자유를!' 저는 수녀복처럼 만든 투명한 외투를 입고 있었습니다. 헌병들이 제게 몰려와 에워싸며 제가 체포되는 장면이 촬영되지 못하게 막았습니다. 빠져나가려고 발버둥 쳤지만 소용없었습니다. 열 명이 넘는 장정들을 당해 낼 수는 없었지요.

저는 경찰서에 길어야 두 시간 동안 잡혀 있었습니다. 경찰은 제가 성스러운 장소에서 상의를 벗고 있었기 때문에 제 행동은 훌리건 난동으로 간주된다고 했습니다. 그리고 이 사건은 1년이나 2년 뒤에 재판에 처해질 것이라고 했습니다. 자비롭기도 하시지! 중요한 사실은 이것이 우리의 첫 번째 반종교 시위였다는 점입니다.

일찍이 마르크스주의를 공부하던 시기에 저희는 종교가 여성의 지위에 해로운 영향을 미친다는 사실을 깨달은 바 있습니다. 개인적으로 저는 우리가 언젠가 종교를 공격하게 될 거라고 굳게 믿고 있습니다. 그러려면 우선 저희 단체가 영향력과 명성을 얻어야 했습니다. 그래야 저희를 지지하는 사람들이 걱정하거나 반발해서 저희와 멀어지지 않을 테니까요. 이제 그런 상황이 조성되었기 때문에, 종교에 대한 우리의 시위 활동이 급물살을 타게 될 것입니다."

페멘, 러시아 야권을 지지하다

2011년 12월은 우리에게 무척이나 빡빡한 한 달이었습니다. 모스크바에서 시위를 벌이기로 결정했기 때문이다. 당시 모스크바에서는 푸틴과 12월 4일 불법 의회선거*에 반대하는 대규모 집회가 계속되고 있었다. 선거 결과 발표 후 첫 번째 대규모 집회는 모스크바 시내에 있는 볼로트나이아Bolotnaia 광장에서 12월 10일로 예정되어 있었다. 그래서 우리는 그 전날에 러시아 지배층이 기도하는 장소인 구세주-그리스도 대성당 앞에서 시위하기로 정했다.

---

* 프리랜서 옵서버들이 추산한 결과, 공통으로 유효득표의 15%에서 20%가 집권여당 통합러시아당United Russia 지지 표로 '도난'당하는 불법행위가 있었다고 한다.

인나는 이번 시위의 책임자로서 걱정이 특히 많았다. 러시아 당국이 시위에 연루된 운동가들을 15일간 투옥할 가능성이 컸기 때문이다. 이는 실제로 '비공격적인 홀리건 난동'에 대한 처벌로는 최고형이다. 그런데 우리는 이미 벨라루스에서 12월 19일에 시위를 하기로 계획을 세워 둔 상태였다. 여기서 인나의 말을 들어보자.

"우리는 역할을 분담해서 현재까지 일을 해 오고 있습니다. 안나는 법적인 문제와 서류 작업, 보도 자료를 담당하며, 옥산나는 시위와 관련된 시각적인 측면을 전담하고, 사샤와 저는 헤드헌터 역할을 합니다. 저희는 미래의 운동가를 발굴하고, 교육하며 시위에서 이들을 통솔합니다.

이런 임무는 상당히 까다로운 것이 사실이지만, 그래도 누가 더 많은 자원자를 모집하는지 사샤와 제가 경쟁까지 할 정도로 열심이랍니다. 실제로 젊은 우크라이나 여성들에게 저희가 어떤 일을 하고 있으며 왜 그런 일을 하는지 설명하기란 매우 어렵습니다. 그래서 신입 회원의 숫자는 저희의 프로 정신을 보여 주는 지표가 되는 것이지요.

우리가 모스크바에서 시위하려면 자원자가 두 명 필요했습니다. 그런데 러시아 경찰의 악명이 워낙 높아서 모두 모스크바에 가기를 두려워했습니다.

그러던 중, 저는 굉장한 잠재력을 지닌 여성을 한 명 찾아내어 곧바로 시위 준비를 시켰습니다. 제 판단이 옳았습니다. 불과 일주일 만에 제대로 된 여전사를 키워 낸 것이죠! 그리고 1년 전부터 저희 단체에 가입한 마리아나Mariana라는 운동가도 저희와 합류했습니다.

'하느님, 차르를 몰아내 주소서!'. 여기서 차르는 당연히 푸틴을 지칭하는 것이었지요.

안나는 저희와 동행하기는 했으나 시위에는 가담하지 않을 계획이 었습니다. 언론이 현장에 와서 취재하도록 조치하고, 만약 우리가 체포될 경우, 변호사를 구해서 우리를 돌보는 일을 맡아야 했기 때문입니다.

12월 9일은 날씨가 몹시 추웠습니다. 저희 세 사람은 구세주—그리스도 대성당에 가까이 다가갔습니다. 입구에 다다랐을 때 겨울 외투를 벗어 던졌습니다. 그러자 나체 상태의 상반신에 가슴 위로 검은색 정교회 십자가를 그려 넣은 모습이 드러났습니다.

저희는 또 중간 길이의 황마 천으로 만든 남성용 팬츠를 입고 있었는데, 엉덩이 부분에는 옥산나가 그린 머리 두 개 달린 독수리* 그림과 통합러시아당의 로고인 곰 그림이 그려져 있었습니다.

저희는 '하느님, 차르를 몰아내 주소서!'라고 적은 플래카드를 펼치고 그 슬로건 내용대로 큰 소리로 외쳤습니다. 당연히 여기서 차르는 푸틴을 지칭하는 것이었지요. 그런 다음, 채찍과 나뭇가지로 만든 십자가를 휘저으며 귀신을 쫓는 행동을 흉내 냈습니다. 저희는 십여 분간 땅바닥에서 기어다니기까지 했습니다.

그러자 대성당에서 일하는 사람들이 나와서 저희를 구타하며 커다란 검은색 쓰레기봉투를 뒤집어씌우려고 했습니다. 성당으로 들어가고 나오던 신자들도 저희에게 주먹질을 했습니다. 저희는 할 수 있는 한 맞서 싸웠습니다. 그런데 30분이 지나도 경찰이 도착하지 않아서 저희는 다시 옷을 걸치고 그 자리를 떠날 수 있었습니다. 저희가 떠나고 5분 후에 경찰차 3대가 도착했다고 하더군요!"

돌이켜 생각해 보면, 우리가 벌인 이 날의 시위가 푸시 라이엇의 시위를 촉발시켰다고 생각할 수 있다. 왜냐하면 그로부터 두 달 후 같은 장소에서 '성모 마리아여, 푸틴을 몰아내 주소서!'라는 비슷한 슬로건으로 그들이 퍼포먼스를 벌였기 때문이다.**

우리가 보기에 이 날의 시위는 간단명료한 슬로건과 함께 아주 잘 만들어진 시위였다. 우리는 러시아 야권이 불법선거에 맞서 싸우고 사기꾼과 도둑***이 없을 뿐만 아니라 정치범도 없는 러시아를 만들고자 투쟁하는 데 대해 우리의 연대감을 보여 주고 싶었다. 우리에게는 이들의 투쟁이 남의 일 같지 않았던 것이다. 그러나 러시아 사람들이 보여 준 반응은 가히 충격적이었다.

---

* 차르 제국의 상징
** 푸시 라이엇은 2012년 2월 21일에 시위를 했다. 그리고 체포되어 재판을 받고, 세 명 중 두 명은 징역 2년 형을, 나머지 한 명은 집행유예 2년 형을 선고받았다.
*** 야권에서는 특히 여당인 통합러시아당을 '사기꾼과 도둑의 당'이라고 명명하며 이들에 반대하는 시위를 벌였다.

우리의 시위 소식이 인터넷으로 전해지자, 수많은 블로거와 네티즌들이 악플을 달았다. 주로 '불쌍한 우크라이나 여자들, 도대체 어디에 끼어드는 건가? 우리는 그들의 지지 따위는 필요 없다. 우리 문제는 우리가 알아서 해결한다'라는 내용이었다.

그들은 러시아인이라는 자부심이 지나치며, 제국주의에 과도하게 물들어 있다. 또한 우크라이나가 이제 제국의 일부가 아니라는 이유로 우리를 미워한다. 소련 붕괴 후 러시아는 심각한 콤플렉스를 앓고 있다. 현재 세계는 모두 개방되어 있고 서로 쉽게 영향을 주고받고 있다. 반면 러시아는 주변이 온통 적으로 둘러싸여 있다고 생각하고서 자신의 둘레에 다시 새로운 철의 장막을 치고 있다.

VIII
벨라루스 : 드라마틱한 경험의 기록

　2011년 여름, 루카셴코* 체제를 피해 나온 벨라루스 야권 인사들이 키예프에 도착했다. 이들은 과격한 혁명가는 아니었다. 여기서 알아 두어야 할 점은, 민스크^{Minsk}에서는 거리로 나와 손뼉을 치는 것만으로도 붙잡혀 갈 만큼 분위기가 살벌하다는 사실이다.

　이 야권 인사들은 — 아주 좋은 — 벨라루스 보드카를 선물로 준비해 우리를 만나러 큐피돈으로 찾아왔다. 그 후로도 우리는 여러 차례 만났고, 그들에게서 끔찍한 벨라루스 감옥 이야기를 전해들을 수 있었다. 가령, 스페츠나츠^{spetsnaz}**가 수감자들을 펀칭볼처럼 이용하면서 훈련한다는 사실도 알게 되었다.

　또한 루카셴코의 '죽음의 중대***' 이야기와 루카셴코가 4선에 성공한 이후인 2010년 12월 19일에 발생한 극히 폭력적인 야권 해산 사태에 대해서도 상세히 들을 수 있었다. 당시 모든 야권 후보를 포

---

　*　알렉산더 루카셴코는 1994년부터 벨로루시 대통령직을 계속 유지하고 있다. 이 나라는 유럽의 마지막 독재국가로 간주되어 EU와 미국으로부터 여러 가지 제재를 받고 있다.
　**　'특수목적' 부대로, 프랑스의 CRS, 즉 공화국 보안 기동대에 해당한다.
***　1999년~2000년 사이에 야권 정치인과 정권에 '방해가 되는' 다른 인사들이 사라지는 경우가 많이 발생했다. 일부 증언에 따르면, 그 사람들은 최고 권력 소속의 '죽음의 중대'에 의해 납치되고 암살되었다고 한다.

함한 수백 명이 체포되었다고 한다!

그들의 이야기를 듣고 인나와 옥산나는 민스크에 있는 폭군 루카 셴코에 반대하는 시위를 해야겠다는 결심을 굳혔다. 안나는 자칫 큰 일 날 뻔했던 그때의 경험을 들려주었다.

"저는 그 폭군에게 정말 분노를 느꼈어요. 고함을 치고 울고 싶을 정도였죠. 때때로 운동가인 제 몸의 피를 부글부글 끓게 하는 상황에 마주치는 경우가 있습니다. 이번이 그런 경우였죠. 저는 조금도 주저 하지 않고 벨라루스로 가서 2011년 12월 19일에 야권 탄압 1주년을 기념하고 벨라루스 정치범들을 지지하는 시위를 하기로 마음먹었습 니다. 가장 큰 문제는 과연 누가 저와 동행할 것인가였습니다.

저희는 오랫동안 이 문제에 관해 골똘히 생각했습니다. 옥산나는 그렇게 수다스럽지 않은 편이라 무슨 생각을 하는지 이해하기 어려 울 때도 있고 때때로 넋이 나가 있는 것처럼 보이기도 하지만, 그녀 는 틀림없는 과격 운동가이며 진정한 대의를 위해서라면 끝까지 밀 고 나가는 여성입니다. 저와 마찬가지로 옥산나도 겁이 나긴 했겠지 만, 저희 두 사람 모두 저희가 그 일을 하리라는 사실을 알고 있었습 니다.

그러면 우리와 함께 할 세 번째 인물은 누가 될까? 당시에는 시간 이 촉박해서 빨리 세 번째 인물을 찾아야 했습니다. 절망적인 심정으 로 사람을 구하고 있을 때 갑자기 도네츠크에 있는 한 젊은 여성이 머리에 떠올랐습니다. 알렉산드라 넴치노바로 이미 제 옆에서 함께 시위에 참여했던 적이 있는 회원이었습니다.

문제는 이번 시위에 그녀를 어떻게 합류시키느냐 하는 것이었습니다. 120kg의 거구인 그녀는 페멘의 이미지와는 조금 달랐습니다. 그러나 이번 시위에서만큼은 그녀의 프로필이 완벽하게 들어맞았습니다.

저희는 민스크에서 상의 탈의 시위를 할 때 그녀가 루카셴코 역할을 맡아야 한다는 말을 어떻게 해야 할지 막막했습니다……. 그녀의 반응이 어떨지 어찌나 걱정이 되던지 전화를 거는 제 손이 덜덜 떨렸습니다. 저희 제안에 그녀는 충격을 받았는지 이렇다 할 반응을 보이지 않았습니다.

저는 마치 독재자처럼 그녀에게 생각할 시간을 20분 주었습니다. 그녀가 수락한다면 당장 그날 저녁에 키예프행 기차를 타야 했습니다. 바로 다음 날 아침에 민스크로 출발하기로 되어 있었거든요. 저희는 벨라루스 비자를 발급받지 않고 입국하기 위해 러시아에 있는 브랸스크^{Briansk}로 돌아서 가기로 되어 있었습니다.

다음 날 아침, 마침내 알렉산드라가 큐피돈에 모습을 나타냈습니다. 저는 저희가 상의를 벗을 것이라는 이야기는 사전에 알려줬지만, 그녀의 머리를 삭발하고 군복을 입혀서 루카셴코와 비슷해 보이게 만들 것이라는 설명은 미리 하지 못했습니다……. 어쨌든 일단 키예프로 온 이상 사실 그녀에게는 더 이상 선택의 여지가 없었습니다.

시위에 필요한 군복 바지, 견장, 벨트, 부츠는 군인용품 가게에서 구입했습니다. 출발 시간이 다가올수록 저희는 더 겁이 났습니다. 기자 친구들은 "당신들 미쳤군요. 다시는 돌아오지 못할 겁니다. 벨라루스에서는 당신들을 죽이려 할 거예요" 같은 말만 했지요. 출발 2

시간 전에 저희가 큐피돈으로 돌아와 보니 한 사진가가 촬영 준비를 해 놓았더군요. 농담 반 진담 반으로 추억을 간직하기 위해 증명사진을 찍었습니다.

그 후 저희는 브랸스크행 야간열차를 탔습니다. 저희에게 고별인사를 하겠다며 많은 사람들이 역으로 배웅 나왔습니다. 모두 크게 감동한 모습이었지요. 달리는 열차 안에서 저희는 만약 경찰이 경찰봉을 휘두르기 시작하면 어떻게 행동해야 할지 심각하게 고민하기 시작했습니다. 벨라루스 KGB 요원들이 젊은 반체제 인사의 머리를 박살 내는 장면을 동영상으로 본 적이 있었기 때문이었지요.

저희는 그들이 몽둥이를 꺼내면 그 즉시 일체의 저항을 멈춰야 한다는 데 의견을 같이했습니다. 그런데 이 문제로 한창 의논 중일 때 옥산나가 사샤로부터 SMS 메시지를 받았습니다.

'걱정하지 마! 그들이 너희 이를 부러뜨리기라도 하면, 페이스북에서 모금을 벌어서 너희 이를 새로 해 줄 테니까.'

블랙 유머였지만 마침 타이밍이 좋지 않았어요. 분위기가 금세 싸늘해졌습니다. 저희 모두 극도로 신경이 날카로운 상태였거든요!

국경 검문이 있기 전, 만약 사람들이 저를 알아보고 기차에서 내리게 한다면 옥산나와 알렉산드라 둘이서 계획을 수행하기로 했습니다. 다 순조롭게 지나갔지만, 만일에 대비해서 저희는 서로 일행이 아닌 것처럼 행세했습니다. 브랸스크와 벨라루스의 작은 도시를 경유하는 복잡한 여정 끝에 마침내 다음 날 새벽 5시에 민스크에 도착했습니다.

역 출입구에는 경찰 한 무리가 대기하고 있었습니다. 배가 불룩 나오고 둔한 우크라이나 경찰들과는 달리, 이들은 잘 훈련되고 위협적으로 보였으며 커다란 경찰봉도 가지고 있었습니다.

나중에 알렉산드라는 그때 한순간 공황 상태가 되어 하마터면 달아날 뻔했다고 저에게 고백했습니다.

"이렇게 솔직하게 말하는 이유는 네가 나를 의심하지 않았으면 해서야. 난 만반의 준비가 되었어. 우리가 왜 이 일을 하는지도 잘 알아. 내가 결정한 일이니까."

저는 크게 안심이 되었습니다. 이 여성도 영웅이 될 소질이 있었던 것이죠.

현지에는 폴란드에 본부를 둔 반체제 라디오 방송의 특파원 카시아Kassia가 저희의 연락을 기다리고 있었습니다. 저희는 그녀의 집에 묵기로 되어 있었습니다. 그녀는 어느 영화관 근처에서 저희를 만난 다음, 마치 스파이처럼 좁은 골목길을 통해서 자신의 아파트로 데려갔습니다. 시위는 다음 날 오전 11시로 예정되어 있었습니다.

11시가 되자 저희는 택시를 잡아타고 KGB 건물이 있는 광장을 한 바퀴 돌았습니다. 그런데 상당히 많은 외국 기자들에게 시위를 예고해 두었는데도 광장은 언뜻 텅 빈 것처럼 보였습니다. 자세히 살펴보니 광장 맞은편에서 카메라를 들고 있는 기자 세 명, 그리고 또 두 명을 발견할 수 있었습니다. 그 순간 저는 외쳤습니다. "자, 행동 시작!"

저희는 서둘러 옷을 벗고, 알렉산드라는 루카셴코처럼 옷을 입혔습니다. 저희 셋은 모두 상반신을 노출했고 벗은 몸 위에는 슬로건이 적혀 있었습니다. 저희는 '벨라루스 만세!' '정치범에게 자유를!'이라고 적힌 플래카드를 들었습니다. 거구에 강해 보이는 알렉산드라는 머리를 삭발하고 두꺼운 가짜 콧수염과 가짜 눈썹을 붙였습니다. 그녀의 등에는 옥산나가 그린 루카셴코 초상화가, 배 위에는 빨간 별이 그려져 있었습니다. 이것은 센세이션 그 자체였지요!

저희가 슬로건을 외치는 동안, 여기자 두 명이 가까이 다가오더니 자리에 멈추지 않은 채 사진만 몇 장 찍고는 그대로 지나가 버렸습니다. 저는 속으로 '왜 그냥 가버리는 거지?'라고 의아해했습니다. 다른 저널리스트 네댓 명은 계속해서 저희 사진을 찍고 동영상을 촬영했습니다. 그들 중에는 저희에 관한 영화를 만들고 있는 호주 출신 여성 영화감독 키티 그린Kitty Green도 있었습니다.

갑자기 KGB 건물의 대문이 열리더니 무전기를 든 두 사람이 나왔습니다. 세 번째로 나타난 사람은 역에서 보았던 경찰들처럼 건장했는데, 재빨리 저희 곁으로 다가오더니 힘차게 경찰봉을 휘두르기 시작했습니다. KGB 입구에서 10m 떨어진 곳에 지면보다 높은 층계 위에 서 있던 저희에게 그는 "즉시 내려가시오!"라고 외쳤습니다.

무릎이 덜덜 떨렸지만, 저희는 꼼짝도 하지 않았습니다. 이제 경찰 5명이 더 나타났습니다. 그런데 그들은 저희를 피해 가서는 키티를 비롯한 저널리스트들을 때리기 시작했습니다. 아마 KGB는 저널리스트들을 체포하고 그들이 찍은 사진과 동영상을 파기할 작정이었던 모양이었습니다. 저희는 얼른 다시 옷을 챙겨 입고 자리를 벗어났는데 저희 뒤를 따르는 사람은 아무도 없었습니다.

영화관 근처에서 저희는 카시아를 다시 만났습니다. 어찌나 반갑던지 기쁨에 겨워 서로 얼싸안고 아스팔트 위에서 뒹굴기까지 했지요. 저희는 자유의 몸이었습니다! 이렇게 해서 카시아의 아파트로

● ● ● 거구에 강해 보이는 알렉산드라는 머리를 삭발하
고 두꺼운 가짜 콧수염과 가짜 눈썹을 붙였다. 그
녀의 등에는 옥산나가 그린 루카셴코 초상화가,
배 위에는 빨간 별이 그려져 있었다. 이것은 센세
이션 그 자체였다!

Ⅷ_ 벨라루스 : 드라마틱한 경험의 기록

197

다시 돌아가 피자를 주문하고 기자들로부터 수백 통의 전화를 받으며 질문에 답을 했습니다. 그런데 갑자기 이 일이 여기서 끝나지 않을 것 같다는 예감이 들었습니다.

카시아 역시 걱정이 되어 저희에게 가능한 한 빨리 떠나라고 했어요. 그녀는 고멜Gomel까지 가는 고속버스를 예약해 주었고, 저희는 거기서 키예프행 열차를 타기로 했습니다. KGB가 버스터미널이 아니라 민스크 기차역에서 저희를 기다릴 것이라 짐작했던 것이지요.

저희는 택시를 불렀습니다. 역에 도착해서 택시에서 내리는 순간 역 입구 앞쪽에 검은 외투를 입은 한 남자가 눈에 띄었습니다. 역에 들어가 창구에서 좌석 표를 받았습니다. 그런데 거기에서도 검은색 외투를 입은 한 남자가 저희 뒤를 밟았습니다. 대기실에 들어가니, 이어폰을 꽂은 사람들 여럿이 저희를 주시하는 것처럼 보였습니다. 저희는 KGB 요원들이 저희가 벨라루스를 완전히 떠나는지 그저 확인하려는 것일 뿐이라며 서로를 안심시키려고 했습니다.

곧이어 저희가 탈 버스가 도착했고, 저희는 버스에 오르려고 줄을 섰습니다. 바로 이 순간, 남자들 십여 명이 저희를 둘러쌌습니다. 몇 초 만에 저희는 모두 제압되었습니다. 소리를 지르려 했지만, 그들 중 한 명이 제 입을 손으로 막았습니다. 네 명이 저를 붙잡더니 주머니와 가방을 뒤졌습니다.

그때 저희 바로 옆에는 50대 여성이 한 명 있었는데, 그녀는 이런 와중에도 아랑곳하지 않고 조용히 자기 버스만 기다리고 있었습니다. 이 모든 장면을 지켜보았고 그들이 제 입을 막는 것도 보았지만, 그녀의 얼굴에는 아무런 감정도 드러나지 않았습니다. 저는 속으로

생각했습니다. '그래, 독재국가란 바로 이런 것이구나.'

저는 은색 승합차에 강제로 태워졌습니다. 차 안에는 옥산나와 납치범 한 명, 운전사가 이미 타고 있었습니다. 알렉산드라는 우리 뒤에 있는 승용차에 태워졌습니다. KGB 요원들은 저희 휴대폰을 압수하고 SMS 메시지를 확인하기 시작했습니다. 그들은 공격적이지도 우리를 때리지도 않았습니다. 그리고 "당신들은 누구요? 누가 여기로 보낸 거요? 이런 시위는 누가 꾸민 거요? 간밤에는 어디서 묵었소?" 같은 질문을 했습니다.

마침내 승합차가 어느 건물의 안뜰에 도착했습니다. 다른 자동차 두세 대도 도착했습니다. 그중에는 알렉산드라를 태운 차도 있었습니다. 그들은 계속해서 저희를 심문하고 훈계했습니다.

"개 같은 것들, 너희는 지금 무슨 일에 끼어들고 있는 건지도 모르고 있어. 너희는 슬라브 민족을 비방하는 데 여념이 없는 유럽에 놀아나고 있는 거야. 그래, 우리나라 사람들은 어렵게 살고 있지. 하지만 우리는 자본주의에 반대한다. 유럽과 미국에 반대한다. 그리고 결국엔 우리가 승리할 것이다! 우리 슬라브 민족은 세계를 지배하려는 미국에 결코 무릎을 꿇지 않을 것이란 말이다!"

이 말은 그들의 지배자인 루카셴코가 하는 말과 토씨 하나 다르지 않았습니다. 심문을 하면서 그들은 우리 셋을 서로 이간질하는 음모를 꾸몄습니다. 그들은 알렉산드라와 옥산나에게는 제가 억만금을 받고 그들을 민스크로 끌어들여 이 시위를 벌이게 했다고 했습니다. 저에게는 다 알고 있으니 누구한테 돈을 얼마나 받았는지 털어놓으라고 계속 추궁했습니다.

●|●

우리는 벨라루스로 가서 야권 탄압 1주년을 기념하고 벨라루스
정치범들을 지지하는 시위를 하기로 마음먹었습니다. 하지만 시
위를 벌이자, 남자들 십여 명이 저희를 둘러쌌습니다. 몇초 만에
저희는 모두 제압되었습니다. 소리를 지르려 했지만, 그들 중 한
명이 제 입을 손으로 막았습니다.

더 이상 참을 수 없어서, 저는 농담으로 받아쳐야겠다고 마음먹었습니다. 누구에게서 돈을 받았느냐고 재차 물어보았을 때 저는 "마하트마 간디Mahatma Gandhi한테서"라고 대답했습니다. 그러자 그들 중 하나가 이 말을 나쁘게 받아들이더니 "인나, 그런 농담은 우리 신경을 건드릴 뿐이다. 너는 내가 마하트카 간디Mahatka Gandhi가 누구인지도 모르는 줄 아나?"라고 했습니다. 이 말에 저희 세 사람은 웃음을 터뜨리지 않을 수 없었지요.

그런 다음 저희는 다시 출발했습니다. 저희를 납치한 요원들은 야간 조명을 받아 반짝이는 민스크 대도서관으로 저희를 데려갔습니다. 아마 이 나라에서 사는 것이 얼마나 행복한지 보여 주려고 하는 것 같았습니다.

저희는 승합차 안에 5시간가량이나 갇혀 있었습니다. 남자들은 담배를 피우러 나갔지만, 저희는 움직일 수 없었습니다. 저는 살짝 잠이 들었습니다.

잠에서 깨자 저는 그들에게 저희를 어떻게 할 것인지 물었습니다. 그들은 "우리도 모른다. 우리는 명령을 기다릴 뿐이다"라고 했습니다. 새벽 6시경, 그러니까 버스 터미널에서 체포된 지 12시간이 지나고 나서, 저희를 태운 승합차와 승용차가 다시 출발했습니다.

"―어디로 가는 거죠?"

"―가 보면 알 거다. 방금 명령이 떨어졌다."

갑자기 승합차가 소나무 숲 앞에서 멈춰 섰습니다. 요원들 중 한 명이 옥산나의 모자를 머리 위로 눌러 씌워서 눈을 가렸습니다. 그런 다음 저희에게 차례로 내리라고 명령했습니다. 알렉산드라도 옥산나처럼 눈이 가려졌지만, 저는 모자가 없었습니다. 그래서 저는 허리를 숙이고 머리를 낮춘 채 걷게 했습니다. 저는 다른 버스 쪽으로 인도되었고, 거기서 누군가가 제 팔을 등 뒤로 비틀어 수갑을 채웠습니다. 그는 인사말 대신 "개 같은 것들, 너희는 우리나라에 와서 우리 민족의 단결을 깨뜨리려고 한 죄로 처벌될 거다!"라고 했습니다.

분명한 것은, 저희를 납치한 자들이 저희를 다른 팀에게 넘겼다는 사실이었습니다. 새로 옮겨 타게 된 버스는 좌석 구조가 일반 버스와 달리, 양 벽면에 긴 벤치가 각각 있었습니다. 저희 옆에는 각각 두 사람이 양쪽에 한 명씩 붙어 있으면서 일거수일투족을 통제했습니다. 이들은 총 15명 정도 되었는데 모두 복면을 하고 있었습니다. 모두 말이 없었고 단 한 명만 계속 말을 했습니다. 그는 진짜 프로 같아 보였습니다.

"—우리는 너희를 죽일 거다. 너희가 저지른 짓에 대한 대가로 너희를 죽이는 재미를 볼 거다."

그런 다음 한참 생각하더니 말을 이어 갔습니다.

"—숨을 쉬어라! 너희 숨소리가 듣고 싶다. 왜냐하면 이제 너희의 마지막 시간이 다가오고 있으니까. 너희가 어렸을 때를 떠올려라. 여기 오기 전에 너희가 겪었던 좋은 시절을 모두 떠올려라. 너희 엄마의 미소도 기억해 봐라. 그런 다음 이제 너희 엄마가 흉하게 죽은 너희 모습을 보고 어떤 얼굴을 할지 상상해 봐라……."

아주 긴 여정이 계속되었습니다. 저는 계속해서 속으로 이것은 전문적인 협박이며 게임이라고 되뇌었습니다. '만약 우리를 죽일 심산이라면 왜 복면을 하고 있겠는가?' 저는 그들이 저희를 국경에 데리고 가서 풀어 줄 것으로 생각했습니다. 묶여 있는 상태라 몸이 너무도 아팠습니다. 하지만 제가 어깨를 움직이면 그 즉시 목덜미나 등에 주먹이 날아왔습니다.

옥산나와 알렉산드라는 화장실에 가고 싶다며 버스를 세워 달라고 했습니다. 저를 감시하는 두 사람은 저도 밖으로 끌어내서 길가에 세웠습니다.

"—어서 해!"

"—뭘요?"

"—소변 안 보나?"

"—아뇨."

그들은 저를 다시 버스 안으로 데리고 들어와서 벤치 위로 집어던 졌습니다. 그 후로도 여행은 몇 시간 동안 계속되었습니다. 마침내 버스가 멈춰 섰을 때, 저희는 울창한 숲 가장자리에 있었습니다.

그들은 저희를 100m 정도 끌고 가서 숲 속 빈터에서 수갑을 풀었 습니다. 그리고 여전히 복면을 한 채 저희를 반원 모양으로 둘러쌌습 니다. 두 명이 카메라 두 대로 동영상을 촬영하기 시작했습니다. 서 너 명은 베개를 들고 있었습니다. 다른 한 명은 아무 일도 없다는 듯 이 삽 위에 기대어 서 있었습니다. 또 다른 한 명은 바로 제 옆에서 길고 날카로운 칼을 들고 장난하고 있었습니다. 기막힌 광경이었죠!

그러자 '수다쟁이'가 위협적인 목소리로 자기가 명령하는 대로 다 해야 한다고 했습니다.

"—시키는 대로 하지 않으면 너희는 죽는다!"

그들은 저희에게 옷을 벗고 상반신을 드러내라고 했습니다. 그런 다음 나치의 문장이 그려져 있는 플래카드를 주고 시위 때처럼 들고 있으라고 했습니다. 그런 다음 '수다쟁이'가 카메라 앞에서 코멘트를 하기 시작했습니다.

"—이 어린 것들을 보십시오! 세계를 돌며 퍼포먼스를 벌이고 있습니다. 이들이 들고 있는 플래카드를 보십시오!"

칼을 든 자가 제 옆으로 바짝 다가왔습니다.

"—카메라를 똑바로 쳐다보고 웃어!"

그런 다음 셋까지 셀 테니 다시 옷을 입으라고 했습니다. 셋 셀 동안 옷을 다 입지 않으면 저희 중 한 명을 죽일 거라고 했지요. 그들은 몇 번이고 저희에게 옷을 입었다 벗으라고 명령했습니다.

"—하나, 둘, 셋!"

저희가 다시 상의를 벗었을 때 다른 한 명이 다가와서 석유통에 들어 있던 기름을 저희에게 뿌렸습니다. '수다쟁이'가 다시 카메라 앞에서 떠들기 시작했습니다. 저희가 완전히 기름을 뒤집어쓰자, 한 명이 라이터를 꺼내들고 저희를 태워 버리려는 포즈를 취했습니다. 맙소사! 그러고는 저희에게 바지와 팬티를 벗으라고 명령했습니다.

"—이제 뒤로 돌아서 몸을 앞으로 숙여!"

저는 그들이 뒤에서 성폭행하려 한다고 생각했습니다. 그러나 그들은 막대기로 때리기만 했습니다. 이 모든 장면이 다 촬영되었습니다. 그런 다음 칼을 든 남자가 제게 다가오더니 제 긴 머리를 한 뭉치씩 자르기 시작했습니다. 끔찍했습니다. 그는 머리 뭉치를 제 발 앞에 집어던졌습니다.

그리고 나서, 제 머리 위로 우크라이나에서는 강력한 살균제로 사용하는 초록색 염료를 부었습니다. 남아 있던 머리카락과 얼굴이 온통 짙은 초록색으로 물들었습니다. 그런 다음 알렉산드라의 삭발한 머리에도 물감을 뿌렸습니다. 마침내 칼잡이가 베개의 배를 가르고 속에 들어 있던 깃털을 저희 위로 부었습니다. 이 얼마나 으스스한 퍼포먼스인지! 벨라루스 KGB는 저희가 벌인 시위 내용에 하나하나 맞수를 둘 작정이었던 모양이었습니다. 그리고 이렇게 촬영한 동영상을 '보스'인 루카셴코에게 바칠 생각이었습니다.

마지막으로 그들은 옷을 다시 입으라고 했습니다. 저희는 기름을 뒤집어쓰고, 녹색으로 물들고, 깃털로 범벅이 된 상태였습니다. 그런 저희를 그들은 버스 안으로 밀어 넣었습니다. '수다쟁이'가 카메라를 들고 제게 다가왔습니다.

"—그래, 느낌이 어때?"

"—괜찮아."

"—너희 또다시 벨라루스에 올 건가?"

"—키예프로 돌아간 다음 생각해 보지."

저는 깊이 생각도 하지 않고 대답했습니다. 그가 저를 때릴 걸로 예상했지만, 그는 아무 말 없이 그냥 카메라를 끄기만 했습니다. 옥산나가 크게 흐느껴 울기 시작했습니다. 심하게 긴장한 탓이었지요. 15분쯤 후, 버스가 멈춰 선 곳은 골짜기 옆 울창한 숲 한가운데였습니다. 아래로는 강이 보였습니다. 그들이 저희를 강물에 집어던질 것으로 생각했지만, 그들은 저희를 숲 속에서 15 내지 20km 걸어서 우크라이나 접경까지 가게 한 다음 홀연히 사라졌습니다.

저는 옥산나에게 물었습니다.

"—아까 왜 울었던 거니?"

"—이제 다 끝났다는 걸 알았거든."

"—아직 끝나지 않았어. 그들이 이 숲에서 우리를 기다리고 있을지도 몰라. 마음을 놓을 때가 아니야."

이 숲은 지금껏 제가 본 중에 제일 험한 숲이었습니다. 눈도 있고, 끝없이 빠져드는 늪지도 있었습니다. 알렉산드라는 무릎에 이상이 있어서 걷는 것을 무척 힘들어했습니다. 그렇게 두세 시간을 걸었는데 결국 한 바퀴 돌아 제자리로 왔다는 것을 알게 되었습니다. 곧 해가 질 시간이었습니다.

천만다행으로 그들이 저희를 버리고 사라져 버린 작은 도로로 돌아올 수 있었습니다. 그곳에서 하루 일과를 마치고 귀가하는 벌목공들을 만났을 때는 이미 날이 어두워진 후였습니다. 이들은 경계하는 눈빛으로 저희를 뚫어지게 쳐다보았습니다. 저희 몰골이 말이 아니게 괴상했기 때문이었지요.

저희는 이들과 멀리 떨어져서 마을까지 따라갔습니다. 그곳은 완전히 오지였습니다. 아무 집이나 문을 두드렸더니 나이가 지긋한 할아버지가 문을 열어 주었습니다. 그는 자신을 '사샤 아저씨'라고 소개하고 저희에게 휴대폰을 빌려 주었습니다. 저는 가장 먼저 엄마에게 전화를 걸어 밝은 목소리로 말했습니다.

"— 엄마, 안녕하세요? 휴대폰을 잃어버려서요. 저는 잘 지내고 있어요."

"— 너 살아 있는 거니?"

알고 봤더니 지난 24시간 동안 모든 우크라이나 방송에서 저희가 벨라루스에서 실종되었다는 보도를 했던 것입니다. 엄마와 통화하고 나서, 조금 전 옥산나가 그랬던 것처럼, 이번에는 제가 오열을 터뜨렸습니다. 그래도 저는 얼른 안나에게 전화를 해서 벨라루스에 있는 우크라이나 대사관에 빨리 연락해 달라고 했습니다. 그들이 또 들이닥칠까 봐 겁이 났거든요.

그러는 동안 사샤 아저씨는 저희에게 구운 양파 파이를 대접해 주고 저희가 옷을 갈아입을 수 있도록 청바지와 양말도 꺼내 주었습니다. 게다가 나무통에서 제 머리까지 감겨 주었는데, 그래도 초록색 물은 빠지지 않았습니다. 제 얼굴도 마찬가지로 여전히 초록색이었습니다. 그런데 갑자기 30대로 보이는 손이 엄청나게 큰 벌목공 한 명이 술에 만취해서 집 안으로 난입해 들어왔습니다. 저희와 '자고' 싶다고 하면서 말이죠. 그 인간의 머릿속에는 그 생각밖에 들어 있지 않았던 겁니다! 사샤 아저씨가 간신히 그를 문밖으로 몰아냈습니다.

저희는 극도로 지친 상태였습니다. 주인장이 내어 준 누빈 이불을 덮었는데도 온몸이 떨렸습니다. 안나가 전화로 우크라이나 영사가 저희 쪽으로 출발했다는 소식을 전해 주었습니다. 하지만 저희가 있던 페타우슈노크Petaouchnok까지 오려면 네 시간은 족히 걸린다고 했습니다.

얼마 후, 저희를 데리러 순찰차 한 대가 도착했습니다. 경찰서에는 많은 외국 저널리스트들과 우크라이나 영사가 기다리고 있었습니다. 저희는 납치범들을 고소하고 싶었지만, 영사는 가능한 한 빨리 떠나는 것이 좋다고 했습니다.

검은색 외투를 입은 한 남자가 저희 주변을 돌며 일이 어떻게 돌아가는지 주의 깊게 살펴보고 있었습니다. 그 신호의 의미는 분명했습니다. 새벽에 저희는 영사의 차를 타고 키예프에 도착했습니다. 신분증도 없었던 저희는 이 방법 말고는 절대로 국경을 넘을 수 없었습니다.

안나와 사샤는 저희를 뜨겁게 맞아 주었습니다. 그리고 오후 2시에 큐피돈에서 기자회견이 열렸습니다. 회견장은 사람들로 넘쳤고, 언론 매체에서 열렬한 관심을 보여 준 덕에 저희는 감정적인 충격을 잘 극복할 수 있었습니다. 사실, 벨라루스 KGB는 저희 시위 사진을 모두 파기하는 데 실패했습니다. KGB 요원이 나타나기 전에 저희 사진을 찍고 가 버린 두 저널리스트가 사진을 배포했던 것입니다. 아주 훌륭한 전술이었습니다!

키티 그린이 촬영한 영상은 호주 프로그래머들이 KGB가 지워 버린 메모리 카드를 복원하는 데 성공해서 다시 부활했습니다. 저희의 시위 활동을 담은 총 러닝타임 60시간짜리 영상 말입니다.

키예프로 돌아오고 처음 며칠간 저는 밖에 나가기가 무서웠습니다. 누군가 저를 뒤쫓고 있다는 느낌에서 벗어날 수 없었지요. 지금 생각해 보니 그 납치범들의 손에 붙잡혀 있던 24시간은 제 인생에서 가장 강렬했던 순간이라고 생각됩니다. 이런 일을 겪고 나면 자신이 진정으로 어떤 사람인지를 깨닫게 되는 법이지요.

사람들은 죽기 전에 자신의 삶을 마음속에서 되돌아본다고 합니다. 그런데 바로 그런 순간이 저에게 찾아왔던 것입니다. 저는 제가 사회 참여를 결심하고 실행했던 일을 단 1초도 후회하거나 의심하지 않았습니다. 그러므로 그날은 제 인생 최악의 날이었던 동시에 최고의 날이었습니다."

 인나는 '수다쟁이'에게 했던 약속을 지켰다. 2012년 7월 1일, 유로 2012 결승전 관람을 위해 올림피이스키 경기장을 찾은 루카셴코에 반대하는 새로운 시위를 키예프에서 조직한 것이다. 우리는 상반신을 노출하고 복면을 썼다. 그리고 이번에도 벨라루스의 독재자 역할을 맡은 알렉산드라의 둘레를 빙글빙글 돌면서 경찰봉을 휘두르며 춤을 췄다.

IX
페멘, 과격해지다

다보스 기습작전

우리가 세계경제포럼 기간에 다보스에서 시위를 벌이기로 결정했을 때, 그쪽은 우리 일이 아니라며 말리는 친구들이 일부 있었다. 그러나 여성들의 목소리가 고려의 대상이 되지 않는다면 세계 경제위기에 대해 이야기하는 것이 무슨 소용이란 말인가? 실제로 여성들이야말로 경제위기의 첫 번째 희생자들이다. 가장 가난하고 가장 보호받지 못하는 자들이 바로 여성들이기 때문이다.

페미니스트로서, '벌거벗은 여성'으로서 우리는 전 인류에게 비참한 삶을 강요하는 자들과 부자들에게 맞서는 과격한 시위를 벌일 생각이었다. 우리는 페스트가 창궐하는 것과 같은 이 시기에 지구상에서 가장 권력 있는 자들이 모여 향연을 벌이며 세계적 경제음모를 꾸미는 것을 규탄하고자 했다.

만약 우리의 활동 범위를 순수하게 여성 문제로만 제한한다면, 금세 하찮은 논쟁에만 빠져들고 말 것이다. 예를 들면, 명사에 성 구별이 있는 프랑스어에서 일부 직업을 지칭하는 명사를 '여성화'해서 '여류소설가ecrivaine' '여교수professeure'로 사용해야 한다고 주장하는 것처럼 말이다. 우리는 이와 같은 무의미한 논쟁에만 함몰되는 것에 분노를 느낀다!

결국, 안나와 사샤, 옥산나, 인나, 우리 넷이 스위스로 떠났다. 여느 때처럼 이번에도 3명이 시위를 하고 안나는 우리 뒤를 봐주고 언론과의 연락을 담당하는 것으로 계획을 짰다. 대안세계화운동가들과 무정부주의자들이 다보스에서 40km 떨어진 곳에 캠프를 차려 놓고 있었다. 모두 보안벽을 넘지 못할 것이라고들 했다. 그러나 우리는 '늑대들의 소굴'로 숨어들어 갈 방법을 찾을 작정이었다. 우리는 '당신들 때문에 가난하다' '갱스터들의 다보스 파티' '메이드 인 다보스 경제 위기'라는 3가지 슬로건을 내걸었다.

우리는 절반의 실패로 기록된 바티칸 시위에서 교훈을 얻었다. 인나가 화장을 하고 금발을 휘날리며 교황청 근처에 나타나자 사람들이 즉시 알아보고 그 길로 수갑을 채웠던 것이다. 그때부터 우리는 자주 갈색 머리를 했고 모자와 안경, 외투로 변장해 사람들이 잘 알아보지 못하게 하고서 경계선을 통과한다. 인나는 유로2012 때 있었던 시위에서는 경비원들의 눈을 속이기 위해 머리를 검게 염색하기도 했다. 다보스에 침입하기 위해 우리는 카메라맨 알랭 마고를 대동한 여배우들이라는 시나리오를 만들었다.

2012년 1월 27일, 우리 일행은 기차를 타고 다보스 근처에 있는 작은 도시까지 가서 하룻밤을 보내고 다음 날인 1월 28일에 다보스로 향했다. 애초에는 자동차를 렌트할 생각이었지만 비용이 너무 많이 들어서 계속 기차로 이동했다. 그런데 다보스에 가까이 갈수록 우리가 입수한 정보가 모두 틀린 것으로 드러났다. 다보스행 열차 안에서는 신분증 확인도 하지 않아서 조금도 제재를 받지 않고 내릴 수 있었으며, 눈으로 뒤덮인 작은 도시 다보스는 텅 비어 있었던 것이다.

우리는 작은 카페를 찾았다. 이미 열차 안에서 기자들에게 3시간 후에 시위가 있을 예정이라고 알려 둔 터였다. 정확히 어디로 가야 할지 몰라서 일단 옥산나와 통역사가 답사하러 갔는데 아무 성과 없이 돌아오고 말았다.

"친구들, 우린 망했어. 건물 주변뿐만 아니라 지붕 위에도 온통 저격수들snipers이 깔렸어. 모두 자동 소총으로 무장하고 있어. 과도한 움직임이 있다고 하면 그 즉시 방아쇠를 당길 거야."

우리는 5초 동안 충격에 잠겨 있다가, 이어서 계획을 세우기 시작했다. 먼저, 건물 근처를 지나는 버스에서 내려서 아주 천천히 외투와 윗옷을 벗고 플래카드를 펼쳐든다. 그래야 저격수들이 플래카드는 그냥 종이일 뿐이고 우리는 테러리스트가 아니라는 사실을 알아볼 수 있을 것이다. 그런 다음, 매우 천천히 평화롭게, 특히 소리치지 말고 앞으로 걸어가도록 한다.

우리는 이렇게 작전을 짠 다음 서로 격려하려 했으나 겁이 나는 것은 어쩔 수 없었다. 최소한의 위협이라도 감지된다면 저격수들은 인정사정 보지 않고 그대로 쏘아 버릴 것이 틀림없었기 때문이다.

한 시간 후, 우리는 기자들을 만난 다음 버스에 올라타서 예정대로 건물 근처에서 내렸다. 그런데 상황이 위험하다는 사실과 앞서 카페에서 세웠던 지령은 그만 까맣게 잊어버리고 어느새 건물 입구를 향해 달려가 철책을 기어오르고 있었다. 저격수들은 우리를 포착했지만 발포하지 않았다. 경찰마저 15분 정도 기다린 다음 우리를 체포했다. 체포 자체는 강권적이었다. 수갑이 채워지고 경찰 밴에 태워졌다. 사샤는 겁에 질려 같은 말만 반복했다.

"우리는 이제 추방될 거야. 우리 셍겐Schengen 비자도 취소될 거야. 그러면 앞으로 유럽에서는 활동을 못하게 되겠지."

하지만 경찰서에 도착하자 경찰들은 우리에게 친절하게 대해 줬다. 그들은 텔레비전을 통해 우리를 알고 있다며 우리 단체를 높이 평가한다고도 했다. 게다가 영하로 뚝 떨어진 날씨 탓에 꽁꽁 얼어붙은 우리를 위해 차까지 제공해 주었다. 그들은 다음 날 와서 찾아갈 수 있다는 말과 함께 플래카드를 압수하고 우리를 풀어 주었다. 사샤가 놀라는 얼굴은 가히 볼만했다! 어찌 되었건 자유세계란 정말 대단하다!

러시아의 가스 제국주의에 반대한다!

2012년 겨우내, 러시아는 우크라이나와 가스 전쟁을 벌였다. 유달리 심한 혹한 때문에 우크라이나에서는 135명이 추위 때문에 사망했다. 많은 가정에서 터무니없이 높은 러시아의 가스료를 지불할 수 없었기 때문이다. 이에 우크라이나 정부는 모스크바에 가스 요금 인하를 위한 재협상을 제안했지만, 러시아는 우크라이나 가스 공급망 독점을 보장한다는 조건에서만 제안을 받아들일 것이라며 버텼다. 푸틴에게는 가스관 꼭지가 우크라이나를 러시아에 단단히 붙들어 매기 위해 활용할 협박 무기였던 것이다.

우리는 가스프롬Gazprom (1989년에 설립된 러시아의 대표적인 에너지 기업이자 세계 최대 천연가스 기업이다. 전 세계 가스 매장량의 17%, 생산량의

다보스 세계경제포럼 기간에 페미니스트로
서, '벌거벗은 여성'으로서 우리는 전 인류에
게 비참한 삶을 강요하는 자들과 부자들에게
맞서는 과격한 시위를 벌였다.

IX_ 페멘, 과격해지다

20%를 차지하며, 직원 수가 40만 명을 넘는 거대 회사다. — 옮긴이)에 반대하기로 하고 러시아가 우크라이나를 조종하는 행동을 그만두라고 요구하기로 했다. 우리는 '푸틴에게 요구한다. 우크라이나에 유라시아 동맹의 내연관계를 더 이상 강요하지 마라!'라는 보도 자료를 배부하였다.

2012년 2월 13일, 우리가 기획한 모스크바 시위에 참가할 인원은 대여섯 명으로 정해졌다. 모스크바행 비행기를 놓치지 않으려고 우리는 다 함께 밤을 새웠다. 출발 시간이 새벽 6시여서 4시까지는 공항에 도착해야 했기 때문이다. 모스크바에 도착하니 영하 32도의 매서운 추위가 몰아치는 가운데 우리는 완전히 기진맥진했다. 그래도 도착하자마자 가스프롬 사무실로 직행했다.

가스프롬 건물은 시내 중심가에 있는 고층 건물이었고, 입구에는 경비원들이 무리를 지어 조심스럽게 지키고 있었다. 우리는 상의를 벗고 '가스 협박은 이제 그만!' '가스프롬은 문을 닫아라!'라고 쓴 플래카드를 들고 교란작전을 펼쳤다. 이렇게 경비원들이 우리를 붙잡아 두느라 정신을 파는 동안, 옥산나는 놀라운 민첩성과 유연성을 발휘하여 통제실로 올라가서 건물 꼭대기에 우크라이나 국기를 꽂는 데 성공했다.

아직 경찰이 도착하지 않아서 우리는 재빨리 철수할 수 있었지만, 건물 꼭대기에서 아래로 내려오려면 시간이 걸렸기 때문에 옥산나는 우리와 함께 가지 못했다. 그래서 아래로 내려와서는 광장 다른 편에 있는 건물로 몸을 숨겼지만, 현지 기자들이 경찰에 이를 제보하고 말았다. 우리는 러시아 기자들의 이런 반응을 도무지 이해할 수가 없었다. 키예프에서는 기자들이 '경찰이 페멘 회원을 어떻게 체포하는가?'와 같은 스캔들성 르포를 촬영하기 위해 가끔 우리를 팔아넘긴다. 하지만 여기 모스크바에서는 기자들이 사진 한 장도 찍지 않았다. 이것은 그야말로 순전히 사디즘 그 자체였다.

옥산나는 러시아 연방 보안국 요원들로부터 장시간 취조당했다. 나중에 알게 된 일이지만, 우리가 건물의 경비망을 뚫고 진입했기 때문에 건물 경비원들은 모두 해고되었다고 한다.

그 소식을 들으니 이 불쌍한 사람들에게 동정심이 느껴지기도 했다. 옥산나는 경찰서에서 몇 시간 동안 붙잡혀 있다가, 새벽 3시에 행정법원 임시법정에 서게 되었다. 거기서 3,500루블의 벌금을 선고받고 풀려났다. 이것이 옥산나가 처음으로 구속된 사건이다.

사샤는 당시 에피소드와 관련해서 무척 아름다운 기억을 간직하고 있었다.

"그렇게 추운 날씨에도 여느 때처럼 상반신을 벗고 시위를 한 것이 그때가 처음이었습니다. 모스크바로 가는 동안, 우리는 어떻게 하면 추위로 몸이 뻣뻣해지는 것을 막을 수 있을지 고민했습니다. 그런데 옷을 벗어 던지고 각자 맡은 임무를 수행하기 시작하자 갑자기 추위도 두려움도 느껴지지 않았습니다.

시위를 벌이는 그 순간 동안, 엄청난 흥분과 기쁨이 몰려와서 우리의 육체적 능력이 무한대로 증폭된 것만 같았습니다. 저만 하더라도 평소에는 운동 신경이 무딘 편인데, 시위를 하는 동안에는 토끼처럼 뛰어다니고 보통 때라면 엄두도 내지 못할 곳까지 올라가지요.

페멘은 바로 그런 것입니다. 완전한 자유에서 느끼는 황홀한 감동, 그리고 어떤 일도 감당해 낼 태세로 전우들과 함께한다는 기쁨, 바로 그것이지요. 이런 것이야말로 행복이라고 생각합니다. 그리고 바로 이런 행복이 페멘을 아름답고 빛나게 만듭니다."

X
"푸틴의 표를 훔쳐라!"

우리는 지난 2011년 12월, '하느님, 차르를 몰아내 주십시오!'라는 슬로건을 걸고 벌였던 시위 때문에 뜨거운 맛을 본 경험이 있다. 그럼에도 다시 한 번 러시아 야당의 시위를 지지하기로 하고, 지난 총선거에서 발생한 불법행위와 푸틴의 복권에 반대하며 나서기로 했다.

이번에 모스크바로 파견된 인원은 모두 네 명이었다. 옥산나와 신참 운동가 두 명 — 아니아Ania와 이라Ira —, 그리고 늘 그렇듯 지원체제를 책임질 안나가 그 멤버였다. 우리는 옥산나가 이렇게 아무 문제 없이 여권 심사를 통과할 수 있을지는 몰랐다. 가스프롬 시위로 체포된 것이 불과 3주 전이었기 때문이다. 아마 러시아 경찰은 그들대로 옥산나가 이렇게 빨리 러시아로 다시 들어오리라고는 예상치 못하고 공항 국경경비대의 블랙리스트에 옥산나의 이름을 올려놓지 않았던 모양이다.

작전은 단순했다. 대통령 선거 1차 투표일인 2012년 3월 4일, 우리는 레닌 대로에 있는 과학 아카데미 건물에 마련된 투표소에 도착했다. 이곳은 20여 분 전에 푸틴이 자신에게 한 표를 행사하고 간 투표소였다. 우리는 가짜 기자증을 달고 기자처럼 행세했다.

러시아의 투표소에는 그 지역 선거구에 등록된 유권자와 기자, 정식 옵서버에게만 출입이 허락되기 때문에, 이런 속임수를 쓰지 않았다면 아마 투표소로 들어가지도 못했을 것이다. 우리는 재빨리 옷을 벗고는 "푸틴이 표를 훔쳐 간다!" "푸틴은 도둑놈이다!"라고 외치면서 푸틴이 투표용지를 넣은 투표함을 들고 나가려 했다.

우리가 바랐던 것은 러시아에서 민주주의의 현주소가 어디인지 사람들이 관심을 가져주는 것이었다. 이곳에서는 대통령 선거운동은 아무런 의미도 없었으며, 선거는 부정투표 일색이었다. 무엇보다 여기서는 사람들에게 선택의 자유가 전혀 없었다. 진짜 야권주자는 선거에 참여할 수도 없었기 때문이다. 푸틴의 경쟁자들은 허수아비에 불과했다. 우리는 '푸틴은 도둑놈이다!' '크렘린의 쥐새끼*'라고 몸에 적었다.

투표소는 철저한 경비 속에 있었다. 만약 우리가 조금만 더 일찍 와서 푸틴과 마주쳤더라면 아마 우리는 죽음을 면치 못했을지도 모른다. 우리가 시위를 벌이자 경비원들이 우리에게 몰려와서 우리 모습을 가렸다. 경찰서에 가자, 러시아 연방 보안국 요원들의 심문이 장시간 동안 이어졌다. 벨라루스에서의 악몽이 되살아나는 것 같은 느낌이 들었다. 그들의 머릿속에는 러시아와 서방세계 사이의 냉전이 여전히 계속되고 있는 것이 분명해 보였다.

"너희는 왜 슬라브 세계의 단결을 깨뜨리려고 하는 건가? 유럽과

---

* 2011년 12월 총선부터 2012년 3월 대선 기간까지 몇 개월 동안 러시아 야권에서는 일관되게 푸틴을 '쥐새끼'와 '도둑놈'으로 취급했다.

'푸틴은 도둑놈이다' '크렘린의 쥐새끼'

미국이 우리를 정복하려고 드는 지금, 너희는 배신자일 뿐이다. 너희를 속인 게 누구인가? 이런 비열한 시위를 벌인 대가로 CIA한테서 얼마나 받은 건가?"

대화 내용은 다 그게 그거였다. 법원 선고 결과, 옥산나는 징역 14일, 아니아는 징역 10일, 이라는 징역 5일을 선고받았다. 이들은 프루크토바이아 로路에 있는 특수형무소 1호로 이송되기 위해 수갑이 채워졌다. 각기 3명의 경비원이 딸린 별도의 차량에 태워졌고 차량 2대의 호위를 받았다. 결국 경찰차 9대가 동원되어 시속 150km 속력으로 경보등을 켠 채 이들을 형무소로 이송하는 대대적인 작전이 펼쳐졌다. 흡사 극히 위험한 테러리스트들을 이송하는 것처럼 말이다.

형무소에 도착하자, 이들은 완전히 옷을 벗고 몸수색을 받았는데, 여성 교도관들이 입안과 항문까지 면밀히 조사했다. 이들의 소지품도 하나하나 자세히 검색했다. 이 같은 수치스러운 과정이 진행되는 동안에도 계속해서 남성들이 드나들었다. FSB가 이들을 데리고 왔기 때문에 간수들도 신경이 곤두서서 이들에게 화를 풀었다. 일종의 정신적인 압력을 가한 것이다.

옥산나는 당시 구금 상황에 대해 이렇게 이야기한다.

"저는 이번에 처음으로 시위에 참가한 이라와 같은 감방에 갇혔습니다. 아니아는 다른 감방에 배치되었는데 그 방에는 C형 간염 환자가 있었습니다. 저희 방도 상황이 나은 것은 아니었어요. 마약 중독자와 알코올 중독자와 한방을 썼으니까요.

우리는 레닌 대로에 있는 과학 아카데미 건물에 마련된 투표소에 도착했다. 러시아 총선거에서 발생한 불법행위와 푸틴의 복권에 반대하는 시위를 벌이기 위해서였다. 이를 통해 우리가 바랐던 것은 러시아에서 민주주의의 현주소가 어디인지 사람들이 관심을 가져주는 것이었다.

매트리스와 이불은 썩어서 지독한 냄새가 났습니다. 낮에도 빛이 제대로 들어오지 않아서 낮이고 밤이고 전등이 켜져 있었습니다. 저희는 감방문에 난 감시 구멍으로 항상 감시를 받았습니다.

8시간마다 3교대로 감시를 받았지요. 처음 두 팀은 난폭했지만 세 번째 팀은 훨씬 인간적이었습니다. 때때로 저희에게 말도 걸고 최신 뉴스도 전해 주었어요. 이것은 정신적인 면에서 무척 중요한 부분입니다. 죄수에게 가장 큰 고통은 정보 부족과 사회로부터의 단절이기 때문이지요.

교도관들은 아침 6시에 문을 세게 두드려서 저희를 깨웠습니다. 그러면 침대를 정리해야 하고, 낮 동안에는 침대에 앉거나 누워 있을 수 없었습니다. 감방 안에서는 독서 말고는 할 일이 없었는데, 의자나 책상이 없어서 일어선 채 책을 읽어야 했습니다.

잠깐이라도 앉으려고 하면 간수들이 문을 두드리며 소리를 질렀습니다. "일어나, 여기 휴가 온 거 아니잖아!" 또한 매일같이 바닥을 닦게 시켰습니다. 저희가 투옥되기 얼마 전에 보건당국이 검사를 나와서 형무소에 바퀴벌레가 들끓는 것을 발견했던 모양이었습니다.

전면적인 소독 명령이 내려졌고, 바닥과 특히 위생시설에 죽은 바퀴벌레가 널려 있었습니다. 그러자 저희에게 이것을 치우라는 명령이 떨어졌습니다. 저는 이 작업 명령이 규정에 맞지 않기 때문에 처음에는 할 수 없다고 거절했지만, 간수들은 명령에 복종하지 않은 사람들에게 샤워를 금지하는 벌을 내렸습니다. 저도 달리 선택의 여지가 없었습니다.

저희와 같은 방을 썼던 죄수 두 사람은 저희들 때문에 자신들도 계속 감시를 받는다며 늘 화가 나 있었습니다. 원래 수감 중에는 휴대폰 소지와 사용이 엄격히 금지되어 있지만, 저희가 투옥되기 전에 이들은 휴대폰을 사용했던 모양입니다. 그러다가 저희가 들어오면서 더 이상 쓸 수 없게 된 것이지요.

마약에 중독된 젊은 여성 카티아Katia는 금단 현상에 끔찍하게 고통스러워했습니다. 사흘째 되던 날, 제가 양치를 하고 있는데 갑자기 그녀가 쓰러졌습니다. 간질 발작이 일어난 것이었어요. 저는 제가 들고 있던 칫솔을 그녀의 입안에 집어넣고, 다른 수감자와 함께 그녀의 몸을 뒤집어서 질식하지 않게 했습니다.

저희는 감방문을 두드리며 의사를 불러 달라고 했습니다. 하지만 형무소에는 의사가 없었고 당직 간호사 한 명만 있었습니다. 하루 일과가 끝나가는 시간이었던 터라 간호사는 집으로 돌아갈 채비를 하고 있었지만, 그래도 저희에게 와서 카티아에게 마그네슘 주사를 놔주었습니다. 저희는 카티아가 입원해야 한다고 주장했지만, 간호사는 저희의 말을 비웃었습니다. 카티아는 정말로 상태가 좋지 않아서 이라와 제가 밤새 간호를 했어요.

그래도 저는 6개월 전에 에두아르 리모노프Edouard Limonov*가 투옥되었던 바로 그 감방에서 지낼 수 있어서 좋았습니다. 저는 '착한' 간수들에게 리모노프의 이야기를 들려 달라고 했습니다. 그들은 리모노프가 "온종일 침대 위에서 글을 쓰던 마음씨 좋은 할아버지"였다고 했습니다. 낮에 침대를 쓸 수 있었던 것을 보니 아마도 저희보다는 나은 취급을 받았던 모양이네요.

저희가 수감되어 있는 동안 안나의 활동은 정말 놀라웠습니다. 저희를 격려하려고 사식도 넣어 주고 책도 보내 주었습니다. 그리고 무엇보다도 저희에게 일어난 모든 일을 언론에 알렸습니다.

감옥에 있는 동안 매일 같이 FSB 요원들이 저를 불러 심문했습니다. 그들에 따르면 그곳에서 지내는 14일이라는 기간은 그저 맛보기에 불과하다고 했어요. 14일이 지나면 저희는 유치장으로 이송될 텐데 거기는 상태가 최악이라고 했습니다.

우크라이나가 러시아에 저희를 추방하는 대가를 지불할 때까지 한 달이 되었건 두 달이 되었건 그곳에서 지내면서 저희의 죄를 실감하게 될 것이라고도 했습니다. 또한 그쪽 감옥에 가면 '깜둥이들**'과

—
* 정당 활동이 금지된 볼셰비키 민족당을 창설한 러시아 소설가이자 과격 운동가
** 흔히 러시아에서 코커스 민족과 중앙아시아 출신을 지칭하는 인종차별주의적 별명

같이 지내게 될 텐데, 저희가 음탕한 짓을 해서 붙잡혀 왔다고 알려주면 그들은 아마 저희를 살려서 내보내지는 않을 것이라고도 했습니다. 저희는 이 말대로 될까 봐 염려했지만, 다행히 단순한 공갈 협박으로 끝났습니다.

제가 출소하던 날, 안나는 기자들과 함께 형무소 출입구에서 저를 기다리고 있었습니다. 하지만 경찰은 저를 작은 옆문으로 내보냈지요. 그리고 그 길로 추방 업무 담당 차량에 태워서 공항으로 보냈습니다. 그런 다음 키예프행 비행기에 태우더니, 이제 제게는 러시아 영토에 들어올 권리가 없다고 알려주었습니다.

이라와 아니아도 저와 똑같은 과정을 겪었습니다. 하지만 지금껏 계속해서 공갈과 협박을 받았던 터라, 더군다나 저희 여권에 입국 금지 관련 도장을 찍어 준 것도 아니어서 저희는 이번에도 '그냥 말로만 위협하나 보다' 하고 생각했습니다. 그런데 이번에는 허풍이 아니었어요. 저희 세 사람 모두 5년간 러시아 입국이 금지되었거든요."

유감스럽게도 러시아 야권에서는 2011년 12월 시위 때와 마찬가지로 이번 시위에 대해서도 우리에게 전혀 고마움을 표시하지 않았다. 이란 사람들과 벨라루스 사람들은 우리가 그들의 자유를 위해 시위를 벌인 후 감사의 편지를 봇물처럼 보내왔다. 그러나 러시아 사람들은 그렇지 않았다.

러시아에서는 현 체제로부터 아무런 수혜를 받지 않는 서민들조차도 일종의 민족주의적, 제국주의적 자부심을 느끼고 있다. 가장 큰 이유는 러시아의 막대한 역사적 유산 때문이다. 하지만 우리 우크라이나 사람들은 이들과는 아주 다른 민족이다. 우리 역사에는 차르라는 존재는 한 번도 등장하지 않았다. 우크라이나의 권력은 폴란드와 러시아, 그리고 일부 지역에서는 루마니아와 헝가리의 손에 차례로 넘어갔다. 또한 수많은 헤트만hetmans*이 장악하기도 했다.

이러한 역사적 배경 때문에 우크라이나 사람들은 국가를 빼고 생각하고 자신과 국가를 동일화하지 않는 법을 배웠다. 그리고 당국을 숭배하는 마음이 조금도 없어서, 우크라이나에 독재정권이 들어서기가 쉽지 않다. 말하자면 우크라이나의 국민 의식은 유럽에 가깝다고 할 수 있다. 반면, 러시아의 야권은 그들이 지닌 폐쇄성이 큰 문제가 된다. 그들은 시리아 국민이나 벨라루스 국민, 또는 다른 사람들에게는 그 누구에게도 지지를 보내지 않는다. 하지만 다른 나라, 다른 출신, 다른 문화 사람들의 고통을 공감하지 못한다면 자기 나라 안에서도 공감을 기대하기란 불가능하다. 러시아 사람들은 푸틴이라는 솥 안에서 약한 불에 익어 가며 고통받고 있으면서도 여전히 제국주의 신드롬을 앓고 있다. 이 얼마나 이율배반적이던가!

---

* 원래 헤트만은 코커스 종족의 우두머리를 가리킨다. 그런데 우크라이나가 1654년에 모스크바의 보호령이 되기로 하면서, 러시아가 자치지역으로 인정한 우크라이나의 총독들에게 이 직위가 수여되었다. 헤트만이라는 지위는 1764년 카타리나 2세 때 최종적으로 폐지되었다.

FEMEN

XI
니캅을 입느니 차라리 알몸을 선택하겠다!

이슬람교와 관련된 스캔들을 가만히 살펴보면 그 문제의 한가운데에 늘 여성이 있다는 사실에 주목하게 된다. 예를 들어, 이슬라마바드Islamabad에서 다운증후군을 앓는 한 어린 소녀가 코란을 불사른 죄로 고발되고, 이 때문에 기독교인 거주 지역에서 권력이 눈감아 주는 가운데 유대인 박해가 발생했던 경우가 그렇다.

또한 「이슬람의 순진함Innocence of Muslim」(이슬람의 예언자 무함마드를 조롱하는 내용의 영화 — 옮긴이)이라는 영화 때문에 세계 곳곳에서 대규모 시위가 발생하여 결국 수많은 희생자를 낸 경우도 마찬가지다.

그뿐만 아니라 파키스탄의 한 소녀가 BBC의 인터넷 사이트에 블로그를 만들어 글을 올린 탓에 머리에 6발의 총상을 입은 사건도 그렇다. 그 외에도 수없이 많은 사례가 있다. 그런데 우리는 이런 사례들 중 많은 경우가 이슬람교인들 그들 자신이 꾸며 낸 일에서 출발했다는 사실을 간파할 수 있다.

부모와 함께 기적적으로 사형 선고를 피할 수 있었던 다운증후군 소녀의 사례는 그런 면에서 상징적이다. 결국 이 사건의 전말은, 현지 회교 지도자가 스스로 코란을 몇 페이지 불사른 다음 이것을 무고한 어린 소녀의 가방 안에 넣은 것으로 밝혀졌다.

이슬람교도들은 신자들의 감정을 이용해서 미국 대사관을 불사르고, 주로 여성들을 함부로 죽이고 있다. 지금 이 시간에도 이슬람 세계의 어느 한쪽에서는 여성들이 폭행을 당하고, 모욕을 당하고, 기본적인 권리를 박탈당하고, 교수형과 투석 처형을 선고받고 있다.

사우디아라비아나 이란발 뉴스를 읽을 때나, 사형에 처해진 여성들의 사진을 보게 될 때면, 분노로 피가 부글부글 끓어오른다. 세상에 어떻게 여성들이 노예 취급당하고, 강간당하고, 열 살에 시집가는 것을 그냥 참아 낼 수 있단 말인가? 인권은 보편적인 것일진대, 어째서 우리 서방사회는 이 여성들의 고난에 무관심한 채 그냥 팔짱만 끼고 관망할 수 있단 말인가?

언젠가부터 우리는 이슬람 국가에서 시위하고 싶다는 마음이 굴뚝 같이 솟기 시작했다. 우크라이나에 있으면서 투석 처형을 반대하는 시위를 벌이는 것과 현지로 가서 저항하는 것은 전혀 다른 차원의 문제다. 우리는 특별히 3월 8일, 세계 여성의 날에 무언가를 함으로써 학대받는 이슬람 여성들에 대해 우리가 느끼는 고통과 연대감을 보여 주고 싶었다.

여러 사정상, 첫 번째 '현지' 시위 장소로 터키가 선정되었다. 가장 큰 이유는 터키인 후원자가 한 사람 나타났기 때문이다. 그 후원자는 유방절제술을 받은 여성을 위한 특수 브래지어를 제조하는 여성 속옷 브랜드의 소유주인데, 여성들을 위한 다양한 사회적 프로젝트를 후원하고 있었다. 그가 먼저 우리의 투쟁을 존경한다며 연락을 해 왔다. 상당한 분량에 달하는 우리 단체 티셔츠를 인쇄해 주기로 하고 — 그리고 이를 실행에 옮겼다. — 우리가 원한다면 터키 방문을 추진하겠다는 약속도 했다.

솔직히 말하자면, 이 후원자는 상업적인 마인드도 가지고 있었다. 우리가 이스탄불에서 개최할 기자 회견에는 현지 언론을 비롯한 전 세계 언론이 초대되는데 이들에게 발송할 초대장에 자신의 회사 로고를 넣을 생각이었던 것이다. 광고의 힘은 정말 대단하다!

우리가 첫 번째 이슬람권 시위 장소로 터키를 선택한 것은 매우 적절했다. 터키는 여성을 대상으로 한 가정 폭력이 일상적으로 발생하고 있는 이슬람 국가지만, 반면 오랜 정교분리 전통을 가지고 있으면서 EU에 통합되기를 희망하는 나라이기도 하다. 이곳에서라면 우리 목소리에 사람들이 귀를 기울일 것으로 생각했다. 그뿐만 아니라 너무 극단적이지 않은 이슬람 국가에서 일단 먼저 시험해 보고 싶은 마음이기도 했다. 이란 땅에서 상반신을 노출하며 시위를 벌일 생각은 추호도 없음은 물론이다!

2012년 3월 8일을 하루 앞두고 우리 네 명, 즉 인나, 사샤, 이아나 Iana, 타티아나가 이스탄불에 도착해서 예정대로 기자 회견을 열었다. 그 자리에서 우리는 터키 여성들의 권리를 위해 투쟁할 것을 선언했고, 사샤는 더 나아가 터키 여성들도 우리 단체와 함께 그들의 자유를 수호하기 위한 행동에 동참해 주기를 기대한다고 덧붙였다. 이와 함께 우크라이나 섹스 관광에 나서는 터키 남성들을 규탄하기도 했다. 이번 시위에서는 '아시아풍이 혼합된' 퍼포먼스가 예정되어 있었다.

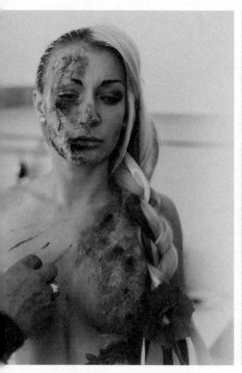

터키뿐만 아니라 다른 이슬람 국가에서도 여성들이 지은 '죄'를 벌하려고 염산을 뿌려서 평생 흉한 모습으로 만드는 일들이 아주 빈번하게 일어난다.

우리는 이스탄불을 대표하는 성 소피아 성당의 모스크 앞에서 옷을 모두 벗고 팬티 차림으로 나섰다. 몸에는 혈종과 화상 자국을 그려 놓았다. 실제로 터키뿐만 아니라 다른 이슬람 국가에서도 여성들이 지은 '죄'를 벌하려고 염산을 뿌려서 평생 흉한 모습으로 만드는 일들이 아주 빈번하게 일어난다. 더군다나 이런 혐의는 사실이 아닌 상상이나 짐작에서 출발한 경우가 많다.

우리는 벗은 몸과 플래카드에 '공포의 화학식 H_2SO_4,' '야만인들에게 죽음을!' '염산 공격을 중단하라!' '당신들이 나를 괴물로 만들었다' '왜 나란 말인가?' '여자라서 죄인'이라는 슬로건을 적었다.

전날, 우리는 시위 계획을 발표하면서 장소와 시간은 정확히 알리지 않았다. 그런데도 경찰이 성 소피아 성당에서 대기하고 있어서 시위는 겨우 15초 만에 끝났고 체포되는 데 다시 10초가 걸렸다.

터키 경찰은 우리를 단속하려고 잘 훈련되고 몸놀림이 빠른 유능한 여성 경관 서른 명을 파견했다. 눈 깜짝할 사이 이들은 우리에게 수갑을 채우고 경찰 밴에 태워서 경찰서로 보냈다. 경찰들은 우리가 누구인지 잘 알고 있었다. 몇 가지 서류를 작성하고 나서, 우리는 추방 대기 중인 범법자들을 구류하는 구치소로 이송되었다. 사실 그곳은 감옥이었다.

우리 변호사 도안 수바시Doan Subasi의 면회도 허가되지 않았다. 폐쇄된 공간에서 모든 것이 불확실한 상태로 우리만 남았다. 마침내 증오심이 이글거리는 눈으로 한 남자가 들어왔다. 그는 우리 눈앞에서 수갑을 흔들면서 우리에게 모욕적인 말을 하기 시작했다.

그가 하는 말을 알아들을 수는 없었지만, 그의 행동이나 몸짓, 얼굴에 드러난 감정은 분명 외설적이었다. 그는 마치 우리가 자신이 선택한 노예나 매춘부라도 되는 것처럼 행동했다. '서론'이 끝나자, 간수들이 우리를 2층으로 끌고 갔다. 서로 떨어지게 될까 봐 두려워진 우리가 저항하자 이들은 마음껏 발길질을 해 댔다.

그러는 동안 — 오래전부터 우리를 후원한 — 우리 변호사가 언론을 불러 모았고, 2시간 후 이들이 들이닥쳤다. 그 덕분에 우리는 침대 시트가 깔끔한 VIP 감방에 다 같이 수감되었다. 그리고 감자와 파이 요리의 식사도 제공받았다. 아마도 경찰들은 우리가 출소하면서 그들을 규탄할까 봐 두려웠던 모양이다.

다음 날, 즉각 추방될 것이라는 소식이 들려왔다. 우리는 수갑이 채워진 채 경찰 버스에 태워졌다. 기자들 한 무리가 감옥 출입구에서 우리를 기다리고 있다가 자동차로 뒤를 쫓았다. 버스 운전사는 이들을 따돌리려고 엄청난 속도로 차를 몰았다. 우리가 좌석에서 떨어져 버스 바닥에 구를 정도였다.

그는 교란작전도 폈다. 어느 순간, 버스가 공항 터미널 근처에서 정차했다. 운전사는 경찰이 우리를 내리게 하려는 듯 버스 문을 열기 시작했다. 그러자 기자들이 신속히 차에서 내렸고 버스는 그 즉시 다시 출발해 버렸다.

이런 눈속임을 했지만 결국 기자들이 우리를 따라잡았고, 우리는 추방되기 전까지 몇 분 동안 이들에게 우리가 체포되고 나서 어떤 일을 겪었는지 들려줄 수 있었다. 그런 다음, 여권에 12개월간 터키 영토 입국 금지 도장이 찍혀지고 우리는 키예프행 비행기에 실려 보내졌다.

그러나 터키가 비교적 문명화된 국가라는 우리의 생각은 틀리지 않았다. 한 달 후, 이스탄불 검찰은 경찰의 기소 신청을 기각했다. 검찰은 우리가 벌인 시위는 범죄 행위가 아니라고 규정했다. 그 이유로 '운동가들의 성性은 저항의 표시로 게시된 것이며 이는 시위의 표적, 즉 여성에 대한 폭력을 지칭한 것'이기 때문이라고 했다. 그 결과 우리가 나체 상태로 있었던 것은 외설적이거나 불법적인 것으로 간주될 수 없다고 결론지었다.

이 같은 결정에 우리는 무척 만족스러웠다. 그래서 혹시나 터키 영토 입국 금지 조치도 취소되는 것이 아닐까 하는 기대까지 했다. 그러나 그런 일은 일어나지 않았다. 결국, 터키가 유럽에 통합되려면 아직 가야 할 길이 멀었다고 본다.

"이슬람 여성들이여, 옷을 벗어라!"

DSK에 반대하는 시위를 했을 때 우리는 프랑스 페미니스트들을 동참시키지는 않았지만, 이 에피소드로 우리의 인기가 올라갔으며, 현재 우리 단체에 소속된 프랑스 운동가들이 이 일로 영감을 받았다고들 한다. 그 후 몇 달이 지난 어느 날, 사피아 렙디Safia Lebdi*로부터 프랑스에서 전신 베일 착용에 반대하는 운동가들의 모임과 공동 시위를 벌이자는 제안하는 이메일을 받았다.

해외에서 시위하자는 제안이 들어오면 우리는 거절하는 법이 없다. 외국에서 회의에 참석해 달라는 초청을 받을 때에도 우리는 어김없이 그 기회를 살려 시위를 할 수 있도록 준비를 한다. 그런데 보통 때와는 달리 이번 경우는 처음에 제안을 받았을 때 주저하지 않을 수 없었다.

프랑스의 사르코지Sarkozy 정부가 공공장소에서 전신 베일 착용 금지법을 채택한 상황인데, 우리는 어떤 사안이 되었건 사르코지 대통령을 지지하고 싶은 마음은 없지만, 이 법에 대해서는 찬성하는 입장이었다. 하지만 사피아는 스카이프Skype로 인터넷 전화를 걸어 장시간 동안 자신의 입장을 설명하며 뜻을 굽히지 않았다. 결국 그녀는 좌파 여성답게 우리의 동의를 끌어냈다. 다만 시위는 페멘 이름으로

---

* 페미니스트이자 일 드 프랑스Ile-de-France 지역구의 녹색당 소속 의원이며, '창녀도 매춘부도 아니다'라는 이름의 협회를 창설했다.

하며, 보도 자료는 우리가 작성하기로 합의했다.

그리하여 인나, 사샤, 타티아나, 옥산나, 이렇게 네 명이 파리에 도착했다. 시위는 2012년 3월 31일에 트로카데로^{Trocadero} 광장에서 사피아가 데리고 온 15명의 여성과 함께 진행되었다.

우리는 니캅을 입은 채 시위 장소에 도착한 다음, 갑작스럽게 니캅을 벗어 던지고 상반신을 드러내고, 보다 정확히 말해서 팬티 차림으로 돌변했다. 그리고 플래카드와 알몸 위에는 '니캅을 입느니 차라리 알몸을 선택하겠다' '이슬람 여성들이여, 옷을 벗어라!' '프랑스여, 옷을 벗어라!' '진실=적나라한 것' '나는 자유다!' '이슬람교도=사디스트' '나는 여자다. 물건이 아니다!'라는 슬로건을 적었다.

이번 시위는 그다지 고도의 기술이 발휘된 퍼포먼스는 아니었으나, 아랍 출신 여성들의 참여가 커다란 반향을 불러왔다. 우리는 이 새로운 친구들의 합류에 매우 열광했다. 그들 가운데는 젊은 여학생뿐만 아니라 자녀가 있는 유부녀와 이혼녀도 있었다. 우리가 기대한 것이 바로 이것이다! 이들 모두 우리를 따르고자 했다.

관광지에서 일어난 이번 시위는 고요하게 진행되었다. 경찰도 출동하지 않았고 이슬람교도도 단 한 사람도 뭐라 하는 사람이 없었다. 우리는 프랑스처럼 페미니즘 전통이 강한 나라에서 페미니스트들이 우크라이나식의 팝 페미니즘을 택했다는 사실이 기뻤다. 정말 아름답지 않은가? 이렇게 해서 프랑스에 페멘을 진출시키자는 안이 나오게 되었다. 사피아 곁에는 모두 하나같이 열성적인 운동가들만 있었기 때문이다.

대개 우리가 어느 나라를 방문했을 때 현지 젊은 여성들이 페멘에

سفارة الجمهورية التونسية

Ambassade
de la
République Tunisienne

ALLAH

CREATED
ME
FREE

FREE

FEMEN

우리는 니캅을 입은 채 시위 장소에 도착한 다음, 갑작스럽게 니캅을 벗어 던지고 상반신을 드러내고, 보다 정확히 말해서 팬티 차림으로 돌변했다. 이번 시위는 그다지 고도의 기술이 발휘된 퍼포먼스는 아니었으나, 아랍 출신 여성들의 참여가 커다란 반향을 불러왔다.

'이슬람 율법 반대!' '부끄러운 올림픽'. 여성에게 투석 처형을 하거나 체형을 가하는 나라는 올림픽에 참가할 자격이 없다.

가입하겠다는 뜻을 밝히면, 우리는 의견을 모아 우리가 떠나고 나서 현지에서 단체의 일을 담당할 사람을 뽑는다. 실제로 브라질, 튀니지, 미국, 스위스, 독일 등지에 페멘이 진출해 있다.

이런 나라에서 페멘 회원들이 시위에 나설 때는 모두 상의를 벗고 머리에 화관을 쓰며, 키예프에 있는 본부에서 총괄 지도를 받는다. 프랑스에서는 페멘의 현지 지도자로 사피아가 지원했다. 우리는 뛸 듯이 기뻐했다.

2012년 6월 8일, 바르샤바에서 유로2012 개막식 때 우리는 사피아를 다시 만났다. 그녀는 축제가 벌어진 경기장 앞에서 우리와 함께 시위에 나섰다. 개막식이라는 이 비굴한 행사가 개최되기 1시간 전, 우리의 프랑스-우크라이나 합동 시위대는 상반신을 벗고 'Fuck Euro'라는 슬로건을 적은 맨몸으로 소화기를 들고 거품을 분사하며 축구 팬들이 경기장에 진입하는 것을 차단했다. 당시 이 시위는 상당히 눈길을 끌었다.

그 후, 우리는 이슬람 여자선수들이 전통 의상을 입고 경기에 참가하도록 한 올림픽 조직위원회의 결정에 항의하기 위해 런던 올림픽에서 시위를 벌이는 문제를 신중하게 검토했다. 우리 생각에는 이렇게 이슬람교도들을 지지하는 행위는 올림픽 정신과 여성에 대한 모욕이었다. 여성에게 투석 처형을 하거나 체형體刑을 가하는 나라는 올림픽에 참가할 자격이 없다. 우리는 보도 자료에서 올림픽 조직위원회를 조롱하려는 의도로, 축구공 대신 잘린 여성의 머리를 사용하거나 '투석' 팀 간의 경기 등 새로운 스포츠 규율을 도입하는 것이 어떻겠냐고 제안했다.

영국 입국 비자를 받지 못한 우리는 그 대신 사피아를 필두로 한 5인조 프랑스 '특공대'를 파견하기로 했다. 런던에서 이들은 '이슬람 율법 반대!' '부끄러운 올림픽!'이라고 적힌 운동복을 입었다. 올림픽 마라톤 경기가 벌어지는 장소로 침입해 들어가는 것이 거의 불가능하자, 이들은 타워 브리지Tower Bridge에서 시위를 벌였다. 그리고 그 즉시 경찰에 체포되어 11시간가량 경찰서에 붙잡혀 있었다.

우리가 파리의 숙소로 돌아오자, 오늘날의 페미니즘에 대한 공개 토론을 시작할 기회가 생겼다. 그런데 일부 참가자들이 공격적인 성향을 보여 우리를 놀라게 했다. 가장 큰 대립은 니캅 착용 문제에서 나타났다. 이 토론에는 이슬람 여성들도 참여했는데 이들은 전신 베일 착용에 반대하는 입장이긴 하지만 그렇다고 착용을 금지하는 것은 반민주적이기 때문에 금지해서는 안 된다고 주장했다. 착용하고 말고는 여성들이 개인적으로 선택할 문제라는 것이다. 그러나 우리는 이 같은 의견은 도저히 받아들일 수 없다.

이슬람교에서는 어린 소녀들이 생리를 시작하는 11세 혹은 12세부터 몸을 가리도록 강제하고 있다. 그런데 실제로는 아프가니스탄 같은 경우, 여자아이들은 보통 6세 때부터 몸을 가려야 한다. 그들은 몸을 가리는 것에 익숙해져서 신체의 자유가 무엇인지 모른다.

우리는 이 같은 일반적인 야만행위에 반대하며, 젊은 여성들에게 선택권을 줘야 한다고 생각한다. 18세까지 니캅 착용을 금지한다면, 젊은 여성들 대다수는 모든 사정을 잘 아는 상태에서 선택할 수 있게 될 것이다. 18세가 되면 몸이 숨을 쉬는 것을 느껴 봤기 때문에 아무런 형태도 없는 자루 속에 자신을 가두어야 할지 말아야 할지를 제대로 결정할 수 있게 될 것이다. 이 자루는 그들의 아버지, 할아버지, 남편, 종교지도자들이 그들에게 강요하는 여자 노예의 상징일 뿐이다. 니캅 착용에 대한 자유로운 선택권 문제를 언급하는 것은 매춘부가 될 선택권 운운하는 것만큼이나 쓸데없는 일이다.

이외에도 우리는 파리에 머무르는 동안 사피아와 함께 국제 페미니스트 훈련 캠프 창설을 위해 노력하기로 했다. 이것은 우크라이나에서는 결코 실현될 수 없는 오랜 꿈이었다.

니캅에 관한 공개 토론 이후, 구트도르Goutte d'Or에 위치한 대안 문화 공간 르 라부아 모데른 파리지앵Le Lavoir Moderne Parisien 극장의 극장장 에르베 브뢰이Herve Breuil가 사피아에게 연락을 했다. 그는 우리가 다음에 다시 파리를 방문하면 우리에게 거처를 제공하겠다는 제안을 했다. 그래서 사피아는 마침 우리가 훈련 센터를 창설할 생각을 하고 있다고 알려 주었다.

에르베는 이곳은 이미 많은 배우와 화가가 사용하고 있어서 이 큰 공간 전체를 양도할 수는 없지만, 공동체 정신을 가지고 그들과 함께 공유할 마음만 있다면 언제든 환영이라고 했다. 당시 르 라부아 극장은 이미 폐관될 위기에 직면해 있어서, 에르베는 최선을 다해서 최대한 많은 행사를 주최해 대중과 미디어를 끌어모으려고 애쓰고 있었다. 그래서 우리가 입주해 있으면 극장 폐관에 반대할 또 하나의 근거를 제시할 수 있게 되리라 생각했다. 우리로서는 이 같은 제안은 놀라운 운명의 선물이었다. 파리 시내에 무상으로 사무실을 얻다니, 서민으로서 무엇을 더 바라겠는가?

유로2012 : 마지막 스퍼트 구간

유로2012가 다가오면서 키예프에 예사롭지 않은 일이 벌어졌다. 카페나 상점이 하루아침에 사라지더니 그 자리에 새로운 섹스 클럽이 매일같이 들어서고, 곧 있을 대회 기간에 이 도시를 장악할 난잡한 외국인들을 겨냥한 광고가 뿌려지기 시작한 것이다. 우려했던 최악의 상황이 현실화되고 있었다. 경기가 여러 도시에서 개최될 것이라 이 거대한 매음굴은 키예프뿐만 아니라 각지에서 문을 열게 될 것이므로 우리는 계속해서 이에 맞서 투쟁을 벌여야만 했다.

올림픽에 성화 봉송이 있듯, 챔피언십이 시작되기 전에 우승팀에게 수여될 트로피 순회가 기획되었다. 챔피언컵은 우크라이나의 여러 대도시에서 일반 대중에게 공개될 예정이었다. 축구팬들은 이때 무료로 챔피언컵을 들고 사진을 찍을 수 있었다. 줄을 서서 기다린 다음, 차례가 오면 자동카메라가 기념사진을 찍어 줬다. 그러면 각자 인터넷 사이트에서 사진을 찾을 수 있었다.

우리는 유로2012의 상징인 이 챔피언컵을 '유로 냄비Euro casserole' 라고 부르며 우리의 공격 목표로 삼았다. 처음으로 우리는 시위를 앞 두고 목표 달성을 위해 연습을 했다. 그러니까 '냄비'를 엎어 버리는 연습이었다. 이를 위해 먼저 컵이 놓일 받침 모형을 만들고, 컵 대신 으로는 양동이를 사용했다. 매우 빠른 속도로 달려가면서 티셔츠를 벗어 던지고 컵을 뒤집어엎는 것이 우리의 작전이었다.

우리 중 두세 명은 경비원 역할을 하면서 우리가 달려와서 '죄'를 저지르지 못하게 저지했다. 이번 시위에 참가하는 운동가들 — 세 명으로 예상했다 — 은 모두 이삼 일간 연습을 했다.

첫 번째 시위는 2012년 5월 12일 키예프에서 벌어졌다. 우리 운동 가 율리아 코브파치크Ioulia Kovpatchik가 경비원을 속이고 독립광장에 서 '냄비'를 넘어뜨리는 데 성공했다. 율리아는 체포되었으나, 행사 는 중단되었고 챔피언컵은 손상되었다. 두 번째 시위는 드니프로페 트로우시크에서 진행되었다. 이번에는 인나가 컵을 엎을 차례였다.

"이 시위를 위해 저는 『마리 끌레르Marie Claire』 잡지 기자와 동행했 습니다. 그런데 그 기자는 자신도 시위에 참여하고 싶다고 하고서는 드니프로페트로우시크에는 시위 전날에 간신히 도착했지요. 자연히 시위를 준비할 시간이 없었어요.

유로2012 관련 행사가 열리는 곳이라면 모두 저희 시위에 대비하 고 있었습니다. 경비원들에게는 페멘의 주요 운동가들의 사진까지 배포되었고 저희가 알몸으로 나타날 것에 대비해서 저희를 덮으려 고 시트까지 준비했습니다. 그래서 이들을 속이려고 저는 머리를 검게 염색하고 외출복으로 차려입었습니다.

『마리 끌레르』기자, 사진기자와 함께 줄을 섰더니 저희들을 가족이라고 생각하고 체포하지 않았습니다. 결정적인 순간이 되자 저는 티셔츠를 벗고 받침에 고정되어 있는 챔피언컵을 함께 엎어 버렸습니다. 그런데 같이 있던 프랑스 여기자가 티셔츠를 벗어 던지더니 그만 웃음을 그치지 못하더군요. 저는 너무도 화가 났습니다. 이 때문에 시위 모습이 마치 장난인 것처럼 사진에 찍혔거든요.

시위에 참여할 준비가 되어 있지 않은 사람을 참여하게 한 것이 실수였습니다. 시간이 지나면서 저희가 벌이는 시위에는 신체적 활동이 점차 많이 요구되었습니다. 플래카드를 들고 단순하게 서 있기만 하다가 이제는 체포되기 전에 상당한 거리를 달리고, 기어올라 가고, 뛰고, 플래카드를 꽂고 하는 등의 행동을 하는 것으로 진화했지요.

저희 임무에 뭔가 특별한 점이 있는 것은 아니나, 집중해야 하고 민첩하고 가볍고 날쌔게 움직일 줄 알아야 합니다. 게다가 시위가 힘들어짐에 따라 이제 정신적인 준비도 필요합니다. 우리 운동가들은 만족해하는 미소를 보이거나 재미있어 하지 말고, 만들어 낸 것이 아닌 진짜 증오심을 가지고 자신의 슬로건을 외칠 수 있어야만 합니다.”

사흘 후, 이번에는 리비프에서 세 번째 '냄비' 전복 작전이 성공했다. 가장 충실한 운동가 중 한 명인 야나 유다노바Iana Jdanova가 중앙광장에서 컵을 뒤집어엎는 데 성공했고, 그 대가로 5일간 옥살이를 했다. 사샤는 야나가 출소할 때 리비프로 가서 '야나는 우리의 영웅'이라는 플래카드를 들고 환영해 주었다.

그런데 야나의 시련은 이것으로 끝나지 않았다. 2012년 6월 15일, 야나, 사샤, 그리고 또 다른 운동가 아니아 볼샤코바^{Ania Bolchakova}가 도네츠크에서 열리는 우크라이나 대 프랑스의 경기 때 시위하기 위해 현지로 갔다.

이들은 이곳에 도착하자마자 특수정보부 요원처럼 보이는 사람들에게 미행을 당했다. 이들을 따돌리려고 우리 회원들은 서로 떨어져서 각자 대중교통을 탔다. 그런데 오후 4시경 회원들로부터 연락이 끊겼고 휴대폰 전원도 꺼졌다. 우리는 무척 걱정이 되었다. 돈바스 지방은 유로2012 최대 후원자 중 하나인 한 막강한 마피아 집단의 세력권이었기 때문이다. 이곳에서는 마피아가 곧 법이었다.

회원들은 새벽 1시쯤에야 우리와 다시 연락이 닿았다. 알고 보니 그들은 안보국에 의해 납치되어 경찰서에 있었던 것이다. 아니아 볼샤코바를 납치한 자들은 그녀의 얼굴을 여러 차례 때렸다. 그리고 세 명 모두 9시간 가까이 심문을 받았다.

사샤가 빈정거리며 "당신들은 우리가 야누코비치를 공격하기라도 할까 봐 겁이 나는 거요?"라고 묻자, 요원 중 한 명이 "야누코비치는 알 바 아니야. 중요한 건 우리 보스지"라고 대답했다. 그가 말한 보스는 마피아 두목을 말하는 것이 분명했다. 밤이 되자 이들은 기차역으로 보내져서 키예프행 열차에 실렸다.

물론 우리는 이 터무니없는 납치 사건을 널리 알렸다. 다음 날이 되자, 내무부 공보실장이 나서서 납치 행위는 없었다고 밝혔다. 그가 말한 바로는 페멘 회원들은 스스로 경찰서에 나타나서 2시간 동안 마음껏 쉬다가 갔다는 것이었다. 당연히 폭행도 당하지 않았다고 했다. 우스꽝스럽기 짝이 없는 일이었다. 우리 운동가들이 시위를 벌이는 대신 경찰과 노닥거리며 쉬려고 갔다니! 우리가 반격할 차례였다.

우리는 폴리슈크Polichtchouk 공보실장에게 전화를 걸어 외국 TV 방송 기자라고 소개하고 나서 유로2012 기간에 있었던 내무부 업무에 관해 인터뷰하고 싶다고 했다. 그리고 내무부 건물 앞 층계로 오후 4시에 나와 달라고 했다. 그는 깔끔하게 다린 유니폼을 입고 멋진 모습으로 나타났다. TV 카메라 5대와 사진기자들이 그를 기다리고 있었다. 그는 이것이 함정인지 전혀 눈치채지 못했다. 인나가 그에게 따끔한 교훈을 주는 임무를 맡았다.

"시위 계획을 짤 때, 우리는 인간의 어리석음, 특히 우크라이나에서는 관료들의 어리석음에 기대를 거는 경우가 많습니다. 그리고 이것이 맞아떨어졌지요! 기자들이 실장을 둘러싸고 우리 운동가 중 한 명이 통역사 역할까지 하자, 그는 미디어의 관심을 받아 매우 흡족해했습니다.

그가 뭐라 뭐라 떠드는 동안, 저는 그에게 가까이 다가가서 얼굴에 크림 케이크를 던졌지요. 다치지 않게 하려고 일부러 케이크는 아주 무른 것으로 골랐어요. 이것은 파렴치하게 거짓말을 한 벌이었습니다. 저는 조용히 자리를 떠났고, 저를 붙잡는 사람은 아무도 없었습니다.

다음 날, 이 폴리슈크 실장이란 사람이 저를 형사 고발하겠다고 발표했습니다. 실제로 우리는 늘 당당하게 행동하며 이러 저러한 시위에는 누구누구가 참여했다고 분명히 밝힙니다. 저는 검찰에 여러 차례 소환되었지만, 사법부에서는 딱히 어떻게 처리해야 할지 몰라 곤혹스러워했습니다. 한 번 저지른 일이니 상습적인 것도 아니고, 이날은 상반신을 노출하지도 않았습니다. 단지 제 행동으로 말미암아 그 사람의 감정을 상하게 한 것인데, 이는 형사처분 대상이 되지 못했지요. 결국 저는 기소되지도 않았습니다. 그러나 유로2012 대회 이전과 대회 기간에 벌인 시위로 우리는 수차례에 걸쳐 체포되고 단기간 투옥되었습니다.

저 개인적으로는 여러 차례 구타당한 것은 말할 것도 없고 이틀간 수감되었지요. 경찰은 잠시나마 우리 친구인 호주의 여류 영화감독 키티 그린도 체포했으며, 브라질에서 우리 단체에 새로 가입한 후, 키예프로 와서 우리와 합류한 사라 윈터Sara Winter도 연행했습니다."

2012년 6월 29일, 옥산나가 아주 대담한 행동을 시도했다. 독일과 이탈리아의 준결승전이 벌어지는 동안, 경기장 내에서 경기내용을 보여 주는 10m 높이 대형 스크린 위로 기어올라 간 것이다.

그녀는 작업복을 입고 있었는데, 'Fuck Euro 2012'라고 적힌 세로로 기다란 대형 플래카드를 스크린에 건 다음, 줄을 타고 밑으로 내려올 생각이었다. 그러나 아쉽게도 이번 시위는 계획대로 실행되지 못했다. 옥산나는 스크린을 타고 올라가기는 했으나, 가운데로 가려면 허공 위에 있는 폭 15cm밖에 되지 않는 널빤지 위로 걸어가야만 했다. 거기서 주저하는 사이에 그녀는 붙잡히고 말았다. 이것 역시 행동을 실행하기 전에 가장 작은 세부 사항까지도 면밀히 검토해야 한다는 것을 보여 준 좋은 사례였다.

그렇다면 우리는 우크라이나뿐만 아니라 해외에서 유로2012에 반대하는 시위를 벌임으로써 우리가 원했던 목표를 달성했을까?

우크라이나에서 유로2012가 개최될 것이라는 사실이 공식적으로 발표되었을 때, 세르게이 티히프코Serguei Tihipko와 비탈리 클리츠코 Vitali Kltichko 같은 정치계 거물들은 성매매를 합법화할 것을 제안했다. 세계 어디서나 그렇듯 대규모 스포츠 행사가 개최될 때면 성매매 여성들이 양산되어 물밀듯이 몰려들 것에 대비하자는 취지였다. 그러니까 우리 우크라이나 정치인들은 섹스 산업의 이익을 수호한다는 명분으로 조국을 매음굴로 만들 작정이었던 것이다.

그렇게 되면 아마 재정적인 측면으로는 국가에 이익이 돌아올 수 있을 것이다. 합법화된 성매매 업소에서 그만큼 세금을 납부할 것이기 때문이다. 그렇다고 그것이 수만 명에 달하는 젊은 우크라이나 여성들을 노예로 팔아넘길 합당한 이유가 될 수 있을까?

그러나 이 같은 생각에 반기를 들고 일어난 것은 우리가 유일했다. 그러다가 국제 언론의 지원 사격을 받아 반대 시위가 증폭되었고, 결국 성매매는 합법화되지 않았다. 모든 공이 우리에게 돌아오는 것은 아니지만, 그래도 우리는 적어도 이 문제에 대한 사람들의 인식이 바뀌는 데 기여했다.

페멘, 경종을 울리다

2010년 3월, 그리스-가톨릭교회Greek-Catholic Church(그리스-가톨릭 교회는 전례는 그리스 정교회를 따르면서도 로마 가톨릭 교황에 복종하는 특

●|●
깃발에는 간결한 한마디 'Stop!'이라 적혀 있었다. 그런데 그냥 t를 쓰는 대신 정교회 십자가 모양을 그려 넣었다. 일단 깃발을 종탑 밖으로 펼친 다음 우리는 상의를 벗고 여성들에게 국가와 교회가 그들의 이익에 반하는 음모를 꾸민다는 경고를 주려고 말 그대로 경종을 울리기 시작했다.

분노와 저항의 한 방식, 페멘
248

이한 교회다. ─ 옮긴이)와 우크라이나 가톨릭교회가 낙태 금지를 제안했다. 우크라이나 의회 라다 소속의 안드레이 슈킬Andrei Chkil 의원은 이 같은 바람을 서둘러 반영하기라도 하듯 임신중절 금지 법안을 의회에 제출했다.

낙태 건수를 따졌을 때 우크라이나가 세계에서 수위를 차지하는 것은 사실이다. 비공식적인 통계자료를 보면, 1991년 독립 이후 낙태 건수가 3,000만 건에 달한다고 한다. 하지만 그렇다고 국가와 교회가 무슨 권리로 여성이 자신의 몸을 마음대로 하는 것을 금지할 수 있다는 말인가? 국가에서 출생률이 높아지기를 바란다면 여성의 지위를 향상시키려는 노력은 왜 하지 않는 것인가? 어떻게 경제적 상황이 허락되지 않는 여성에게 아이를 낳으라고 강요해서 결국 아이를 버리게 하는가? 또는, 엄마가 되고 싶지 않은 여성이 돌팔이 의사에게 가서 서투른 수술을 받는 상황을 어떻게 막을 수 있겠는가?

국가와 교회의 위선적인 태도는 심히 충격적이다. 교회는 '도덕적 권위'를 이용해서 집권 체제를 지지하고 있기 때문에 국가 입장에서는 기꺼이 교회를 지지한다. 야누코비치가 신자들의 환심을 사는 모습은 퍽 볼만하다!

따라서 우리는 성주간 동안 이 법안에 반대하기 위해 사람들의 눈길을 끌 만한 시위를 벌이기로 했다. 2012년 4월 10일, 우리 네 사람은 세계문화유산에 선정된 키예프에서 가장 유명한 대성당인 성 소피아 성당의 종탑에 관광객으로 가장하여 올라갔다. 베를린 비엔날레 촬영 팀도 관광객 행세를 하며 우리와 동행했다.

꼭대기에 다다르자 우리는 안쪽에서 문을 걸어 잠그고 사슬을 당긴 다음 무거운 자물쇠를 달아서 보안관계자나 경찰이 들어오지 못하게 했다. 5m 정도 높이의 금속 발판 위에 올라가 종까지 가서 7m 길이의 기다란 깃발을 펼치려면 시간이 필요했다.

깃발에는 간결한 한마디 'Stop!'이라 적혀 있었다. 그런데 그냥 t를 쓰는 대신 정교회 십자가 모양을 그려 넣었다. 일단 깃발을 종탑 밖으로 펼친 다음 우리는 상의를 벗고 여성들에게 국가와 교회가 그들의 이익에 반하는 음모를 꾸민다는 경고를 주려고 말 그대로 경종을 울리기 시작했다. 우리가 들고 있던 플래카드에는 'Kinder, Kirche, Kuche아이, 교회, 요리'라는 독일 나치의 유명한 슬로건(히틀러의 3K 여성 정책으로, 가정적이며 다소곳한 여성을 이상으로 삼았다. ─ 옮긴이)도 있었다. 그리고 우리는 "나는 당신들을 기쁘게 하려고 잠자리를 갖는 것이 아니다"라고 외쳤다.

우리는 몇 시간이고 종을 치려고 했지만, 이 시위는 결국 15분 만에 끝났다. 경찰과 함께 올라온 교회 봉사자들이 문을 부수고 사슬을 자르는 데 성공한 것이다. 이 봉사자들은 광신자들이었는데 행동하는 것이 약간 머리가 돈 것 같았다. 지금껏 경찰도 한 번도 그런 적이 없었는데 그들은 우리를 마구 난타했다. 우리 중 한 명이 계속해서 종을 울리자 그들 중 하나가 이 회원이 올라서 있는 발판을 뒤집어엎으려고 했다. 하마터면 그 회원은 척추를 다칠 뻔했다.

이번 시위가 있고 나서, 검찰은 인나, 사샤, 야나 유다노바, 마샤 아브라멘코Masha Avramenko에 대한 4건의 심리에 착수했다. 이것은 처음 있는 일이었다. 지금까지는 체포되거나 투옥되더라도 행정적 성격의 처벌을 받았다. 그런데 이번 사건에서는 우크라이나 형법 제296

조에 따라 '극도로 무례하거나 파렴치하게 공공질서를 위반했을 경우' 최고 징역 5년 형을 내릴 수 있었다. 그러나 몇 주 후 검찰은 우리의 행동이 형사 죄 성립 요건을 갖추고 있지 않다고 인정했다.

그렇다면 어떻게 해서 검찰이 이런 전격적인 입장 변화를 보인 걸까? 우리 시위 장면을 촬영했던 독일 촬영 팀은 베를린 쿤스트베르크^{Kunstwerk} 예술 센터(베를린에 있는 옛 마가린 공장을 개조해서 만든 갤러리 — 옮긴이)에서 행위 예술 코너 대형 스크린을 통해 이 영상을 상영했다. 이 '종탑 사건'이 베를린 비엔날레의 주요 볼거리 가운데 하나로 떠오른 것이 아마 검찰의 입장 번복에 작용했던 것 같다. 어쨌든 이 일로 우리는 우리의 투쟁을 계속해 나갈 힘을 얻었다.

"Kill Kirill!"

2012년 7월 27일, 러시아 총대주교 키릴^{Kirill} 대주교가 3일간의 우크라이나 방문을 시작했다. 그런데 이번 방문은 교회보다는 정치적인 목적으로 이루어진 것이었다.

우리는 키릴 대주교를 러시아 지배층의 거물급 실력자로 본다. 그는 지난 대통령 선거 운동 기간에 신자들에게 푸틴을 뽑으라고 호소하기도 했으며, 우크라이나 정권에는 러시아와 가까워지도록 압력을 가하고 있다. 또한 푸틴의 유라시아 동맹 주창자 중 한 사람이기도 하다.

옛 소련 지역의 3개국, 즉 러시아, 벨라루스, 카자흐스탄이 관세 동맹을 맺고 나서, 현재 공동 경제 구역 건설을 진행하고 있다. 이는 블라디미르 푸틴이 구상한 대로 우크라이나까지 포함하게 될 유라시아 경제 동맹 창설로 가는 첫걸음을 뗀 것이다.

이런 상황에서 키릴 대주교는 푸틴의 특사 역할을 하며 우크라이나가 이 독재자 클럽에 가입하도록 야누코비치를 설득하고 있다. 그는 우크라이나에서 러시아 정교회의 영향권을 넓히려고 시도하는 것 외에도* 모든 정치, 사회 문제에 간섭하고 있다. 게다가 푸시 라이엇 사건에서도 흉악한 역할을 담당한 바 있다. 키릴은 과거 KGB 요원 출신으로, 옐친 시대에 담배와 술을 무관세로 수입하여 큰 부를 얻었다.

우리 시위의 목적은 이런 대주교의 우크라이나 방문을 반대하고, 재판정을 패러디해서 푸시 라이엇을 지지하고(이들의 재판은 7월 30일에 시작될 예정이었다), 존경받을 가치가 없는 이 인물을 규탄하는 데 있었다.

상반신을 벗고 가슴과 등에 영화 「킬 빌Kill Bill!」의 제목처럼 'Kill Kirill!'이라고 적은 야나 유다노바는 키릴이 보리스폴Borispol 공항에 도착하자마자 그에게 달려들기로 되어 있었다. 하지만 그녀가 우크라이나어로 사탄을 쫓는 주술vade retro (사탄아, 물러가라! — 옮긴이)에 해당하는 말을 외치자, 수도사 복장을 하고 있던 대주교의 경호원들이 그녀를 차단해 버려서 원래 계획대로 실행되지는 못했다.

야나는 징역 15일을 선고받았으며, 우리 단체의 인터넷 사이트는 한동안 차단되고 우리는 '극단주의자'라는 비난을 받았다. 그러

---

* 우크라이나 정교회 가운데 상당수는 모스크바 총대주교에 순종하지만, 영향력 있는 2대 교회로 우크라이나 독립 정교회와 (동양적 의례를 따르는) 그리스-가톨릭교회가 있다. 모스크바 총대주교가 자신의 지배하에 두려고 하는 교구는 특히 우크라이나 독립 정교회다.

상반신을 벗고 가슴과 등에 영화 「킬 빌Kill Bill」의 제목처럼 'Kill Kirill'이라고 적은 야나 유다노바는 러시아의 총대주교 키릴이 보리스폴 공항에 도착하자마자 그에게 달려들기로 되어 있었다. 하지만 그녀가 우크라이나어로 사탄을 쫓는 주술에 해당하는 말을 외치자, 수도사 복장을 하고 있던 대주교의 경호원들이 그녀를 차단해 버려서 원래 계획대로 실행되지는 못했다.

나 이 정도는 대수로운 일도 아니다. 다른 독립 사이트들independence sites(네이버 카페나 블로그처럼 인터넷 서비스 업체에서 제공하는 서비스가 아닌, 직접 웹사이트를 개발하여 운영하는 곳을 말하는데, 일반적으로 개인 홈페이지, 회사 홈페이지, 커뮤니티 사이트 등이 대표적이다. ─ 옮긴이)의 도움으로 문제를 해결할 수 있었기 때문이다.

　이 시위 이후, 푸시 라이엇은 피고석에서 대주교를 공격한 우리에게 감사의 메시지를 보냈다. 하지만 당연히 일부 우크라이나 미디어로부터는 놀랄 만큼 많은 악성 비판을 받았다. 왜냐하면 우크라이나에서는 많은 서민들이 키릴을 맹목적으로 경배하기 때문이다.

　사샤가 들려준 이야기를 예로 들면, 사샤의 어머니는 키릴이 TV에 나오기만 하면 사진을 찍는다고 한다. 그래서 컬렉션을 만들 정도로 많은 사진을 가지고 있는데, 이렇게 독실한 행동이 저승에 가서 인정을 받을 것이라 믿고 있다고 한다.

우리 단체는 과격한 입장을 견지한다. 우리는 전 인류 역사에서 모든 종교가 여성을 비하하고 모욕했다고 생각한다. 종교가 시작되면서 페미니즘과 여성의 자유는 끝났다. 그리고 종교 덕분에 남성은 여성을 공개적으로 노예와 종으로 만들어 지배할 수 있었다. 여성들은 이런 지위를 수천 년 동안 받아들였다.

오늘날 우리는 이를 반박하며, 무신론만이 존재 가치가 있는 유일한 종교라고 간주한다. "종교는 인민의 아편"이라는 칼 마르크스의 말은 전혀 가치를 잃지 않았고 여전히 유효하다. 종교적 환상이 사라지고 사람들이 자신의 고유한 힘을 믿기 시작한다면 삶은 더욱 나아질 것이다.

십자가를 베어 버리자!

우리는 세상 돌아가는 소식과 핫 이슈를 파악하기 위해 늘 언론 매체를 접하며 깨어 있다. 8월에는 푸시 라이엇의 소송 이야기로 온 세상이 들썩였다. 선고는 8월 17일로 예정되어 있었다. 우리는 '뉴스 메이커'로서 가만히 있을 수만은 없었다. 특히 모두 그들이 징역 실형을 선고받을 것으로 예상하는 만큼 그냥 손을 놓고 기다리고 있을 수는 없었다.

안나가 아주 과격한 시위를 제안했다. 오렌지 혁명 당시 폴란드 운동가가 키예프 시로부터 허가도 받지 않은 채 시내 중심부에 세운 7m 높이의 가톨릭 십자가를 절단기로 베어 버리자는 것이었다. 안나는 어쩌다가 이런 생각이 떠올랐는지 똑똑히 기억하고 있었다.

"저는 교회에 효과적으로 타격을 가할 방법이 없을까 곰곰이 생각했습니다. 그러다가 독립 광장을 내려다보는 언덕 위에 있던 이 십자가가 생각났습니다. 옛날에는 기독교인들이 이교도의 우상을 불태웠습니다. 그래서 '그래, 우리도 그들처럼 하자, 이 기독교의 우상을 불태우자!'라고 생각했지요.

그런 다음 생각해 보니 거대한 나무로 만든 대형 십자가를 불태우는 것은 비현실적이라는 사실을 깨달았습니다. 십자가가 다 타 버리기도 전에 체포될 게 뻔했거든요. 해답은 톱으로 베어 버리는 것이었습니다! 머릿속에 그 장면을 그려 보았습니다. 방향을 잘 잡아서 톱질하면 십자가가 독립광장 쪽으로 쓰러질 것 같았습니다. 아주 멋졌지요!"

우리는 이 시위의 실현 가능성을 두고 오랜 시간 토론을 거듭했다. 이번 시위는 푸시 라이엇에게 헌정하기로 했다. 이 시위가 물밀듯 쏟아지는 소송 소식에 가려질까 봐 우려되었기 때문이다. 하지만 미디어에 파장을 불러오는 것과는 별개로 우리는 이 페미니스트 단체를 지지할 도덕적 의무감도 느꼈다. 푸시 라이엇은 악마로 몰리고 투옥될 위협을 받고 있는데, 교회는 신자들이 이 세 여성 멤버들을 증오하도록 자극하고 있었다. 그래서 우리는 고의적으로 교회의 감정을 상하게 하고 싶었다. 모스크바 총대주교는 신자들이 푸시 라이엇을 박해하도록 인도했고 이 '흉악한 악당'과 '신성 모독범'들로부터 교회를 보호하기 위해 단체 기도를 명했다.

시위를 하기로 결정하자, 일을 처리할 사람으로 옥산나 사샤보다 체력이 좋은 인나가 뽑혔다. 다음 날 우리는 절단기를 구입했고, 인나는 전문 벌목공들로부터 사용법을 배웠다. 이것은 인나에게 잊을 수 없는 경험이었다고 한다.

"저는 자정까지 연습했습니다. 기자들도 연습 때 함께 있었지요. 절단기를 잡고 있으려면 힘만으로 되는 것이 아니라 요령이 필요했습니다. 벌목공들한테서 좋은 기술을 배웠어요. 먼저, 나무가 쓰러질 쪽을 삼각형 모양으로 잘라 내야 합니다. 그런 다음 반대쪽에서 자르기 시작하는 것이죠. 그런데 한 가지 사항이 미지수로 남았습니다. 십자가 내부에 금속 기둥이 들어 있는지 없는지 알 수가 없었습니다. 만약 들어 있다면 톱으로 베어 내는 것은 불가능했습니다. 별 수 없이 그런 위험을 감수하고 일을 진행해야 했습니다.

당일 아침, 시위 현장에 도착해서 티셔츠를 벗었습니다. 다른 회원들은 십자가에 줄을 묶어서 나중에 십자가가 쓰러질 때 저나 기자들 쪽으로 넘어가지 않고 제대로 된 방향으로 쓰러지도록 잡아당길 준비를 했습니다. 연습을 했는데도 혹시나 십자가를 자르지 못해서 끔찍한 창피를 당할까 봐 무척 걱정이 되었습니다. 그래서 푸시 라이엇이 대성당에서 성모께 펑크 기도를 드리기 전에 했던 것처럼 저도 무릎을 꿇고 성호를 그었습니다. 그런데 절단기를 가동시키고 보니 십자가가 절단기 날보다 폭이 3~4cm 넓은 것을 알게 되었습니다. 이 말은 십자가를 양쪽에서 잘라야 한다는 뜻이고, 이는 곧 시간이 두 배 더 걸린다는 뜻이었지요. 키예프 시내 한가운데에서 일은 벌어

●|●

옛날에 기독교인들이 이교도의 우상을 불태웠듯이 우리도 그들처럼 기독교의 우상을 톱으로 베어 버리기로 하였다. 십자가 자르기는 여성 정치범들인 푸시 라이엇을 지지하는 행위인 동시에, 반교권주의적 행위이자 무신론적 투쟁 행위였다.

XI_ 니캅을 입느니 차라리 알몸을 선택하겠다!

지고 있었습니다!

저는 양쪽에 잘라야 하는 부분을 표시해 둔 다음, 오랫동안 자르기 시작했습니다. 얼마나 한참을 잘랐는지 십자가는 흡사 절대로 쓰러지지 않을 것만 같았습니다. 하지만 결국 아름답게 쓰러졌습니다.

저에게 있어서 십자가는 종교라는 이름으로 수천 년을 이어 온 불평등, 살인, 폭력, 억압의 상징입니다. 저는 정확히 꼭 해야 하는 일을 한 것입니다. 기자들 앞에서는 간략하게만 비평했습니다. "어떠한 구조라 하더라도 여성의 자유를 해칠 권리는 없습니다. 그것이 교회처럼 강한 구조라 하더라도 말입니다." 그리고 말을 마치자마자 달아났습니다."

시위 전날, 우리는 모든 장치를 면밀히 검토했다. 시위를 진행하는 동안에는 사샤가 언덕 위에서 주변을 감시하면서 필요한 지시 사항을 휴대폰으로 전달했다. 이른 새벽에 일어난 일인 데다, 우리가 전적으로 신뢰하는 몇몇 기자를 제외하고는 아무에게도 미리 알리지 않아서 별다른 문제는 없었다. 경찰이 기자들이 무리지어 있는 것을 발견할까 봐 우리는 탐정소설에서처럼 십자가와 멀리 떨어져 있는 수풀에서 기자들과 만날 약속을 했다.

경찰 2명이 언덕 아래쪽에 있었지만, 잎이 무성한 나무들 때문에 십자가가 부분적으로 가려져서 언덕 위쪽에서 무슨 일이 일어나는지는 보이지 않았다. 절단기에서 나는 소음은 잔디 깎는 기계 소리로 생각할 수 있었다. 어찌 되었건 경찰은 우리 '범행'을 몇 시간이나 지나서야 발견했다.

인나는 집으로 돌아와서는 이내 자신이 감시당하고 있다는 사실을 알게 되었다.

"2층에 위치한 저희 집 창문을 통해 보니 사흘간 십여 명이 잠복하고 있었습니다. 빵을 사러 나가거나 다른 운동가들을 만나러 갈 때면, 그들은 드러내 놓고 저를 미행하고 사진을 찍었습니다. 하지만 저를 체포하려 하지는 않았습니다. 아마 체포 결정이 내려지지 않았던 것 같아요.

나흘째 되던 날, 문을 세게 두드리는 소리에 잠이 깼습니다. 문에 난 작은 창으로 보니 남자 6명이 동시에 어깨로 문을 밀어 부수려 했습니다. 그러자 '그런데 집으로 들어와서 뭘 하려는 걸까? 폭행? 성폭행? 체포할 생각이었으면 외출할 때 할 수 있었을 텐데. 나는 숨지도 않았는데'라는 생각이 들었습니다.

결국 달아나기로 결심했습니다. 재빨리 휴대폰과 여권을 챙긴 다음, '베란다로 뛰어내릴 테니 데리러 올 것'이라고 SMS를 보냈습니다. 페멘 친구들은 어떤 상황이라도 다 대비하고 있다는 것을 저는 잘 알고 있었습니다. 그래서 망설임 없이 2m 높이의 베란다에서 뛰어내렸습니다. 다행히 크게 다치지 않아서 저를 데리러 온 차를 타고 키예프에서 수십 km 떨어진 국제선 열차가 지나는 코로스텐Korosten 으로 향했습니다. 코로스텐에 도착해서는 폴란드 바르샤바행 티켓을 끊었습니다. 이제 한동안 우크라이나로 돌아오지 못하겠구나 하는 생각이 들었습니다.

저희 집 문을 부수려 했던 남자들은 저희 뒤를 계속 쫓았지만, 여전히 체포하려 들지는 않았습니다. 그들의 계획이 무엇이었다고 딱 잘라 말하기는 어렵습니다. 푸시 라이엇처럼 스캔들이 예상되는 소송이 발생하지 않도록 저를 다른 나라로 쫓아 보내려 했던 걸까요? 그 답은 모르겠습니다.

야누코비치 대통령은 키예프 중심가에서 십자가를 베어 버린 운동가들을 찾아서 처벌하라고 공개적으로 명령을 내렸습니다. 그러므로 당국에서는 제가 우크라이나로 돌아오지 못하도록 필요한 조처를 해야만 했던 것이지요."

이번 시위 이후, 우리는 우크라이나 지배층뿐만 아니라 러시아 지배층의 분노를 — 특히 더 많이! — 샀다. 우리를 고발하기 위해, 스탈린 압제의 희생자를 추모하기 위해 설치된 십자가를 잘랐다는 죄명이 씌워졌다. 하지만 이는 거짓이다. 그 장소에는 실제로 스탈린주의 희생자들을 기리는 기념물이 세워져 있기는 하지만, 이것은 돌로 만든 작은 기념물이고 문제의 십자가와는 아무런 관련이 없다.

러시아 언론에서는 푸시 라이엇과 페멘을 동시에 규탄하는 캠페인을 벌였다. 이처럼 쏟아져 들어오는 거짓과 사탄 타령에 일일이 정면으로 대적하기란 어렵다. 우리를 상대로 진짜 정보 전쟁이 시작된 것이다. 그래서 이런 이유로 우리는 이제부터 러시아 미디어와 작업하는 것을 거부한다. 이들이 우리가 한 말을 어떤 상황에 사용하고 또 어떻게 이를 왜곡할 것인지는 아무도 장담할 수 없기 때문이다.

우리가 십자가를 자르는 행동을 한 것은 신자들에게 고통을 주어 그들이 자신이 믿고 있는 교회의 잔혹성을 깨닫게 해 주고 싶었기 때문이다. 바로 이 신자들이 사제의 선동에 넘어가 푸시 라이엇에게 공개적 체형을 가하라는 제안을 했던 것이다. 그들은 이 세 여성을 산 채로 태워 죽일 태세였다! 나무 조각에 불과한 부적 같은 것 앞에서 기도하기보다는 인간의 존재를 가엾게 생각해야 마땅한데 말이다.

솔직히 고백하자면 푸시 라이엇이 소송 중에 보여 준 행동에 우리는 크게 실망하고 말았다. 우리는 그들이 우리와 같은 주파수에 코드가 잘 맞는다고 생각해서 그들에게 우리의 시위를 헌납했다. 우리는 그들의 퍼포먼스가 정치적인 동시에 무신론적이라 믿었다. 제단 위에 올라가서 춤추고 노래하는 것은 신앙심 있는 사람이 하는 행동이 아니라고 생각했다.

십자가 자르기는 우리가 이 여성 정치범들을 지지하는 행위인 동시에, 반교권주의적 행위이자 무신론적 투쟁 행위였다. 그런데 푸시 라이엇은 소송 중에 자신이 신자이고 교회에도 자주 나가며 기도도 한다고 말한 것이다. 어이없고 우스운 일이다! 그들이 이렇게 자신을 정당화하려고 한 탓에 그들의 저항이 가진 심오한 의미가 가차 없이 깨져 버렸다.

우리는 자신이 벌이는 투쟁을 끝까지 밀고 나갈 줄 아는 용기를 가져야 한다. 혁명은 언제나 젊고, 밝고, 대담한 사람들이 하는 것이다. 그렇지 않다면, 혁명은 시작할 필요도 없다.

○│○
FEMEN

XII
페멘 프랑스

그 후, 인나는 바르샤바에 도착해서 한 친절한 여성의 집에 머물게 되었다. 그러나 앞으로 무엇을 할 수 있을지, 어디로 가야 할지 도무지 막막하기만 했다. 그러던 차에 파리에 훈련 캠프를 설립하는 계획이 실행 단계에 접어들면서 자연히 그녀의 목적지는 파리로 정해졌다. 인나가 파리에 도착하면서 우리는 페이스북을 통해 프랑스 여성들에게 우리 단체에 가입할 것을 호소하기 시작했다. 첫째 날 6명이 지원한 것을 시작으로, 그다음 날에는 10명… 등 이렇게 계속 지원행렬이 이어졌다.

2012년 9월 18일, 드디어 훈련 캠프가 공식 개관되었다. 기념행사로 우리는 샤또 루즈Chateau Rouge 지하철역에서 레옹로路 35번지에 있는 라부아 모데른 파리지앵 극장까지 '나체 행진'을 벌였다. 모두 27명이 여기에 참여했는데, 그중에는 사피아 렙디와 이 행사를 위해 키예프에서 도착한 사샤와 옥산나도 있었다.

여느 때처럼 우리는 상반신을 벗고 머리에는 화관을 썼다. 상체와 플래카드에는 '정교분리, 자유' '성극단주의' '이슬람 여성들이여, 옷을 벗어라!' '나는 여자다. 물건이 아니다!'와 같은 슬로건이 적혀 있었다. 다양한 인종이 섞여 사는 이 가난한 동네 사람들이 깜짝 놀란 눈으로 지켜보는 가운데, 우리는 즐겁게 "나체! 자유!"라고 외치며 다녔다.

훈련 캠프 공식 개관에 맞춰 페멘 프랑스는 이미 사회단체로 등록을 마친 상태였다. 우리는 라부아 모데른 파리지앵 건물 안에 있는 프랑스 지부의 운영을 인나에게 맡겼다. 그런데 인나는 개관하고 얼마 지나지 않아 금세 새로운 도전에 직면하게 되었다.

"키예프 사무소에서는 아침부터 저녁까지, 또는 필요하다면 밤늦게까지 상근하는 인원이 5명이나 있습니다. 하지만 여기 이곳 사정은 다릅니다. 자원자가 많이 몰려오기는 했습니다만, 이들을 교육하려면 시간이 필요합니다. 그리고 저희 단체에 전적으로 모든 시간을 투자하려는 사람들은 거의 없습니다. 그래도 나중에 저와 한 팀을 이룰 잠재력을 지닌 여성들은 있답니다.

저는 새로 결성되는 프랑스 팀이 우크라이나 팀과 유사해지는 것은 원치 않습니다. 우크라이나에서 우리는 진짜 '4인방'으로 시작했어요. 우크라이나에서는 과격한 지지자를 모으는 데 애를 먹었거든요. 반면, 이곳에서는 언론 매체를 통해 우리의 소문이 퍼져 나가서 자원자가 부족하지는 않습니다. 문제는 이렇게 모인 새내기들과 어떻게 일을 해 나가느냐 하는 것입니다.

언어만 문제가 되는 것이 아닙니다. 어찌어찌 해서 결국 영어로 해결되기는 하니까요. 여기서는 사고방식 차이가 가장 큰 문제입니다. 그래서 저는 운동가들과 언론 매체 모두에게 우리가 하는 일이 무엇

드디어 프랑스의 훈련 캠프가 공식 개관되었다. 기념행사로 우리는 샤또 루즈 지하철역에서 레옹로 35번지에 있는 라부아 모데른 파리지앵 극장까지 '나체 행진'을 벌였다. 다양한 인종이 섞여 사는 이 가난한 동네 사람들이 깜짝 놀란 눈으로 지켜보는 가운데, 우리는 즐겁게 "나체! 자유!"라고 외치며 다녔다.

이고 왜 하는지를 설명해야 한다는 사실을 이해하려고 애쓰고 있습니다. 확실히 말할 수 있는 것은 여기서도 전투적이고 신랄한 우리의 '메이드 인 우크라이나 페멘Femen Made in Ukraine' 정신을 계승할 것이라는 점입니다.

간단한 사례를 하나 들겠습니다. 훈련 시간 중에 저는 회원들에게 울부짖으라고 주문합니다. 그리고 각자 머리 위로 플래카드를 들고 다른 사람들 눈을 정면으로 쳐다보면서 슬로건을 외치라고 지시합니다. 그러나 한 번 만에 제대로 잘하는 사람은 거의 없습니다. 대부분은 큰 소리로 외치지 못하고, 히죽히죽 웃거나 시선을 돌립니다.

이것은 이들이 자신이 무엇을 하고 있는지 확실히 모르고 있기 때문이며, 우크라이나에서처럼 적에 대한 증오와 공격성으로 무장하고 있지 않기 때문입니다. 어떤 사람들에게는 그저 게임으로밖에 생각되지 않는 모양인데, 저희는 재미로 시위하는 사람들이 아닙니다. 저희는 과격 단체입니다.

페멘 스타일은 단지 티셔츠를 벗고 머리에 화관을 쓰는 것이 다가 아닙니다. 저희는 적의 영토에서 상반신을 벗고 이들을 공격하며 필요하다면 감옥에도 갈 각오를 하며 시위를 합니다.

프랑스에 있는 우리 운동가들은 대부분 그 정도로까지 과격해질 생각이 없습니다. 그들은 직장인이거나, 대학생이거나, 가정이 있고, 자녀를 둔 경우가 많습니다. 그러니까 간단히 말해서 현재로서는 저희와 같은 전문 혁명가가 아니라는 이야기입니다. 제가 그들 중에서 몇 명이라도 진정한 혁명가로 키워 낼 수 있을까요? 물론 그렇게 되리라 믿습니다. 하지만 진짜 도전적인 일이 될 거예요."

누가 페멘에 자금을 대는가?

우리 단체는 처음 창설 때부터 아주 적은 비용으로 살림을 살고 있다. 오늘날에 와서도 이런 사정은 크게 달라지지 않았다. 그렇다면 우리는 어디서 재원을 충당할까? 주로 인터넷으로 물품을 판매해서 벌어들인 수익금과 후원자들이 보내온 기부금에서 나온다.

기부금의 경우 상황에 따라 매우 유동적이다. 가령, DSK에 반대하는 시위를 벌인 후에는 프랑스에서 상당히 많은 기부금이 들어왔다. 베를루스코니에 반대하는 시위를 벌인 후에는 이탈리아 사람들로부터 많은 기부금을 받았다. 우리가 '푸틴의 표를 훔쳤을' 때에는 미국에 있는 러시아 이민자들이 상당한 금액을 보내왔다.

우리는 해외로 나갈 때에는 여행 경비를 일체 부담해 준다는 조건으로 초청을 수락한다. 그리고 그 기회를 놓치지 않고 시위 활동을 벌인다. 예를 들면, 2012년 1월에 불가리아의 한 TV 방송국 프로그램에 출연했을 때에도, 방송국 측에서 우리 여행 경비와 체재비를 모두 부담했고 우리는 그 기회에 불가리아 여성들에게 가해지는 가정 폭력에 반대하는 시위를 현지에서 벌였다. 불가리아에서는 이런 가정 폭력이 범법 행위로 간주되지 않는다. 한편, 파리에서는 라부아 극장에서 무상으로 페멘 지부를 운영하고 있는데, 이는 우리에게 무척이나 큰 도움이 되고 있다.

우리가 운영하는 온라인 숍에서 판매하는 상품을 다양화하려는 노력을 계속 기울이는 중이다. 얼마 전부터는 '가슴 프린트Boobprint'를 팔고 있다. 이것은 옥산나가 고안해 낸 것인데, 천 위에 우리 가슴을 찍어서 파는 것이다.

●|●

우리는 많지 않은 재원으로 페멘을 운영한다. 따라서 우리가 운영하는 온라인 숍에서 판매하는 상품을 다양화하려는 노력을 계속 기울이는 중이다. 얼마 전부터는 '가슴 프린트'를 팔고 있다. 만드는 방법은 간단하다. 우리 중 한 사람의 가슴 위에 아크릴 물감을 칠하고 이를 캔버스 천에 찍어 낸 다음 거기에 우리 로고를 그려서 완성한 후 '작가'가 사인을 한다.

만드는 방법은 간단하다. 우리 중 한 사람의 가슴 위에 아크릴 물감을 칠하고 이를 캔버스 천에 찍어 낸 다음 거기에 우리 로고를 그려서 완성한 후 '작가'가 사인을 한다. 이렇게 만든 '가슴 프린트'는 장당 70유로로 판매되는데 꽤 잘 팔리고 있다. 일주일에 10여 장이 팔리는 경우도 종종 있다.

이 상품을 제작하는 데에는 투자금이 아주 적게 든다. 캔버스 3유로, 커다란 아크릴 물감 1상자 당 5유로만 있으면 된다. 게다가 '작품'이 견고하다. 최근 한 일본인이 바를 장식하려고 '가슴 프린트'를 구입했는데, 우리는 대부분의 경우 우리 상품을 구입한 사람들이 무슨 용도로 사용하는지는 모른다.

놀랍게도 세간에는 우리가 호화로운 생활을 하고 있다는 루머가 항상 떠돈다. 하지만 라부아 극장 사무소에서 지내는 인나와 옥산나가 겨울에 난방도 하지 않고 있는 것을 보면 실제는 그와 반대 상황이라는 것을 금방 확인할 수 있을 것이다. 극단적 가톨릭 보수주의자들 때문에 인나의 치아가 깨졌는데 이를 치료할 비용조차도 아직 마련하지 못한 처지다.

그래도 우리 운동가들과 팬들의 선한 의지만 있으면 우리는 진보할 것이라 믿어 의심치 않는다. 현재, 우리의 역사가 담긴 키예프 센터에서는 주로 동유럽 지역을 담당하고 있으며, 파리 센터에서는 서유럽 지역에서의 활동을 총괄한다. 앞으로 우리는 페멘 브라질을 창립한 사라 윈터가 있는 브라질에 사샤를 파견해서 라틴 아메리카 지역을 관할하는 훈련 센터를 창설할 생각이다. 가히 전 세계로 뻗어가는 야심 찬 계획이라 하겠다!

네덜란드에서 리메이크하다

우리가 키예프에서 십자가를 자른 행위는 정치적 행동이었지 예술적 행위가 아니었다. 그러나 이 행동은 세계 예술계에 큰 관심을 불러 일으켜서, 다수의 아트 페스티벌과 예술가들이 이 반교권주의적 행위를 다시 보여 달라는 제안을 해 왔다. 이미 프랑스에 정착한 인나에게 네덜란드 엔스헤데Enschede 시에서 개최되는 제8회 고그보트 아트페스티벌Gogbot Art Festival(매년 엔스헤데에서 3일간 열리는 미술, 음악, 테크놀로지 페스티벌 — 옮긴이) 조직위원회의 초청장이 날아왔다.

이 행사는 멀티미디어, 미술, 음악, 기술이 아우러진 종합 페스티벌로, 전문적 수준을 지향하면서도 일반 대중에게도 문을 열어 두고 있다. 현지 예술가들이 십자가 3개를 제작해 놓으면 인나가 푸시 라이엇에 경의를 표하며 십자가를 자르기로 되어 있었다. 날짜는 2012년 9월 8일로 예정되었다. 그런데 인나는 이 일로 크게 실망하고 여기서 중요한 교훈을 얻었다.

"저는 단지 엘로이즈Eloïse에게 실습을 시킨다는 차원에서 이 페스티벌에 참가하기로 했습니다. 현지에 도착하니 네덜란드 여성 3명이 저희와 합류했습니다. 현장에 들어가서 저는 짤막한 연설을 하면서 십자가를 문명이라는 몸에 박힌 가시에 비유하고 절단기는 환자를 구하려고 집도하는 외과의사의 메스와 같다고 설명했습니다. 그런 다음 우리는 관중의 박수를 받으며 십자가 3개를 베어 버렸습니다.

그런데 소름이 돋는 끔찍한 느낌이 들었습니다. 벨라루스에 갔을 때는 제가 위험 속으로 뛰어들어서 다시는 돌아오지 못할 수도 있다

"키예프 시내에서 십자가를 베었을 때는 용기가 필요한 행동이었습니다. 하지만 네덜란드에서 이와 똑같은 행동을 했을 때에는 그저 오락과 패러디에 불과했습니다. 그것은 쇼에 가까웠고, 저 같은 과격 운동가에게는 맞지 않는 일이었습니다. 호의적인 분위기 속에서 이미 매료된 청중들 앞에서 연극을 함으로써 지난 4년간 투쟁을 통해 이룩한 모든 것을 일순간에 깨부수어 버리고 만 것입니다."

는 것을 알고 있었습니다. 키예프 시내에서 십자가를 베었을 때는 용기가 필요한 행동이었습니다. 하지만 네덜란드에서 이와 똑같은 행동을 했을 때에는 그저 오락과 패러디에 불과했습니다. 그것은 쇼에 가까웠고, 저 같은 과격 운동가에게는 맞지 않는 일이었습니다. 호의적인 분위기 속에서 이미 매료된 청중들 앞에서 연극을 함으로써 지난 4년간 투쟁을 통해 이룩한 모든 것을 일순간에 깨부수어 버리고 만 것입니다. 다시는 반복해서는 안 되는 실수를 한 것이었죠."

프랑스—우크라이나, 문화적 충격

일단 프랑스 훈련 센터가 가동되기 시작하자 사피아 렙디와 우리 '4인방' 사이에 긴장이 조성되기 시작했다. 우리는 사피아가 인나의 정착을 도와주고, 우리 단체가 프랑스에서 합법 단체 자격을 얻고,

라부아 같은 멋진 곳에 터를 잡을 수 있게 도와주어서 무척이나 감사하다. 문화적 차이가 있지만, 우리는 여성 해방이라는 공통된 목표를 공유하고 있었다.

사실, 사피아는 이슬람 가정에서 성장한 프랑스의 젊은 여성 무신론자고, 우리는 매춘부로 간주되는 금발머리 우크라이나 여성이라 양쪽이 서로 다른 부분이 많았다. 하지만 우리는 모욕이라는 공통된 경험을 공유하고 있었다. 물론 이슬람 여성들과 관련된 문제는 우리에게 중요한 투쟁거리다. 그러나 점차 시간이 지나면서 우리는 프랑스에서 페멘이 어떻게 자리매김해야 하는가 하는 문제를 놓고 서로 이견을 보이기 시작했다.

우리가 우크라이나에 있을 동안, 사피아는 자신이 원하는 대로 행동할 수 있었고, 우리 단체의 이름으로 언론 매체와 접촉할 수 있었다. 그러나 2012년 가을, 우리가 파리에 정착하면서 우리는 활동에 대한 비전이 서로 다르다는 사실을 깨닫게 되었다.

우리는 사피아가 우리와 같은 편이기를 기대했으나, 때로는 하찮은 일 때문에 또는 때로는 심각한 일 때문에 분쟁이 생기기 시작했다. 사피아는 자신을 잘 따르는 운동가들을 불러들였지만, 우리 단체에 새로 가입한 새내기 회원들은 사피아의 권위에 따를 준비가 되어 있지 않아서 일부는 페멘에서 탈퇴할 결심까지 했다.

사피아는 회원들의 탈퇴쯤은 대수롭지 않게 여겼지만, 간신히 파리에 자리를 잡기 시작한 우리로서는 중요한 문제였다. 자원자 하나하나가 소중하며, 이들을 격려하고 따뜻하게 교육하고 갈등을 피해야 했다. 간단히 말해 우리에게는 시련의 시기였다. 아마도 사람들

사이의 관계 유지가 힘들다는 사실에 우리가 익숙해 있지 않았던 것 같다.

우크라이나에서는 모든 것이 다 단순하다. 좋아하지 않는 사람은 포옹하지 않고, 싫어하는 사람에게는 미소를 보이지 않는다. 우리에게 사피아는 친구였기 때문에 우리는 우리 사이의 관계가 악화될 것이라고는 상상도 하지 못했다. 그러나 더 이상 어떤 합의도 가능하지 않게 되자, 우리는 우리를 처음으로 지지해 주었던 사피아와 그를 따르는 프랑스 투사들과 관계를 단절해야만 했다. 마치 장기를 이식할 때 거부 반응이 생길 수 있는 것처럼, 파리로 우리 단체를 이식하는 가운데 거부 반응이 발생한 것이다. 인생이란 다 그런 것인가 보다.

IKEA표 여성 실종 사건

2012년 가을, 세계적으로 유명한 브랜드 IKEA(스웨덴의 다국적 가구 기업으로 저가형 가구, 액세서리, 주방용품 등을 생산, 판매한다. — 옮긴이)가 사우디아라비아 진출을 앞두고 특별 카탈로그를 발간했다.

그런데 사우디 측의 요구로 IKEA는 이내 카탈로그를 개정하는 작업에 착수했다. 그 결과, 여성들, 심지어 어린 소녀들의 사진이 모두 사라져 버린 카탈로그에는 남성들의 모습만 남게 되었다. 이것은 포토샵으로 어렵지 않게 할 수 있는 작업이다. 그러나 이 얼마나 가부장주의적인 처사인가!

유럽용 카탈로그를 보면, 여성들이 테이블에 둘러앉아 있는 사진이 있는데, 사우디아라비아 버전에서는 똑같은 사진인데 테이블과 빈 의자만 있다. 또 다른 사진에서는 욕실에서 어린 아이가 부모와 함께

IKEA는 사우디아라비아의 요구로 여성들, 심지어 어린 소녀들의 사진이 모두 사라져 버린 카탈로그를 발간했다. 여성 없는 세상인 셈이다!

양치를 하는 모습이 있는데, 사우디아라비아 카탈로그에서는 아빠와 아이만 있고 엄마는 보이지 않는다. 여성 없는 세상인 셈이다!

유로뉴스Euronews에서는 해외토픽 정도로 이 소식을 전했지만 우리는 IKEA에 반대하는 시위를 벌이기로 했다. 안타깝게도 이슬람 세계에서 여성을 대상으로 하는 폭행이 일상적으로 가해지는 상황에서 이 카탈로그 사건은 우리 귀를 때리는 심각한 경보음으로 들렸다.

민주주의와 성 평등을 추구하는 유럽에서마저 그들의 가치를 오일머니와 맞바꾸려 든다면, 지구상에 있는 이슬람권 여성들에게 무슨 희망이 남겠는가? 이에 따라 우리는 유럽이 이슬람주의자들의 환심을 사려는 행위를 규탄하기로 결의했다.

우리는 독일, 캐나다, 프랑스에서 각각 시위를 계획했다. 프랑스에서는 파리 지역에 있는 IKEA 고네스^{Gonesse} 지점에서 시위를 벌였다. 운동가들은 '나를 지워 달라' '투명 여인' 같은 슬로건을 몸에 적었다. 그리고 가구를 쌓아놓고 그 위에 올라가서 "마리안느^{Marianne}(자유, 평등, 박애의 프랑스 혁명과 프랑스 공화국을 상징하는 여성상 — 옮긴이)는 분노한다!" "여성들은 여기 멀쩡히 살아 있다!"라고 외쳤다.

IKEA는 우리 때문에 피해를 당하였지만 우리의 시위가 적법한 것이라 소송을 걸지 않겠다고 밝혔다. 그러나 문제의 치욕스러운 카탈로그는 회수하지 않았다. 수익이라는 이름으로, 또 사우디아라비아의 관습에 대한 관용이라는 핑계하에, 이 유럽의 대기업은 이슬람주의자들의 요구에 굴복할 수 있다는 것을 보여 주었다. 음울한 경고가 아닐 수 없다.

그 유명한 유럽의 관용 정신에 대해 우리는 일반적으로 과격한 입장을 견지한다. 우리는 프랑스뿐만 아니라 지구상 어디에서든 국가와 교회의 전면적인 분리, 즉 정교분리를 주장한다. 그런데 어째서 프랑스 정부는 이슬람과 관련된 것이라면 늘 한발 뒤로 물러서는 것인가? 어째서 유럽 국가들은 급진적인 설교자와 이슬람의 의복 관련 규정에 관용을 보이는 것인가? 우리는 유럽적 가치와 양립할 수 없는 이 같은 관용에 반대하며 항의한다.

사우디아라비아에서는 이슬람 율법이 사회생활을 지배하고 이슬람이 국교이기 때문에 사우디 남성들은 아내를 때리고 아내의 자유를 구속한다. 따라서 우리는 이슬람 체제의 고관대작들과 족장들, 왕들에게 공개적으로 모욕을 줄 것이다. 상반신을 노출한 채 공격해서 현대 세계에서는 더 이상 그들의 중세적 제도가 존속할 수 없다는 사실을 깨닫게 해 줄 것이다. 물론 현재로서는 이런 시위를 유럽과 아마도 터키나 알제리 정도에서나 할 수 있을 것 같다. 사우디아라비아나 이란 같은 강경한 나라에서는 시위를 벌일 기회가 전혀 없기 때문이다.

우리의 슬로건은 '사우디아라비아여, 옷을 벗어라!' '이슬람 여성들이여, 니캅을 벗어라!'이다. 빌거벗은 여성은 이슬람주의와의 대립을 나타내는 절대적인 상징이며 복종에 맞서는 전적인 반항 행위이기 때문이다.

극단적 가톨릭 보수주의자들과의 한판 승부

우리는 절대적인 자유주의자로서 성적 소수자들이 벌이는 투쟁에 연대한다. 모든 인간은 남성이건 여성이건 자신의 몸을 자유롭게 쓸 수 있어야 한다는 것이 우리의 생각이다. 따라서 우리는 언제든 이들을 지지할 준비가 되어 있다. 다만, 우리 단체 고유의 시위 형식에 따라 상반신을 노출하고 알몸에 슬로건을 적고 머리에는 화관을 써야 한다.

만약 우리가 LGBT*의 입장을 지지해야 한다면, 우리는 그들이 마련한 행진이나 퍼레이드에 참여하는 것이 아니라 우리가 하는 방식대로 우리끼리 별도의 시위를 벌이는 방법을 택하기로 결정했다. 단체마다 각자의 운영 방식을 가지고 있기 때문이다.

2012년 11월 18일, 극단적 가톨릭 보수주의자들이 프랑수아 올랑

---

* Lesbians, Gays, Bi, Trans의 첫 글자를 따서 만든 약자. 레즈비언, 게이, 양성애자, 트랜스젠더 등 성적 소수자를 지칭함.

우리는 절대적인 자유주의자로서 성적 소수자들이 벌이는 투쟁에 연대한다. 모든 인간은 남성이건 여성이건 자신의 몸을 자유롭게 쓸 수 있어야 한다는 것이 우리의 생각이다.

드Francois Hollande(프랑스 대통령 — 옮긴이) 법안에 반대하는 시위를 기획했고, 이는 우리에게도 시위를 벌일 좋은 기회가 되었다. 이 법안은 동성애자를 포함한 모든 사람의 결혼을 인정하고 LGBT 커플에게도 자녀를 입양하고 인공수정 시술을 받을 권리를 부여한다는 내용을 담고 있다.

이미 우리는 바티칸에서 낙태 금지에 반대하는 시위를 벌인 바 있다. 교황청에서는 가톨릭 국가뿐만 아니라 우크라이나처럼 가톨릭 신자가 소수인 국가에도 낙태를 금지하도록 종용하고 있다. 우리는 바티칸이 수 세기 동안 수천 명의 여성을 화형에 처한 종교재판을 여전히 범죄로 인정하지 않고 있다는 사실을 기억하고 있다. 그래서 거리로 나가서 극단적 가톨릭 보수주의자들과 프랑스의 극우파와 전쟁을 벌이기로 결정했다.

모두를 위한 결혼에 반대하는 다른 가톨릭 단체들은 이미 시위를 했거나 아니면 이후에 시위를 벌일 계획이었지만, 우리는 그들보다는 이 과격 반동분자들과 진검승부를 벌이고 싶었다. 이 시위는 우리 프랑스 운동가들이 처음으로 참가한 투쟁이기도 했다.

11월 18일, 당페르 로슈로Denfert—Rochereau 광장에서 우리는 약 1만 명에 달하는 이 가련한 보수주의자들의 행렬과 정면으로 대치했다. 우리는 수녀 복장을 하고 일부러 선정적인 차림을 연출했다. 입고 있던 옷을 갑자기 벗어 던지고는 머리에 두건만 쓰고 팬티와 검정 스타킹, 스타킹 고정밴드 차림을 했다. 그리고 맨 가슴에는 'In Gay We Trust우리는 게이를 믿는다' — 'In God We Trust우리는 하느님을 믿는다'를 조롱하며 흉내 낸 표현 — '성령' '네 엉덩이나 신경 써라' '교회는 엿 먹어라' 등의 슬로건을 적었다.

우리는 열 명쯤 되었는데 각자 손에는 '정액semen'이라고 적힌 흰색 분무기를 들고 있었다. 이 날, 우리 시위대 가운데에는 카롤린 푸레스트Caroline Fourest라는 유명한 저널리스트이자 페미니스트 투사도 함께했다. 그녀는 현재 페멘에 관한 영화를 준비하느라 몇 달 전부터 우리와 함께 다니고 있다.

우리는 이 극단적 보수주의자들이 어떻게 나올지는 알고 있었지만, 이번처럼 격렬한 반응을, 그것도 모든 사람이 보는 앞에서 하리라고는 예상치 못했다. 극단적 보수단체인 시비타스의 질서유지 팀은 자신들이 신고 있던 장화로 우리를 구타하며 공격했다.

우리는 "In Gay We Trust"를 계속 외치며, 우리를 공격하는 자들에게 분무기를 뿌리며 방어하려고 했다. 그러나 아무 소용없었다. 형세는 그들 편으로 기울었다. 우리는 몸을 피하려 했지만, 그들은 계속해서 쫓아오면서 구타했다. 인나를 포함해서 우리 중 몇몇은 거칠게 땅으로 밀쳐졌다. 벌거벗은 여성들과 징 박힌 장화의 대결. 실로 가부장주의의 진수였다.

인나는 이빨이 깨졌고 옥산나는 얼굴과 몸이 멍투성이가 되었다. 경찰은 현장에 출동하지 않았다. 운명의 장난이었는지, 그 시간에 경찰은 바로 옆 거리에서 LGBT 투사들의 시위를 통제하느라 바빴던 것이다. 그래도 늦었지만, 나중에라도 우리를 공격한 자들 중 5명을 체포해서 제때에 출동하지 못한 것을 조금이나마 만회했다. 다른 무엇보다도 우리의 메시지가 언론 매체를 통해 전달되고 충분히 방송된 것이 가장 큰 소득이었다.

우리 투사들은 어떻게 훈련할까?

난폭한 시비타스 사람들로부터 폭행을 당해 보니, 우리 운동가들을 교육할 때 연습이 얼마나 필요한지 다시 한 번 깨달을 수 있었다. 신참 운동가들이 우리 단체에 합류하고자 한다면, 이제부터 '성극단주의'로 정의되는 우리의 이데올로기와 전술을 완전히 몸에 배게 받아들여야 한다. 성극단주의야말로 우리 단체와 다른 단체를 구별해 주는 부분이다.

성극단주의란, 극단주의와 생물학적 의미에서 여성의 성이라는 단어를 합친 말이다. 그러니 성행위와는 관계없는 말이다. 이것은 다른 말로 '평화적 테러리즘peaceful terrorism'이라고도 정의할 수 있다. 우리는 손에 피를 묻히지는 않지만 진정한 과격 투사들이다. 그리고 실제

성극단주의란, 극단주의와 생물학적 의미에서 여성의 성이라는 단어를 합친 말이다. 그러니 성행위와는 관계없는 말이다. 이것은 다른 말로 '평화적 테러리즘 peaceful terrorism'이라고도 정의할 수 있다. 우리는 손에 피를 묻히지는 않지만 진정한 과격 투사들이다. 그리고 실제로 여성의 적들을 공포로 벌벌 떨게 해 주고 싶다.

로 여성의 적들을 공포로 벌벌 떨게 해 주고 싶다.

파리에 있는 훈련 센터에서는 시위 때 밀착해서 대치하는 기술을 연구한다. 이곳은 전 세계에 있는 우리 운동가들을 교육하는 학교 역할을 하는 곳이다. 이렇게 한 곳에서 교육해서 각지로 파견하는 방법은 다른 나라에 지부를 창설하는 것보다 훨씬 간단하고 비용도 적게 든다.

일단 우리 '전사들'이 양성 과정을 마치면, 각자의 나라에서 자율적으로 활동할 수 있다. 우리는 투쟁 분야에서 4년간의 경험을 쌓았다. 우크라이나에서는 운동가들에게 경찰과 정보 당국 요원을 두려워하지 않는 법과 경찰서와 재판정에서 행동하는 법을 주로 가르쳤다.

파리 센터에서는 시위에 요구되는 올바른 몸짓, 행동, 포즈를 가르치며, 운동가들에게 콤플렉스를 가지지 말고 크게 소리 지르라고 가르친다. 우리는 벗은 몸으로 시위에 나서기 때문에 이 모든 사항이 매우 중요하다. 특히 사람들이 우리의 나체를 성적 대상으로 생각하지 않게 해야 한다.

처음 우리가 티셔츠를 벗기 시작했을 때, 일부 언론 매체에서 우리가 들고 있던 플래카드는 찍지 않고 벌거벗은 상체만 촬영한 일이 있었다. 그래서 그때부터 알몸 위에 슬로건을 적어서 우리의 젖가슴이 아닌 우리의 메시지가 눈에 들어오도록 했다.

매주 토요일, 한 호신술 전문 강사가 무상으로 우리를 가르치고 있다. 그 여성 강사는 우리에게 팔다리를 다치지 않고 땅에 넘어지는 법과, 경찰이 팔이나 다리를 붙잡았을 때 빠져나오는 법, 체포되었을 때 저항하는 법 등을 가르쳐 준다. 우리는 우크라이나에 있을 때만

파리에 있는 훈련 센터에서는 시위에 요구되는 올바른 몸짓, 행동, 포즈를 가르치며, 운동가들에게 콤플렉스를 가지지 말고 크게 소리 지르라고 가르친다. 우리는 벗은 몸으로 시위에 나서기 때문에 이 모든 사항이 매우 중요하다. 특히 사람들이 우리의 나체를 성적 대상으로 생각하지 않게 해야 한다.

해도 경찰에게 소리 지르고 발길질을 하는 것이 전부였다.

이제는 예전의 그 훌리건 소녀들이 명실상부한 페미니즘 여전사로 진화했고, 그래서 규율과 노하우가 필요해졌다. 우리는 앞으로 점차 위험한 행동과 시위를 벌일 생각이다. 예를 들어 이집트나 튀니지에서 활동을 전개할 수도 있다. 실현 가능성이 작더라도 어쨌건 시도는 해봐야 할 것이다.

훈련 담당은 인나가 맡고 있으므로, 이에 대한 인나의 코멘트를 들어 보자.

"제가 맡은 일은 어린 자원자를 진정한 페멘의 투사로 변화시키는 일입니다. 그래서 저는 제가 정말로 창조적인 일을 한다고 느낍니다. 누군가를 변화시키는 일은 복잡하지만, 무척 흥미로운 일이지요. 특히

나 이미 자신만의 세계관을 가진 사람을 변화시킬 때가 그렇습니다.

우크라이나 여성들은 페미니즘이나 적극적 행동주의에 대해 아무 생각이 없지만, 우리를 찾아오는 프랑스 여성들은 많은 경우 과거에 이미 페미니스트 활동을 했던 경력이 있는 사람들입니다. 하지만 그들도 우리가 어떤 사람들인지 잘 몰라서 처음에는 사회학적 조사를 하자는 등 말도 안 되는 일들을 제안합니다. 물론 이제 우리 단체의 이론적 측면을 개발해야 할 때가 되었다고는 생각합니다.

그러나 저희는 어디까지나 이론가가 아니라 실천가입니다. 그래서 저는 개인적인 이야기와 실전에서 끌어낸 사례를 바탕으로 새내기 운동가들의 가슴에 불을 지르려고 노력합니다. 우리가 실행했던 행동과 시위를 들려주고 분석해 주는 것이죠. 이런 시위는 어떻게 실행했고, 무슨 이유로 그렇게 했으며, 그 결과는 어땠는지를 이야기해 줍니다. 이렇게 감정적으로 다가서는 것이 때로는 지적인 토론보다 더 강한 효과를 가져 오기도 합니다."

우리의 꿈, 우리의 이상, 우리의 남자들

이 책에서 주로 '우리'라는 말로 이야기를 풀어 나간 탓에 독자들은 우리 '4인방'이 각자 서로 얼마나 다른지 잘 파악하기 어려웠을 것이다. 사실, 우리가 페멘을 위해서 이렇게 모이지 않았더라면, 우리 네 사람은 서로 친구가 되기 어려웠을 수도 있다. 각자 성격과 개성이 각양각색이기 때문에 우리 안에서도 활동을 해석하고 이해하는 방법과 목표가 서로 어긋나는 부분이 있을 수 있다.

바로 이러한 이유 때문에 이 책의 끝에 우리의 꿈과 우리의 이상을 밝히고, 우리를 연결하는 관계에 대해 자유롭게 이야기하고 싶었다. 마지막으로 매우 중요한 사항인 우리의 남자들 이야기도 들려주고 싶었다.

인나,
반교권주의적 페미니스트 단체를 위하여

나는 이란이나 사우디아라비아에서 들려오는 소식을 들을 때나 여성들의 처형 사진을 볼 때면 화가 버럭 치밀어 오른다. 그래서 이렇게 목이 졸리고 강간당하고 팔다리가 잘려 나가고 투석형에 처해진 이 여성들의 복수를 하기 위해, 나무 절단기 대신 기관총을 손에 든 내 모습을 때때로 상상하기도 한다. 이것은 페멘의 이데올로기나 전술과 전혀 부합되지 않는 생각이지만, 마초 이슬람주의자들에 대한 증오가 어찌나 깊은지 속으로 마음껏 이런 환상을 품어 본다.

나는 내가 이란이나 이라크 어딘가에서 광신자들에게 갈기갈기 찢겨서 인생을 마감하게 될 수도 있다는 생각을 한다. 하지만 가까운 미래의 일은 아니라고 확신한다.

현재 가장 중요한 것은 우리 단체의 미래다. 파리 센터에서는 점진적으로 우리 단체의 글로벌 라인과 ─ 브라질에서 튀니지, 불가리아에서 독일, 우크라이나에서 영국에 이르는 ─ 모든 지부를 총괄하는 일을 담당할 것이다. 각자 현지 사정에 알맞은 행동을 할 테지만, 전반적인 사업추진은 파리에서 나올 것이다. 그런데 왜 하필 파리란 말인가?

단순한 이유지만, 파리는 수많은 미디어가 집중해 있는 자유로운 도시이기 때문이다. 이곳 파리에 정착해 있는 옥산나의 도움을 받아 내가 이처럼 엄청난 임무를 잘해 낼 수 있기를 기대한다.

나는 우리가 이제 이쪽저쪽으로 분산될 것이 아니라 한 가지 커다란 주제에 집중해야 할 때라고 본다. 그래서 모든 종교에서 여성의 자유를 제한하기 때문에 가장 먼저 반교권주의 투쟁을 벌여야 한다고 생각한다. 우리가 이러한 투쟁을 벌이면 페미니즘의 실천에 가장 큰 기여를 하게 될 것이다. 내 말이 맞을지는 두고 보면 알게 된다. 우리는 미래 계획에 대해서는 아직 본질적인 결정을 내리지 않았다. 모든 일이 어쩌면 이렇게 빨리 지나가 버렸는지 모르겠다!

지금 현재 나는 남자 친구가 있다. 한 달 전에는 아무도 없었고, 두 달 전에는 다른 남자 친구가 있었다. 정직하게 말하면, 나는 내 옆에 남자가 있어야 한다는 필요성을 느끼지 못한다. 지금의 남자 친구는 재미있고 똑똑한 사람이라 나는 그를 높이 평가한다. 하지만 그 사람이 내 존재에 결정적인 역할을 할까?

나는 젊은 여성들이 남자를 구하는 이유는 그들의 존재가 자신만으로는 충분히 채워져 있지 않기 때문이라고 농담 반 진담 반으로 말한다. 하지만 나는 무척 바쁘다. 페멘과 인연을 맺은 이후로 여기에 내 열정을 온전히 쏟아 붓고 있어서 다른 것은 아무것도 필요 없다.

우리 어머니는 늘 내가 외롭다고 걱정하시니, 그래도 언젠가는 멋진 사랑이 찾아오기를 기대해 본다. 우크라이나에서는 나처럼 22살이 되었는데도 결혼하지 않았으면 노처녀로 생각한다. 그래서 예전의 남자 친구를 엄마에게 장차 약혼자가 될 사람이라고 소개하기까지 했다. 나는 우리 부모님이 내 걱정을 너무 많이 하실까 봐 가끔 거짓말을 하기도 한다.

사샤,
'거물급 악당들'에게 맞서는 여성군단을 꿈꾸다

단체 활동을 시작한 초창기에 우리는 여성 정당의 탄생을 꿈꾸었다. 이 정당이 의회에도 진출해서 양성 평등을 보장하는 방향으로 법제를 개편하게 되기를 꿈꾸었다. 그러나 안타깝게도 우리는 거리에서나 활동할 수 있을 뿐이라는 현실의 벽에 금세 부딪혔다.

우크라이나에서는 부패가 만연한 탓에 의정 활동이 마비되어 있는데다, 슬프게도 우크라이나 여성들은 그들 스스로도 자신의 해방을 요구하지 않는다. 우리는 우크라이나에서 계속 시위 활동을 펴서 여성들이 고민하고 움직이게 만들 생각이긴 하지만, 우리의 미래는 나라 밖에 있다.

페멘은 이제 국제단체로 발돋움하려 하고 있다. 그리고 전적으로 새로운 것을 건설하고 있기 때문에 우리의 인생이 우리를 어디로 데려다 줄 것인지는 아무도 모른다.

우리는 유연한 자세를 지니고, 새로운 접근방식을 생각해 내고, 우리가 행하는 것을 분석하고 이론화하려고 노력한다. 나는 우리가 생각하는 여성군단이 완전히 유토피아적인 생각에 불과하다고 보지 않는다. 파리에서 양성된 페멘의 전사들은 지구상에서 여성 혁명의 물꼬를 틀 것이다. 그야말로 원대한 꿈이다.

나는 우리가 이 세상의 '거물급 악당들'을 정면으로 공격하는 노력을 기울여야 한다고 생각한다. 예전에 내가 우크라이나 국회의원 슈프리치와 대치하기 위해 TV 스튜디오에 침입해 들어갔던 것처럼 말이다. 그때는 참 세게 한 방 먹였었다!

예를 들면, 다보스의 길거리가 아니라 전 세계 정상들이 모이는 회의장에서 시위한다면 아주 멋질 것 같다. 그러려면 치밀한 정보 수집 작업이 필요한데, 내가 이 일을 기꺼이 맡고 싶다. 기자, 통역사, 미화원을 포섭해서 이들로부터 정보를 얻어 전 세계 언론이 지켜보는 가운데 결정적인 순간에 각국의 '결정권자들' 앞에 기습적으로 나타나는 것이다.

어찌 되었건, 나는 단체에서 요구하는 일을 할 것이다. 단체를 위해 개인적인 것을 뒷전에 둔다는 의미에서 우리는 소련 시절의 기질을 조금 가진 것 같기도 하다. 하지만 일이 진척되게 하려면 그 방법밖에는 없다. 페멘이 여성 저항 운동의 전위부대가 되기를 바란다면 전적으로 페멘의 일에 몸을 바쳐야만 한다.

우크라이나에서 처음 활동하기 시작했을 때 나는 무척 과격했고, 남자나 아이는 전혀 필요 없다고 생각했다. 우크라이나에서는 둘 중 하나를 선택해야 한다. 투쟁에 전념하기로 하면 결혼은 배제해야 한다. 우크라이나 남성들은 아내를 존중한다는 말은 입에 침이 마르도록 하겠지만, 그렇다고 그들이 수프를 끓이거나 아기 기저귀를 가는 일은 없을 것이다.

지금 보니 서방에서는 두 가지를 양립하는 것이 가능할 수도 있겠다는 생각이 든다. 프랑스 운동가 중에는 결혼도 하고 자녀도 있고 직장도 있는 경우가 많다. 즉 프랑스에서는 가정이냐 직업이냐 하는 양자택일의 문제는 제기되지 않는 것이다.

나는 현재로서는 가정을 꾸릴 준비가 아직 되어 있지 않은 것 같다. 아직 엄마가 될 준비가 되지 않은 것이다. 하지만 이미 사랑에 빠진 적이 있어서, 아마도 나중에는 생각이 바뀔 것으로 보인다.

옥산나,
여성 자치 도시를 꿈꾸다

나는 전 세계 여성들을 우리의 깃발 아래로 모으는 꿈을 늘 품고 있다. 그리고 이 꿈은 현재 진행 중이다. 나는 우크라이나, 프랑스, 브라질 현지에 있는 우리 단체들이 자치 도시를 구성했으면 좋겠다. 장소가 어디가 되었건 여성들이 완전히 정착해서 살면서 훈련도 하고 서로 돕고 책을 읽고 토론하는 곳이 생겼으면 좋겠다. 그렇게 함으로써 이 여성들은 여성의 자유를 수호하는 여전사가 될 수 있을 것이다. 물론 무장 투쟁을 말하는 것이 아니다. 우리의 유일한 무기는 벌거벗은 채 플래카드를 들고 강한 메시지를 전달하는 여성이다.

그런데 현실에서는 이 벌거벗은 여성이 난폭한 세력과 대치하게 된 것이다. 나는 과장하는 것을 좋아하지는 않지만, 내가 하는 일에 대한 믿음이 있다면 모범을 보일 수 있어야 한다고 생각한다. 나 개인의 자유라는 이름으로, 그리고 인류라는 이름으로 말이다.

바로 이러한 이유 때문에 나는 감옥에 가거나, 흉측한 몰골이 되거나, 죽임을 당할 정신적인 각오가 되어 있다. 물론 흉측한 모습이 되거나 장애인이 된다는 생각을 하면 겁이 나지만 말이다. 벨라루스에서 엄청난 시련을 경험한 적이 있어서 이런 상황이 얼마나 심각한 것인지는 익히 잘 알고 있다.

나는 우리 단체에 새로 동참한 운동가들도 우리처럼 과격한 행동을 할 수 있게 되기를 바란다. 현재로서는 파리 센터의 업무 성과에 완전히 만족하지는 못하고 있다. 인나는 굉장히 훌륭한 운동가이고 실력 있는 관리자이지만, 매주 토요일에 하는 훈련에는 심각한 태도가 부족한 것 같다. 그래서 내가 여기 파리에 남아서 인나를 도와주고 센터의 분위기를 과격하게 만들기로 했다. 첫 번째 과격 시위는 프랑스가 아닌 다른 나라에서 실행할 계획이기 때문이다.

나는 한 번도 결혼하거나 아이를 갖고 싶은 생각을 한 적이 없다. 내 유전자를 후세에 전달해서 혈통을 잇는 일에 나는 관심이 없다. 이보다는 한 세대 전체가 더 나은 생활을 할 수 있도록 투쟁하는 것이 낫다. 이것이 훨씬 더 고귀한 야망이다.

그렇지만 나는 사랑에 대해 열린 마음을 가지고 있다. 내가 사랑하고 또 나를 사랑하는 남자 친구들은 많다. 크멜니츠키에서 처음 만났고 내가 가장 사랑하는 사샤와는 8년간 사귀고 있다. 또 막스MAx와 페디아Fedia도 있고, 얼마 전부터 사귄 코스티아Kostia도 있다.

이들은 각자 다른 사람들의 존재를 알고 있다. 아마 이들에게는 썩 유쾌한 일은 아닐지 모르지만, 나로서는 어쩔 수 없다. 한 사람을 사랑하기 위해 그를 꼭 소유해야 할 필요를 못 느끼기 때문이다. 나는 병적인 집착이나 질투 같은 것 없이 사랑에는 완전히 자유롭다. 나한테는 이런 히피 같은 면이 있다.

안나,
페멘의 정신적인 사상가

흔히 나를 두고 우리 단체의 리더라고들 하는데, 나는 그런 호칭으로 불리는 것이 싫다. 우리 사이에 이견이 있거나 어떤 결정을 내려야 할 때면 내가 결단을 내리는 것은 사실이다. 하지만 나는 전투를 이끄는 지도자라기보다는 사상가에 가깝다. 지도자라는 지위는 오히려 야심 있고 강하고 의지 있는 진짜 사령관 같은 인나에게 더 잘 어울린다. 얼마 후가 되면 국제적 페멘 운영은 인나에게 맡길 것이다.

나는 다른 세 사람에 비해 몇 살 더 나이가 많아서 비교적 덜 과격하고 더 신중한 편이다. 그래서 그들의 무모함을 경배한다. 저항과 투쟁은 젊은이들의 몫이다. 나는 그보다는 지원체제와 언론 관련 업무를 담당한다. 나는 이런 일에 소질이 있지만, 죽을 때까지 권력에 집착하는 브레즈네프Brejnev(소련의 정치가로 스탈린 이후 최장기인 18년 동안 소련을 통치했다. ―옮긴이) 같은 사람은 절대 되지 않을 것이다.

우리가 맡은 역할은 각자 세분되어 있다. 사샤는 우리의 보석이며, 마지막 순간에 투입하는 '특수 병기'이자 '양념'과 같은 존재다. 그녀는 항상 화려한 시각적 효과를 준다. 하지만 너무 눈에 쉽게 띄고 알아보기 쉬워서 항상 투입할 수 없는 것이 한계다! 그 외에도 인나와 함께 새로운 운동가를 모집하는 중요한 역할도 수행하고 있다.

옥산나는 평소에는 히피에 낭만주의자지만, 시위를 할 때는 집중해서 정확하게 움직이고 기가 막히게 대범하다. 유연하고 민첩해서 경찰과 싸우는 것도 두려워하지 않는다. 어디 올라가야 하는 일이 생기면 옥산나가 나서서 곡예사처럼 움직인다. 내 머릿속에는 아주 우스운 이미지들이 각인되어 있다. 작고 호리호리한 옥산나가 신발을 벗어서 경찰에게 한 방 먹이는 장면이나, 6명이나 되는 경찰들이 옥산나를 경찰 밴에 태우려고 10분간이나 고군분투하는 장면 같은 것들 말이다. 역시 옥산나는 최고 정예 시위 전문가다.

나는 앞으로 이 세 사람이 어떻게 진화할까 하는 생각을 자주 한다. 과격한 여성 혁명 운동가인 인나는 죽는 날까지 저항을 멈추지 않을 것이 확실하다. 사샤나 옥산나도 마찬가지일까?

때때로 이들은 여성을 억압하는 비열한 인간들을 자동 소총으로 전멸시키고 싶다는 생각을 하기도 한다. 그러나 이들은 마음씨 좋은 정열적인 여성들이다. 다른 사람에게 동정심을 느끼는 사람은 살인을 할 수 없다. 페멘은 절대 섹스 산업 거물을 사살하려고 전 세계로 '여전사'를 파견하는 그런 단체는 되지 않을 것이다. 어떠한 목적도 살인을 정당화하지 않기 때문이다.

옥산나와 인나는 자신들이 이란이나 사우디아라비아에서 이슬람 종교지도자들에 반대하는 시위를 하다가 생을 마감할 것이라는 생각을 종종 하는 모양이다. 하지만 솔직히 말하자면 나는 그들이 소신 때문에 자신을 희생하지 않도록 최선을 다해서 말릴 생각이다.

나에게는 우리의 투쟁이 내 사생활보다 중요하다. 그러나 그렇다고 해서 내 인생에 남자가 없는 것은 아니다. 물론 그는 완벽하게 이해심 많은 사람이다. 그렇지 않다면 우리는 아마 함께하지 못했을 것이다. 나는 6시에 퇴근해서 집으로 가도 여전히 페미니스트다.

내 남자 친구는 그런 나를 있는 그대로 받아 준다. 집에서 무슨 일이 일어나는지 통 관심도 없는 제정신이 아닌 것 같은 모습 그대로 말이다.

그러나 나는 다른 운동가들에게는 어떠한 조건도 붙이지 않는다. 나중에 결혼하게 되는 사람들도 있을 텐데, 이는 지극히 정상적인 일이다. 조직은 살아 있어야 한다. 그래서 이런 유익한 경험을 하는 여성이 많을수록 더 좋은 법이다.

내가 존경하는 아이콘을 꼽는다면? 나는 마르크스와 엥겔스를 무척 좋아해서 이 두 위대한 사상가들로부터 결정적인 영향을 받았다. 페멘의 시위 활동도 그들의 저서를 자양분 삼아 탄생한 것이다. 나는 레닌의 이미지에도 크게 감동을 받았다. 하지만 낙후된 농경국가에 공산주의 사회를 건설하겠다는 그의 계획은 그릇된 방향으로 빗나가고 말았다.

세상의 절반을 뒤흔드는 데에는 과연 어느 정도의 신념이 필요했을까? 러시아어 특유의 r 발음이 특징인 그 키 작은 남자가 자리를 박차고 일어나 수백만 명을 이끄는 모습은 놀라울 따름이다!

엔젤라 데이비스Angela Davis(미국의 정치 운동가, 학자, 공산주의자이자 작가로서 페미니즘, 마르크스주의, 처벌과 감옥의 역사철학 등에 관심을 가져왔다. — 옮긴이)도 나의 우상이다. 내가 보기에 그녀는 절대적 자유의 화신 그 자체다. 하지만 내가 가장 흠숭하는 사람은 바로 우리 페멘 친구들이다. 그것은 미래가 우리에게 달렸기 때문이다.

페멘의 이상형은 노트북과 태블릿 PC, 스마트폰으로 무장한 여전사다. 또한 육체적으로 잘 훈련되고 신체 건강하며 대담하면서도 밝고 창의적이어야 한다. 사람들은 우리가 성차별에 대해 거꾸로 역차별을 한다고 비난한다. 이것은 완전히 틀린 말은 아니다. 어려운 시련을 견뎌 내려면 운동 신경이 있어야 하고, 우리 몸을 합당하게 활용하려면 아름다워야 하기 때문이다.

요약하자면, 페멘은 새로운 여성상, 즉 아름답고 활동적이고 전적으로 자유로운 여성상을 구현한다. 그런 면에서 내 친구 인나, 사샤, 옥산나야말로 진정한 페멘이다.

억압받는 여성을 넘어
모든 인간의 해방을 위해

분명 세상은 변하고 있다. 전체적으로 소프트해지고 여성화되면서 여성성의 가치가 인정받고 있다고들 한다. 그러나 여전히 지구상 곳곳에서는 그리고 우리 사회 구석구석에서는 가부장주의에 뿌리를 둔 통념과 관습이 당연시되고 있다. 가부장주의는 단순히 여성만을 억압의 대상으로 하지 않고, 그 대응점에 있는 남성도 틀을 벗어나지 못하도록 강요한다. 어찌 보면 폭력의 피해자와 가해자, 이들 모두가 희생자일 수 있으며, 한 번 더 생각해 보면 표면적으로 보이는 남성의 뒤에는 체제와 권력이라는 진짜 가해자가 숨어 있는 것이다.

여기까지 생각이 미친다면 페멘을 바라보는 우리의 시선은 달라질 수 있다. 이들은 억압받는 여성을 넘어 모든 인간의 해방을 위해 온몸을 던지고 있는 것이니 말이다. 물론, 충격적인 이들의 저항 방식은 관습에 길들여져 있는 우리에게 당혹감을 넘어 거부감을 불러일으키기도 한다. 그러나 오히려 보수적인 입장에서 생각해 봤을 때, 이런 형태의 저항을 선택할 수밖에 없었던 페멘의 절실함에 마음이 더욱 무거워진다. 여자로서 자신의 몸을 시위 도구로 사용하는 일은 아무리 자유로운 영혼이라 하더라도 커다란 용기와 명분이 필요한 일이기 때문이다. 우연히 처음 페멘을 접한 사람들은 이들의 과격한 방식을 도저히 이해하지 못할 수 있다. 심지어 터무니없는 색안경을 끼고 섣부른 판단을 하는 사람도 있을 것이다.

이 책에서는 여성운동에서 시작해서 정치, 종교, 경제 등 사회 전반의 불평등과 억압에 맞서고 있는 이 여전사들이 어떤 배경에서 활동을 시작했으며, 어떤 길을 걸어왔고, 어떤 목적지를 향해 가고 있는지를 프랑스 출신의 구소련 전문 저널리스트의 인터뷰를 바탕으로 생생하게 소개하고 있다. 한 편의 다큐멘터리 같은 이 글을 읽고 부디 이들의 표면적인 모습을 보고 가졌던 오해와 반감이 해소되기를 바란다.

최근 급격한 변화를 겪고 있는 우크라이나 사태를 보며, 철저히 가부장적인 러시아의 제국주의에 일관되게 반대하며 저항하고 있는 페멘 운동가들이 떠올랐다. 아니나 다를까 이들은 우크라이나를 비롯한 전 세계에서 활발히 활동을 벌이고 있다.

이 여성들의 과격한 겉모습 안에 있는 간절함이 잘 전해져서 모쪼록 이 땅에 평화와 안정이 정착되기를 기원한다. 또한 생명의 위협까지 느끼면서도 멈추지 않는 이 여성들을 보면서, 비단 여성뿐만 아니라 세상의 모든 억압받는 사람들을 우리가 다시 한 번 돌아보는 기회가 되었으면 좋겠다.

2014년 6월,
김수진

분노와 저항의 한 방식, **페멘**

초판 1쇄 인쇄 2014년 06월 10일
초판 1쇄 발행 2014년 06월 20일

지은이 페멘
엮은이 갈리아 아케르망
옮긴이 김수진

펴낸이 김연홍
펴낸곳 디오네

출판등록 2004년 3월 18일 제313-2004-00071호
주소 121-865 서울시 마포구 성미산로 187
전화 02-334-7147 **팩스** 02-334-2068

ISBN 978-89-98241-38-4 03330

※ 잘못된 책은 바꾸어 드립니다.
※ 값은 뒤표지에 있습니다.
※ 주문처 아라크네 02-334-3887